Dieter Lattmann

Die lieblose Republik

Dieter Lattmann

Die lieblose Republik

Aufzeichnungen
aus Bonn am Rhein

verlegt bei Kindler

Redaktion: Ulrike Riemer
Korrekturen: Linde Lang
Umschlaggestaltung: Zembsch Werkstatt
Gesamtherstellung: H. Mühlberger KG, Augsburg
Printed in Germany

ISBN 3-463-00814-9

Inhalt

Vorbemerkung

In den Jahren 1978 und 1979 habe ich in Bonn und im Allgäuer Wahlkreis Tagebuch geführt, viele Notizhefte voll. Ursprünglich wollte ich die Tagebuchform auch für diese Aufzeichnungen beibehalten. Als ich aber 1980 mit der Reinschrift begann, veränderte sich die Konzeption. Mir wurde klar, wie sehr die Chronologie den Bericht einengte, den ich geben wollte. So habe ich mich für die thematische Anordnung entschieden, für das Zusammenschichten komplexer Erfahrungen aus acht Parlamentsjahren, Baumkuchenarbeit. Das Tagebuch schimmert noch manchmal durch, vor allem wenn es darauf ankommt, einzelne Szenen und Dialoge authentisch wiederzugeben.

Ich möchte Grundsituationen des politischen Berufs verdeutlichen und Strukturen aufzeigen, die wohl auch unter politisch Informierten nicht allgemein bekannt sind. Neben Kapiteln, die Fakten summieren, stehen erzählerische Stücke – immer im Umkreis von Menschen und Dingen in der Politik. Weniger von den Regierenden berichte ich als von den Regierten. Weniger von den Vordersten, die überall hergezeigt werden, als von den Politikarbeitern in Wahlkreis und Parlament.

Es ist unmöglich, das Persönliche dabei auszusparen. Natürlich bin ich befangen, wenn ich in eigener Sache schreibe – das will ich zugeben. Aber es geht um die Person nur insofern, als sie durch ihr Handeln Exemplarisches belegt. Die einzige Haltung, aus der ich das schreiben kann, ist die Betroffenheit aus Nähe und Distanz.

Mit der Resignation, die mir oft unterstellt wird, weil ich nicht ein drittes Mal zum Bundestag kandidiert habe, weiß ich nichts anzufangen. Das Parlament braucht Wechsel. Es ist nicht sinnvoll für die Demokratie, wenn Abgeordnete zu Gefangenen ihrer Rolle werden: Für mich gab es persönliche und politische Gründe – zuletzt stimmte ich mit dem Mandat nicht mehr hinreichend überein. Aber ich resigniere nicht. Es gibt überall eine Menge zu tun. Wer mit der Berufspolitik aufhört, beendet nicht notwendig alle politische Arbeit.

Den Wahlkreis zu verlassen ist mir schwergefallen. Auf dem Bodensatz einer politischen Region bleiben die Menschen und die Probleme greifbar. Im Bundestag kulminiert die Mechanik der Interessen oft losgelöst von den Ursachen.

Beton und metallische Härte haben die lieblose Republik besetzt. Die Eiszeit in den Köpfen läßt humane Beweggründe zu materiellen Ansprüchen gefrieren. Alles kreist um Besitzstandswahrung. Abbruch und Aufbau überstürzen sich. Es gibt viel Hast und wenig Ruhe. Auf der Suche nach Frieden fällt den meisten zuerst die Bewaffnung ein.

Es geht mir auch darum, einen Standort zu erklären, der sich nach deutscher Tradition nicht von selbst versteht: eine linke Position, die sich nicht vorwiegend marxistisch begreift, wohl aber – dem Bemühen nach – radikal, also grundsätzlich demokratisch. Links sein heißt für mich: auf der Suche sein nach der Verwirklichung sozialer Vernunft, eintreten für eine gerechtere Verteilung der Güter und des Lebensnotwendigen, auch in den eigenen Reihen und gegen jedes System, das sich absolut setzt. Die Linke tritt mit dem aufgeklärten konservativen Prinzip in Wettbewerb, beide brauchen einander. Reaktionärer Umtrieb war immer gegen die Republik gerichtet.

Im Januar 1981 habe ich das Buch abgeschlossen. Wenn es eine Quintessenz gibt, ist es diese: Auch Minderheit zu sein ist ein Beruf.

1

Neue Vorsätze in der Wortfabrik

Sie sind wieder da. Aus allen Richtungen sind sie zurückgekehrt, die Mitglieder des Bundestags. Der Schreibtisch, der Fraktionssaal, das Plenum haben sie wieder. Hinter ihnen liegen die Betriebsferien der Wortfabrik.

Noch sind sie mittelmeerbraun oder nordseegegerbt. Die Mehrzahl ist sichtbar erholt, nur einige sehen schon wieder fahl aus. Wie jedes Jahr haben sie ein Bündel neuer Vorsätze mitgebracht. Auf Korfu oder in Hinterzarten, an der Côte d'Azur oder an einem norwegischen Fjord haben sie sich zurechtgelegt, was sie anders machen wollen. Diesmal wollen sie sich nicht wieder unterschleifen lassen, weder vom Terminkarussell noch von abschüssigen Kommunikationen an kalten Büfetts und Biertresen.

Mehr Gelassenheit, meinen sie, wäre angebracht. Doch nach aller Erfahrung reichen die Vorsätze nicht weit. Mit den Urlaubsbärten fallen die Alternativen aus dem Gedächtnis wie Spreu.

Gebt nicht so an, zürnen manche Bürger und empfinden derlei Feststellungen als Selbstmitleid. Was wollt ihr, auch andere Berufe haben ihren Streß! Doch daß Abgeordnete noch drastischer verschlissen werden als andere Zeitgenossen, das kann man nicht nur an ihren Gesichtern ablesen,

sondern auch an der Wiederkehr der weißen Nelken auf den schwarzen Sitzpulten im Plenum, die den Verlust anzeigen, wenn einer endgültig ausbleibt.
Niemand ist ersetzbarer als ein Parlamentarier, auch wenn die Nachrufe das Gegenteil behaupten. Bundestagsmitglieder sind sehr sterblich. In den letzten drei Legislaturperioden starben sechsunddreißig von ihnen, keine alten Leute meist, jedenfalls nicht auf dem Ruhegleis, fünfzehn allein im achten Bundestag. In jedem einzelnen Fall machten die Nelken nach wenigen Stunden den Aktenbergen des Nachrükkers Platz. Das Durchschnittsalter der Parlamentarier betrug in dieser Zeit achtundvierzig Jahre.
Saure Gurken werden jetzt nicht mehr gehandelt. Die Hauptstadt krempelt die Ärmel hoch. Es geht ums Überleben. Koalition wie Opposition lassen ihre Herbstmodelle starten, die sich je nach parlamentarischer Rollenverteilung als Vertrauensboten oder Sorgengespenster auf den Weg zu den Bürgern machen, die man mündig nennt, ohne es zu meinen.
Wer sich nichts vormacht, kann die neuen Vorsätze in den nächsten Wochen abblättern sehen wie die Bäume am Rheinufer.
Im Raum »Frankfurt« der Parlamentarischen Gesellschaft in Bonns Weißem Haus gegenüber dem alten Bundestagsgebäude traf sich am Vorabend eines parlamentarischen Neubeginns der Leverkusener Kreis, die Linke der sozialdemokratischen Fraktion. »Wie bist du über den Sommer gekommen?« »Danke. Und du?« Händeschütteln und plötzliche Verlegenheit, weil man einander fremd geworden war und im Gedächtnis sogar nach Namen forschen mußte. Aber da war auch Freundschaft. Wiedersehensfreude wollte wirklich etwas von anderen wissen. Nur gingen die Antworten im allgemeinen Wortwechsel unter.
Da saßen sie mit ihren frischen Eindrücken in der gewohnten

Umgebung. Ein rauchiger Salon mit orangefarbenen Vorhängen, Bodenstehlampen, hängenden Kugelleuchten und rupfenbezogenen Wänden. Der Raum hat keine beziehungstiftende Dimension. Sperrig lehnten die Individualisten der Fraktion im Widerspruch zwischen Kommunikationsverlangen und vereinzelnder Rivalität herum. Das Gespräch, von Peter Conradi eröffnet, griff nach alten Konflikten und dem neuen Bemühen, wenigstens einige Vorhaben gemeinsam durchzufechten.

»Wobei es weniger darauf ankommt, minderheitsfähig zu bleiben«, sagte einer. Andere nickten mit Köpfen, die bei halb unter den Tisch gestreckten Leibern ein wenig zu groß erschienen. Gansel trank Milch aus der Tüte. Lenelotte von Bothmer drückte an einem Ärger mit Ehmke wegen einer afrikanischen Freiheitsbewegung herum. Karsten Voigt hatte alle Vorlagen gelesen. Thüsing flog verspätet herein und trat mit dem rechten Fuß noch immer wie aufs Gaspedal. Heide Simonis wollte keine neue Selbstverständnisdebatte. Coppik bemühte sich, Lenin noch ähnlicher zu sehen.

Lauter anstrengende Leute. Eine Politikfamilie aus Energiebündeln, jeder mit seinem Hintergrund. Manchmal sind sie liebenswert, oft komisch, dann wieder zum Davonlaufen, weil sie sich kaum einigen können. Dennoch wissen sie alle, was geht und was nicht geht in der sozialliberalen Koalition. Keiner ist so blauäugig, sich etwas vorzumachen.

An welchem Punkt braucht die Fraktion den Widerspruch ihrer kritischen Minorität am dringendsten? Wo muß eingehakt werden? Das galt es an diesem Vorabend des parlamentarischen Neubeginns für die nächsten Wochen auszumachen. Denn daß die Leverkusener, so oft sie die Kanalarbeiter nerven, die Diskussion auf den Fraktionssitzungen in acht von zehn Fällen inhaltlich bestimmen, ist unbestritten. Worüber würde überhaupt diskutiert, wenn es sie nicht gäbe?

Es sind meist jüngere Fraktionsmitglieder, die in dem keines-

wegs mehr eingeschworenen Kreis nach einem immer gefährdeten Zusammenhalt suchen. Die Linke zersplittert sich chronisch und mit einer Leidenschaft, als sei Politik ein Meteorenwettbewerb. Die Dreißigjährigen sind es und einige Ältere, vorwiegend Nachfahren der außerparlamentarischen Opposition. Vor zehn Jahren oder früher haben sie den Marsch durch die Institutionen angetreten. Sie folgten Willy Brandts Ruf: »Mehr Demokratie wagen.« Lange ist es her. Der Kreis wurde gleich nach der Bundestagswahl 1972 in Leverkusen gegründet, als die Linke sich stark fühlte.
Ab und zu kam die Meinung auf, Leverkusen sei tot und nur noch nicht beerdigt. Dem zum Trotz ging es an diesem Abend um einen Wiederbelebungsversuch. Vorsichtig geworden, sprach man über ein Minimalprogramm. Zum Beispiel über das gescheiterte Presserechtsrahmengesetz – wenigstens die gesetzliche Verankerung des Beschwerdeausschusses beim Presserat sollte gelingen. Das neue Müttergeld: Warum nicht Männer so gut wie Frauen freistellen, um Neugeborene zu betreuen? Am längsten sprachen wir über Kohlekraftwerke, Kernenergie und Alternativen. Die Partei stand erst am Anfang einer Auseinandersetzung, die alte Glaubenssätze erschütterte. Für den Rest des Jahrhunderts schien keine Entwicklung ohne Lebensgefahr für die Bevölkerung absehbar. Eine Lösung zu finden und sie mehrheitsfähig zu machen war so wichtig wie die gesamte Sozialpolitik.
Fachsprache. Verständigung in Kürzeln, umrankt von Informationsvorsprüngen, die auch in diesem Kreis eifersüchtig gehütet werden.
Zu allen Zeiten hat die Linke hierzulande mehr Schlagzeilen als Politik gemacht. Gegenwärtig bleibt auch das weitgehend aus. Die in den Parlamenten von Bund und Ländern vertretenen Parteien haben sich im Einvernehmen mit der Mehrheit der Wähler auf einen konservativen Kurs geeinigt, der in

der Wirtschaftspolitik kaum noch Gegensätze erkennen läßt. Solange es aufwärts geht, werden nicht Programme gewählt, sondern der Erfolg. Die Linke aber, die weiter denkt und oft auf Umwegen auch weiter führt, dient dennoch jederzeit als Reizwort und Angstauslöser. Jene sozialdemokratische Linke, der man eine Volksfront andichtet – eine Volksfront mit 0,3 Prozent Wählern kommunistischer Parteien! Sogar der Bundeskanzler war angeblich ihr Gefangener, wie das eingefahrene Bürgerschreckspiel behauptete. Wann hätte die Linke in Deutschland je Macht besessen? Meist besaß sie, außer in ihren absurden Randerscheinungen oder in der DDR, die ich nicht als links bezeichnen kann, den Idealismus, während die Rechte nach ihrer Selbsteinschätzung den realistischen Verstand besaß. Die Wahrheit aber liegt nicht in der Mitte. Sie kommt unter Vereinfachungen gar nicht vor.
Gansel: »Da gibt es einen ideologischen Urgrund –«
Herta Däubler-Gmelin: »Wenn man sich überlegt, welche Gesellschaft man eigentlich will . . .«
Aber es wurde wieder gelacht. So hockten sie lange beisammen, fünfundzwanzig Abgeordnete und beinahe so viele Mitarbeiter, ein Drittel Frauen – in der Fraktion waren es nur sieben Prozent. Sie nahmen einander wörtlich, aber nicht allzu ernst. Sie hatten einen Sommer hinter sich und hatten Abstand gewonnen – voneinander wie vom Bundestag da drüben, der alten Wortfabrik, in der wir uns bald alle von neuem verhaspeln würden. Die nächsten Wochen konnten wieder grimmig werden. Doch vorläufig hatten die Leverkusener ihre Laune wiedergefunden. Sie lachten über sich, je später um so lauter.

Joachimstraße

Am Rhein bin ich entlanggegangen. Ein Nachtstrom mit tausend Lichtern, dem man nicht ansah, wieviel Dreck, chlorierte Wasserstoffe und giftige Schwermetalle er auf seinem Weg durch drei Bundesländer in sich hineingeschlungen hatte. Er floß so gleichmäßig am Bundeshaus vorbei, daß ich manchmal dachte, nicht der Fluß bewege sich, sondern die Parlamentsgebäude.

Mein Rückweg von der Arbeit führte jeden Abend hinter dem Palais des Bundespräsidenten, der Villa Hammerschmidt, wo die Köpfe der Bewacher über die Mauer ragten, die Ufertreppe hinauf. Ich kreuzte die Adenauerallee und ging, bevor ich das Auswärtige Amt erreichte, stadteinwärts links in die Joachimstraße. Das Haus Nummer 14 war mit Weinlaub bewachsen. Zweiter Stock, Mansarde. Fenster zur Straße hinaus. Ein Zimmer mit Wohnküche. Es war meine dritte Unterkunft neben der Wahlkreiswohnung in dem Dorf Eckarts, das nach Immenstadt eingemeindet worden ist, und dem Münchner Haus. Beim Aufwachen fragte ich mich oft, wo ich gerade war.

Das junge Drogistenpaar aus Duisdorf, das mit diesem Altbau schräg gegenüber der Berliner Landesvertretung zum erstenmal ein großes Objekt erworben hatte, war bei den Renovierungsarbeiten ins Träumen geraten. Überall Rüschen und Leuchter, eine Tapete wie aus Porzellanmustern, das geschnörkelte Bett. Im Treppenhaus, wo jeder Schritt knarrte, schlaffte eine Gardine wie ein Theatervorhang, doch dahinter lag nur der trübe Hof.

Beim Aufschließen die Leere, die nur mich erwartete. Selten kam Besuch. Meist saß ich hier spät am Küchentisch, las Zeitung oder ein Buch, hörte Radio, schrieb Stichworte für einen Beitrag im Plenum oder ein Referat im Wahlkreis auf. Während die Müdigkeit im Körper stieg, betrachtete ich im-

mer länger den Wein im Glas, die Staubschicht auf der verkleideten Heizung, eine tote Fliege auf dem Kunststoffbelag der Geschirrkommode. Wenn ich das Fenster öffnete, verstärkte sich das schleifende Dröhnen der auf den nahen Bahngleisen fast ununterbrochen verkehrenden Züge. Die Stadt war eine große Maschine, die niemals stillstand.
Mitternachtsnachrichten. In Camp David hatte Präsident Carter Ägyptens Sadat und Israels Begin zu einer neuen Friedensanstrengung bewogen. Ihre gemeinsame Erklärung weckte Hoffnung bei denen, die guten Willens waren. Als zum Programmschluß die Deutschlandhymne erklang, schaltete ich den Apparat aus.

Lehrjahre im Parlament

Wer erwartet, als Neuling im Parlament rasch eine Spur zu ziehen, muß erfahren, wie stumpf seine Instrumente sind. Das Netz aus festgezurrten Vorgaben, die er nicht beeinflussen kann, federt ihn ab. Im Regelfall braucht er ein Jahr, um herauszufinden, was sich wo befindet, wie die Stellwerkfunktionen verteilt sind. Er braucht ein weiteres Jahr, um im Kern zu ergründen, wie manipulierbar er ist.
Mag die Erwartung noch so hoch gespannt sein, die einen frischgewählten Mandatsträger aus dem Wahlkreis oder einer Berufsgruppe in den Bundestag begleitet, zunächst verschwindet er in Anonymität. Ob einer Professor ist oder Gewerkschaftsfunktionär, Dreher oder Syndikus, dreißigjährig oder ein Fünfziger, er muß – und ist er noch so öffentlichkeitserfahren – seine parlamentarische Lehrzeit absolvieren. Abkürzen läßt sie sich am ehesten, wenn einer am Vorlauf in einem Landtag teilgenommen hat. In der achten Legislaturperiode beispielsweise traf das auf hundert von fünf-

hundertachtzehn Abgeordneten zu. Zweihunderteinundvierzig Bundestagsmitglieder besaßen auch Erfahrung aus Kommunalparlamenten oder regionalen Mandaten für einen Kreistag oder Bezirkstag. Im allgemeinen aber nützen, beinahe tröstlicherweise, Titel und Herkunft wenig bis nichts: man muß von vorn anfangen.

Wie sehr sich selbst der Herausgeber eines politischen Wochenmagazins, gewöhnt an privilegierte Informationen und Zutritt zu den Spitzen von Parteien und Fraktionen, dennoch im Einschätzen eigener Möglichkeiten im Parlament täuschen kann, das hat Rudolf Augstein zu Anfang der siebten Legislatur bewiesen, als er, kaum gewählt, gleich wieder stiften ging. Auch der Politikstreifzug des Ralf Dahrendorf hat, als er Theorie in Praxis umtauschte, keinen Einbruchbeweis von Dauer geliefert. Außenseiter können nicht durchbrennen. Selbst ein Lambsdorff hat seine Zeit gebraucht. Da sind Imprägnierungen, mit denen sich die Alten gegen die Neuen abschirmen. Außerdem gibt es so etwas wie eine Äquatortaufe, ohne die niemand den Meridian zur Mehrheitsfähigkeit in seiner Fraktion überschreitet.

Die Novizen bleiben eine gehörige Strecke isoliert. Viel kommt darauf an, wie sie die Probezeit hinnehmen. Wehe, es macht einer zu früh den Mund auf, zu laut oder zu lang. Im mittleren Alter zum erstenmal Politik als Beruf auszuüben heißt zwar nicht gerade auf der parlamentarischen Baustelle Semmeln holen, aber es ist ein Einstieg von unten auf Gedeih und Verderb. Nimmt man die Aufstellungsriten in den Parteien hinzu, die Ochsentour bei den Sozialdemokraten, die Hürdenläufe und Machtweihen bei CDU und CSU oder die Hackordnung um enggezerrte Landeslistenplätze bei den Liberalen, erklärt das alles, warum es zwischen Lebenslänglichen und Zeitpolitikern so wenig Gemeinsamkeiten und kaum Wechsel gibt.

Die parlamentarische Demokratie braucht beide: diejenigen,

die mit zwanzig ihren politischen Anlauf nehmen und nicht mehr lockerlassen, bis sie eines Tages in den Sielen sterben, und die anderen, die für zwei, drei Legislaturperioden aus unterschiedlichen Berufen als Frischzellenzufuhr ins Parlament kommen, aber auch wieder in ihre angestammten Professionen zurückkehren, ohne daß man über sie das Schlagwort Resignation verfügt. Tatsächlich aber ist die Versammlung der Bundestagsmitglieder immer beamtenhafter geworden: Lebenslängliche mit verbrauchten Motiven zum Teil, eine menschliche Gefriermasse – über sie spannen sich die hitzigen Auseinandersetzungen der drei Dutzend altbackenen Parlamentsstrategen, die das meiste bewegen.
Als ich, einer von einhundertneunundvierzig Neuen, im Dezember 1972 erstmals als Abgeordneter für das Allgäu den langen Weg am Rheinufer auf den Langen Eugen zuging, geschwellt von widerstreitenden Empfindungen, mit unklaren Erwartungen, aber einigen klaren Zielen im Kopf, sah ich mich an einem Anfang, der zugleich das Ende eines Marathonlaufs war. Ich war sechsundvierzig, war Soldat und ein bißchen Landwirt gewesen, gründlich Verlagsbuchhändler und zuletzt zwölf Jahre im freien Literaturberuf – dies wurde die einschneidendste Veränderung. Ohne die Hausmacht des Schriftstellerverbands, dessen Bundesvorsitzender ich seit der Gründung 1969 war, wäre ich schwerlich in den Bundestag gekommen, denn die SPD denkt in Organisationen, die durch Personen abgedeckt werden.
Welche Vorsätze gab es? Natürlich wollte ich den Wahlkreis 243 (später 242) mit seiner vielschichtigen Struktur am wichtigsten nehmen und als einer von dreiunddreißig bayerischen Sozialdemokraten im Bonner Parlament (in der achten Legislaturperiode neunundzwanzig) ein Mandatsträger des anderen Bayern sein. Außerdem wollte ich fortsetzen, was durch Initiativen des Schriftstellerverbands angebahnt war: Eine Urheberrechtsnovelle war von außen durchgesetzt, dadurch

war ich zum erstenmal mit den Mechanismen des Bundestags in allen Fraktionen in engere Berührung gekommen. Gebraucht wurde jetzt die Änderung des Tarifrechts durch das Einbeziehen der freien Mitarbeiter in den Massenmedien, wie sie besonders auch von der Rundfunk-Fernseh-Film-Union gefordert wurde. Gebraucht wurde die Sozialversicherung für Künstler und Publizisten. Das waren konkrete gesetzgeberische Vorhaben. Sie zu erreichen hielt ich für nicht ganz so schwierig, wie es sich später erwies. Jedenfalls mußten Bündnisse angestrengt, Parlamentskollegen überzeugt, die Regierung bewogen und eine mir noch unklare Zahl von Ministerialbeamten für die Sache gewonnen werden. Soviel wußte ich: Politik findet in Gruppen statt. Alleingänge wirken nicht nur lächerlich, sie bringen nichts ein. Welche Kleinarbeit, die sich auf Personen bezieht, aber für einen gesetzgeberischen Prozeß tatsächlich erforderlich ist, wieviel Rücksichtnahme geübt, Streicheleinheiten verhalten ausgeteilt werden müssen und welche Langzeitenergie in dem gruppenpsychologischen Vorgang den roten Faden spannen muß, davon hatte ich keine Ahnung. Meine parlamentarischen Lehrjahre begannen erst. Ich war geübt in Veränderungen und gespannt auf das, was da kommen sollte.

Zunächst standen wir Neuen beziehungslos wie in eine andere Stadt versetzte Schüler auf den Gängen und Lichthöfen der Bundestagsgebäude herum und lernten zweierlei am gründlichsten kennen: die Lifts und die Treppenhäuser. Fraktionsmitarbeiter, die mit der Verwaltung des angeblich hohen Hauses kooperierten, wiesen jedem von uns eine Bürowabe, einen Platz im Plenum (später wurden sie verlost) und einen anderen im Fraktionssaal an. Was uns überall umgab, waren die Ameisenstrecken altgedienter Kollegen, denen wir in die Quere kamen. Karl Wienand, damals noch Herbert Wehners Fraktionsgeschäftsführer, bestellte uns in kleinen Gruppen zu sich und gab uns eine seiner berühmt

pragmatischen Einweisungen, von der bei mir mehr hängenblieb als vom Begrüßungsgeknurr seines Chefs.
Fortan erlebte ich, daß es anderen nicht besser erging als mir: Auch abgebrühte Parteiprofis und Wahlkampfmatadore wurden auf ihren ersten Gehversuchen durchs Haus der Abgeordneten verunsichert. Viele unter den Neuen hatten das Parlament bisher auch nur wie andere Bundesbürger in den Ausschnitten zu sehen bekommen, die elektronische Medien überallhin liefern. Jetzt erlebten sie das nicht Gezeigte: 360 Grad des Labyrinths. Es waren viel mehr Gesichter, viel mehr Wege, viel mehr Wörter, als ich mir vorgestellt hatte. In nicht wenigen von uns rumorte dazu ein Gedächtnisfortsatz aus einer frühen Begegnung mit dem Kantschen Imperativ, also nahmen wir jede Einzelheit ungeheuer wichtig und lernten später erst, mit Informationen so umzugehen, daß wir das für den einzelnen Vordringliche wie magnetisch herausfanden.
Natürlich hatte man hier nicht auf einen wie mich gewartet. Deswegen schwieg ich längere Zeit ziemlich beharrlich und paßte auf, was geschah. Die Fraktion schnüffelte nach meinem Stallgeruch und konnte nur Spurenelemente feststellen – ich war erst drei Jahre in der Partei. In dieser Zeit allerdings hatte ich wenig anderes mehr gekannt und das Ritual der Bewährungsproben im Zeitraffer durchlaufen, war eingestiegen, hatte mich ausgeliefert, war untergegangen und wieder weitergekommen. Nach einem knapp verfehlten Versuch im Bundeswahlkreis München-Ost hatte ich, als kaum noch jemand daran glaubte, im Allgäu eine zweite Chance erhalten und mich mit Hilfe der Jungsozialisten und zunehmend auch älterer Delegierter in einer Kampfkandidatur gegen den ehemaligen Parlamentarischen Staatssekretär Gerhard Reischl durchsetzen können. Eine Basis, die wenig von mir wußte, aber nach Vorstellungsrunden innerhalb weniger Wochen eine spontane Bereitschaft erkennen ließ, stellte

mich an einem weißblauen Septembertag im »Löwen«-Saal in Lindenberg auf. Der Platz auf der Landesliste war nicht ausgeblieben, denn es gab viele Helfer bis hin zur Landesdelegiertenkonferenz.

Es war eine knirschende Auseinandersetzung gewesen. Ihr folgte ein überschwenglicher Wahlkampf, in dem die Sozialdemokraten im Wahlkreis Sonthofen-Kempten-Lindau erstmals vierunddreißig Prozent der abgegebenen Stimmen errangen (vorher rund neunundzwanzig Prozent). In Bonn zählte nur das Resultat: Jetzt war ich eine Person mit der Bestätigung des Statistischen Landesamts und dem Bundestagsausweis in der Tasche, eingespult in die Diätenbuchhaltung, mit Bundesbahnnetzkarte, Pauschalspesen und dem Anspruch auf Lohnzahlung an ein bis zwei Mitarbeiter – je nachdem wie einer das aufteilte –, ferner unbeschränkt freiem Telefon vom Bundestagsschreibtisch überallhin, Tokio eingeschlossen. Die Wortfabrik vereinnahmt die Neuen im Handumdrehen. Die meisten sind vom Wahlkampf persönlich verschuldet, denn die Parteien umstellen ihre aussichtsreichen Kandidaten in dieser Hinsicht wie Wegelagerer. So wartet man auf die erste Überweisung, die erst nach Wochen eintrifft, dann aber regelmäßig vor Monatsschluß mit der Präzision einer Kosmonautenuhr.

In der Fraktion machte mir eingangs das Odium des Intellektuellen zu schaffen, der ich nur teilweise bin. Wer überhaupt nicht vereinfachen kann, taugt nicht zur Berufspolitik, die mehr Intelligenz als Intellektualität erfordert.

Unübertreffbar verdeutlichte Herbert Wehner meine Eingangsposition unter den zweihundertzweiundvierzig Fraktionsmitgliedern (in der achten Legislatur achtzehn weniger). Im ersten Jahr nannte er mich »Herr Lattmann«. Dann allmählich avancierte ich zum »Genossen Lattmann«. Schließlich weihte er mich mit meinem Vornamen ein. Als ich zum erstenmal vor der Fraktion sprach, weil ich gegen Georg

Kahn-Ackermann, einen alten Fuchs, um den Sitz in der Enquete-Kommission Auswärtige Kulturpolitik kandidieren wollte, redete ich mich beinahe um Kopf und Kragen. Ich konnte die ungeduldige Bereitschaft der Fraktion zum Zuhören einfach noch nicht ermessen. Während ich redete und Weltkenntnis erkennen lassen wollte, zog mich zum Glück einer am Rockschoß zurück. Nach dieser Erfahrung schwieg ich ein weiteres halbes Jahr und bemühte mich, den gruppendynamischen Mechanismus aus Mandatsverästelungen, Hintergründen, Empfindlichkeiten und Sturheit zu begreifen.

Bis die Neuen zum erstenmal im Bundestagsplenum an die Reihe kommen, das dauert in den meisten Fällen zwei Jahre und in einigen fast die gesamte Legislaturperiode. Wenn es soweit ist, stellt sich heraus, daß auch versierte Wahlkampfredner im Plenum zu Anfang ins Stottern geraten. Selbst gehärtet durchs Parteigerangel sind die meisten der Leere des Riesensaals und der Teilnahmslosigkeit der Anwesenden nicht gewachsen. Es spricht sich schwer unter Berufsrednern, die Zeitung lesen oder untereinander parlieren.

Die Lehrjahre im Parlament dauern wenigstens so lange wie die eines Buchdruckers. Es gibt keine Berufsschule und keine Abschlußprüfung. Doch allmählich wird unübersehbar, wie der einzelne sich anläßt. Die Wege gabeln sich in drei Richtungen in der Breite: rechts, Mitte oder links im Fraktionsmaßstab. Daneben gibt es eine Tiefenstaffelung: Nachwuchs für vorne, Mittelbau oder Hinterbank. Natürlich ist das Koordinatensystem komplexer, aber es haben sich diese groben Zuweisungen entwickelt. Sind sie einmal ausgebildet, sei es durch Irrtum, kommt keiner mehr leicht von seiner Position herunter.

Zu Anfang gab es Auskünfte die Fülle, aber wenig Orientierung. Da tat es schon gut, wenn ein Drei-Sterne-Abgeordneter mit den Kennzeichen im Handbuch, die ebensoviele Legislaturperioden bescheinigten, einen zum Schnaps einlud und hanseatisch erklärte: »Na, min Jung, man ruhig Blut, dat lernt sich allns noch, wie du Butter bei die Fische packst.«

Wochenende

Versammlungen, Brotarbeit. Das Politikerwochenende beginnt mit der Freitag-Mittag-Maschine, interfraktionell. Wenn sie herunterfiele, gäbe es unter den Nachrückern auf den Landeslisten ein Aufflattern nach Bonn. Keiner, der nicht gelegentlich daran denkt, während sich zwischen Plastikprovianttaschen, aufgeschlagenen Zeitungen, Rauchschwaden und Wortgeplänkel Kumpanei ausbreitet. Die Politiker unterscheiden sich von den Geschäftsleuten im City-Jet dadurch, daß sie nicht nach Hause kommen, sondern schon wieder auf dem Sprung sind.

Jeden Freitag ist die Lufthansamaschine überbucht. Hinterbliebene von der Warteliste lassen am Schalter die Köpfe hängen. Gedränge im Warteraum, auf der Gangway, im Rumpf der Boeing. Männer, Männer, Männer in der Schlips-und-Kragen-Uniform. Massige Leiber, in die Sitze gezwängt wie Korken auf Flaschenhälse. Nur einzelne Frauen sitzen beziehungslos zwischen soviel Männlichkeit herum. So mancher Parlamentarier paßt nach zwei Legislaturperioden nur noch in First-class-Sessel.

Die CSU-Mandatsträger pendeln zwischen der Hauptstadt und Bayern, als trügen sie den Freistaat in der Tasche. Daneben wirkt die weißblaue Schüchternheit der Sozialdemokraten geborgt; Abgeordnete der FDP kommen nur in Spurenelementen vor: Agrarier ohne Land. Manchmal setzt sich unter den Parlamentariern die Aufgebrachtheit einer Plenar-

debatte, die sie eben erst verlassen haben, achttausend Meter über der Bundesrepublik verbissen fort.
So war es an jenem Tag gewesen, als der CSU-Abgeordnete Waigel aus dem Wahlkreis Neu-Ulm mir mit der Kompromißlosigkeit eines Buchmachers lauthals in der Kabine zurief: »Herr Lattmann, von Ihnen fehlt auch noch eine deutliche Distanzierung vom Terrorismus.« Später wollte er den Ausbruch nicht mehr wahrhaben, obwohl ihn viele vernommen hatten. Damals war mehr als nur die Atmosphäre vergiftet. Zwischen den Fraktionen herrschte eine Art verbaler Kriegszustand. Jenes halbe Jahr vom Spätsommer 1977 bis zum Frühjahr 1978 – mehr als durch alles andere war es gekennzeichnet durch die Ermordung Hanns-Martin Schleyers und die Befreiung der Geiseln aus der Lufthansamaschine »Landshut« auf dem Flugplatz von Mogadischu – erwies sich als eine Zeit der Debatten, in denen der Bundestag den Staat aus Stahl und Eisen beschwor.
Kein Wort war wohlfeiler als der Begriff der Freiheit. Der Rechtsstaat klirrte in Waffen und wurde von Strafprozeßpolitikern zur schlappen Spottgestalt verzerrt. Manch einzelner ging unter in der allgemeinen Empörung, die begreiflicher war als die Tatsache, daß selbst Politikern von höchster Verantwortung der Sinn für die Verhältnismäßigkeit der Mittel abhanden kam. Sie bildeten einen großen Krisenstab.
Was mich betraf, ich wurde längst überhöht oder erniedrigt durch eine aus den Fugen geratene Diskussion und Beschlagnahme, die Gegner oder Befürworter der Razziengesetze über mich verfügt hatten. Eine manische Strafgesetzgebung nahm den Terrorismus zum Anlaß, diente jedoch teilweise kaum seiner Bekämpfung, vielmehr ganz anderen Mechanismen der öffentlichen Reaktion, nämlich der Einschüchterung kritischer Bürger durch Obrigkeit. Nachdem ich vier Nein-Stimmen gegen die eigene Fraktion im Plenum begründet hatte, stempelte mich das CSU-Organ »Bayernkurier«

zum Sprecher der »Vierer-Bande« ab und gab damit Person und Familie im südlichsten Bundesland für eine Zeit finsterer Erregung preis.
Einige Wochen flog ich zwischen München und der Hauptstadt umkeilt von Abscheu. Dann stellte sich Gleichgültigkeit wieder ein, unterbrochen von freundlicheren Umgangsformen. Schließlich war es wieder wie früher. Man bezog mich in die Kameraderie ein. So geschah es auch an jenem Freitag, als ich einmal mehr auf der Route von Bonn über Frankfurt ins Isarhauptquartier flog: zu Versammlungen, Versammlungen.
Nach fünfzig Minuten setzte die Maschine in Riem auf und rollte zur Rampe, die als Ziehharmonika auf den Silberfisch zukroch. Gleich strömten die Samsonite-Kofferträger mit ihren eckigen Bewegungen heraus.
Abschiedsrufe unter den MdBs auf dem Weg in die Halle:
»Max, weiß das dei Frau, daß du in München bist?«
»Derfst net alles sagn.«
»Pfüat euch Gott beieinander.«
So schritten die Bäuche dahin. Wie jedesmal ergriff die Bundestagsmitglieder die bessere Hälfte der parlamentarischen Existenz: die Wahlkreisarbeit.
Medien und Publikum wissen wenig davon. Daß zweiundzwanzig bis vierundzwanzig Bonner Sitzungswochen ebensoviel Wahlkreiswochen der Abgeordneten entsprechen, die halbe politische Arbeit also, erstaunt noch immer Bonn-Besucher, die zum erstenmal davon erfahren. Im Durchschnitt verbringen die Parlamentarier zwei Wochen pro Monat am Regierungssitz und zwei Wochen unter der Bevölkerung in ihrer Region. Das gilt auch für eine große Zahl derjenigen, die wie ich nicht mit der Mehrheit aller Stimmen in einem der zweihundertachtundvierzig Bundeswahlkreise direkt gewählt worden sind, sondern als eines von zweihundertachtundvierzig weiteren Bundestagsmitgliedern über die

Landesliste ihrer Partei. Hinzu kommen zweiundzwanzig West-Berliner ohne Wahlkreise als Entsandte der Parteien mit Stimmrecht nur in den Ausschüssen, also nicht im Bundestagsplenum, wo sie zusätzlich gezählt werden.

Viele der nicht direkt Gewählten leben und arbeiten dennoch in dem Wahlkreis, in dem sie aufgestellt worden sind, und machen der Mehrheitspartei und ihrem Mandatsträger nach Kräften Konkurrenz. Für bayerische Sozialdemokraten ist die Verpflichtung dazu eine entscheidende Vorbedingung bei den Aufstellungsriten, die zum härtesten Handwerk der Politik gehören. Ich also wohnte seit 1972 im Allgäu. Meine Frau und manchmal auch die Söhne pendelten zwischen unserem Münchner Haus und der Wahlkreiswohnung.

Auch vor Ort kennen sich die Leute nicht im geringsten mit der Arbeit ihrer Abgeordneten aus. Die Tätigkeit eines Bundestagsmitglieds bleibt unerklärbar für alle, die nur mal so nachfragen, doch eigentlich nichts Genaues darüber hören wollen.

Wenn ich im August täglich Stunde um Stunde am Schreibtisch in Eckarts im Oberallgäu verbrachte, wenn das Telefon uns keine Ruhe ließ und Hunderte von Briefen, teils viele Wochen alt, fürs Bonner Schreibbüro zu beantworten waren, solange der Vorrat an Tonbändern im Bumerangverfahren der Postsendungen reichte, gingen Marlen und ich manchmal am Spätnachmittag zum Niedersonthofener See. Trafen uns Nachbarn, meinten sie strahlend: »Machen Sie mal wieder Ferien bei uns?« In der Regel kam meine Antwort angesichts dieses Mißverstehens nicht hinaus über ein: »Das nicht gerade.« Umgekehrt verhielt es sich in Bonn. Wenn jemand mich dort nach einem Marathonwochenende fragte, ob ich mich ordentlich ausgeruht hatte, reagierte ich aggressiv.

Während ich über diesen politischen Wildwechsel nachdachte, entdeckte ich jetzt am Flughafen unter den Abholern meine Frau. Wie gewöhnlich saß sie auf dem Beifahrersitz in unserem Wagen und las in einem englischen Roman. Erst neulich hatte sie gesagt: »Die Hauptsache in deinem Leben ist Transport.« Genaugenommen holte sie mich seit dreißig Jahren ab, holte mich heraus aus allen möglichen Berufen und Situationen, in denen ich mich unverbesserlich herumtrieb. Abwechslung hatten wir gewiß.

Wer uns beobachtete, erkannte uns als eingespielte Mannschaft für ein Doppel. Da waren die Kürzel und dort das Abtasten, wie es dem anderen erging. Meist fuhr Vorsicht mit, seit langem ein Bemühen, das wirklich uns beide meinte. Vielleicht war es etwas so Widersprüchliches wie eine immer noch stürmische Geduld.

Einmal, als die Kinder noch klein waren, hatte Marlen an einem italienischen Strand ihren Ehering verloren. Das war an einem Julinachmittag in Bibione. Vor dem letzten Schwimmen, ehe wir unseren Abendbummel zur Piazza machten, hatte sie den Ring auf einem Handtuch abgelegt. Ihre Finger wurden beim Baden schmaler. Immer hatte sie dann Sorge, sie könnte den Ring im Wasser einbüßen. Jetzt also schwamm sie hinaus, während ich bei den Kindern blieb. Sie zog ihre Spur durch das Glitzern der Wellen unter der schräg hereinfallenden Sonne. Eine lange Weile blieb sie fort. Als sie wieder auftauchte, das lose Haar schüttelte, ein paar Schritte auf uns zulief und überall Salzwasser versprühte, so daß die Kinder entsetzte Wonnerufe ausstießen, nahm sie das Handtuch und begann, ihren sonnenverbrannten Körper abzureiben. Da war es um den Ring geschehen. Sie hatte ihn weit von sich geschleudert.

Obwohl sie es gleich bemerkte und wir zu viert herumkriechend den Sand durchsuchten, kein Gold war zu entdecken. Marlen war verzweifelt, mit jedem Augenblick wuchs der Verlust. Als es Abend wurde, markierte ich die Stelle, an der wir gelegen hatten, mit Leisten aus einer alten Apfelsinenkiste. Anschließend borgte ich mir in der Pension, wo wir untergekommen waren, einen Rechen. Mit dem stand ich am nächsten Morgen um fünf Uhr am Strand und harkte das angezeichnete Rechteck durch. Zentimeter um Zentimeter ging ich vor. Als nach der Frühstückszeit immer mehr Urlauber ihre Positionen im Sand bezogen, erhielt ich ausdauernde Zuschauer. Ich weiß nicht mehr, wie spät es war. Ich weiß nur, daß ich mir etwas in den Kopf gesetzt hatte, das daraus auch nicht durch Stunden um Stunden zu verdrängen war. Plötzlich hörte ich ein Klingen am Rechen und zog den Ring in die Luft. »Ho trovato«, rief ich, »ich hab ihn gefunden.« Da fiel mir meine Frau um den Hals.

Wenn ich den Ring an ihrer Hand betrachte, während sie morgens in der Zeitung blättert, den Wagen lenkt, am Herd hantiert oder im Garten hinter dem Haus Sauerkirschen aus dem Baum klaubt, denke ich manchmal an jene Suche. Im Augenblick lag die Ringhand über der Handschuhablage unter der Frontscheibe, sie wurde ein wenig vom Gebläse gefächert. Eine Hand, die ich kannte, seit sie einer Fünfzehnjährigen gehört hatte.

Während wir Kotflügel an Kotflügel auf dem Fließband der Stadt entgegenrollten, wurden Mitteilungen ausgetauscht. Du informierst mich, ich informiere dich. Schwabing nahm uns auf. In der Wilhelmstraße tauschten wir bei der immer faltenreicher zusammenschrumpfenden Frau Brettschneider, die ihren Sohn jedesmal bei beiden Vornamen Emil-Otto rief, die leere Weinkiste gegen eine volle um. Dann war da zu Hause ein seeräuberbrauner Till mit vollem Urlaubsbart, nach vier Wochen Sardinien in der Nacht eingetroffen, zweiundzwanzig Jahre, nach Zivildienst, Abitur und manchem Job ratlos, was er werden soll – ein Sohn zum Auftauen. Marlen verguckte sich einmal mehr in ihn.

Zwei Stunden die Beine unter den Tisch gestreckt, etwas anderes angezogen. Versehen mit Strafrechtsunterlagen be-

fand ich mich mit Andreas, dem Siebenundzwanzigjährigen, bald auf der Autobahn Richtung Salzburg. Jungsozialisten hatten die Abendversammlung in Freilassing zum Thema »Verteidigung der Republik« engagiert vorbereitet. Etwa fünfundachtzig Teilnehmer, alt und jung beieinander. Während ich redete, sah ich drei Tischreihen vor mir meinen Erstgeborenen, der eine langgescheitelte Juristin aus dem fünften Semester der Universität Erlangen, die hier Freunde und Eltern besuchte, ergiebiger fand als die Berufsausübung seines Erzeugers. Die beiden, die einander eben erst kennengelernt hatten, blitzten sich wechselseitig an, sie eine Störchin mit Taille, er ein ungemein honigempfänglicher Bär. Als ich nach nicht endenwollender Diskussion zum Aufbruch drängte und die beiden Adressen austauschten, kam ich mir gegenüber soviel unüberhörbarem Knistern ziemlich beamtenhaft vor.
Schmierige Regenrückfahrt. Auch weit nach Mitternacht ließ der Gegenverkehr aus Richtung des Münchner Oktoberfests nicht nach. Ein Scheinwerfer fiel aus, an einer Tankstelle besorgten wir die Dreiphasenbirne. Die Stimme meines Sohnes erschien mir bekannt wie meine. Er fuhr verläßlich, zurückgelehnt ins Dunkel, das Gesicht mit den breiten Backenknochen nur wenig erhellt von der Armaturenbeleuchtung und von vorüberrasenden Blendmanövern. Andreas erzählte von sich, vom öffentlichen Recht und Zivilrechtsklausuren. Eigentlich umkreiste er nur seine Vordergründe, er wollte mich schonen.
Am anderen Morgen mit Marlen in den Wahlkreis, die Tasche vollgestopft mit dreierlei Referaten zum Landtagswahlkampf. Zunächst hielten die Allgäuer Sozialdemokraten eine Spitzenversammlung mit Hans-Jochen Vogel im »Hofgarten«-Saal in Immenstadt ab. Wie es sich gehörte, zählte ich als örtlicher Mandatsträger zum Rankenwerk und beobachtete Routine im Kabinettsrang. Vogels Popularität war gegen-

über 1974, als er noch der Gegenkandidat zu Ministerpräsident Goppel war, nur ein Stück verblaßt. Immer noch war der Zweiundfünfzigjährige die beste Intelligenz der bayerischen SPD und als Redner ihr stärkster Magnet.
Die Kapelle aus Stein hatte den Saal warmgespielt. Vogels fünfundvierzig Minuten liefen ab wie geölt. Strauß war für ihn »ein großes Kraftwerk mit einer kleinen Sicherung«. Seit dem Münchner Chaos, mit dem wir Sozialdemokraten mehr als nur unsere Mehrheit zugrunde gerichtet hatten und an dem Vogel entgegen anderslautenden Auslegungen einen irritierenden Anteil hatte, hatte er sich verändert. Auch äußerlich war die Gestalt wieder gestrafft. Die Hand war nicht mehr so weich, mit Fingern wie kleine Mehlsäcke. In all den Jahren hatte ich ihn aus der Nähe erlebt, einige Zeit als Mitglied des Landesvorstands.
Oft hatte ich mich gefragt, wie ein so vorzüglicher Verstand auf die kritische Intelligenz der nachrückenden Generation, aus der anfangs nicht wenige seinetwegen Sozialdemokraten geworden waren, derart fehlreagieren konnte, vor sich selbst ungeschützt, jedenfalls unfähig, subjektive Betroffenheit zu beherrschen.
Offensichtlich war damals vielerlei, auch Persönliches, zu einer Schwächephase zusammengetroffen, aus der sich eine überdimensionale Selbstbehauptung zur Rundumabwehr aufraffte. Manchmal ging es gar nicht um sachliche Auseinandersetzungen, sondern um persönliche Verachtung, Verletztheit, ja Haß. Was mit der Psyche eines Politikers an der Spitze geschieht, ist immer auch ein öffentliches Ereignis. Ich vergesse nicht Vogels Redeschlacht im Münchner Hofbräuhaus, als er den Unterbezirksvorstand stürzte und einen Pyrrhussieg errang. Damals hatte es nur noch rechte oder linke Delegierte gegeben, eine selbstzerstörerische Spaltung und kaum noch differenziertere Beurteilungen, die zu Wort kamen.

Inzwischen war Vogel ein anderer geworden, ein sozialliberaler Justizminister mit einer Arbeitsfähigkeit und Präzision, die für zwei Ressorts gereicht hätte, vor allem aber mit einer neuen Toleranz, die überall auffiel, am stärksten in der Bundestagsfraktion. Sie ging neue Bündnisse ein. Manchmal verwandelte sie, aus welchen Gründen immer, ehemalige Gegner zu Mitstreitern. Im Kabinett war er eigenständiger als die meisten. Im übrigen gab es zwischen uns eine Verständigung, die auch hinweg über Kontroversen, die wir einmal bis ins Bundestagsplenum austrugen, von einem zum anderen nie abgerissen war.
Unter Berufspolitikern respektiert man die Wiederholungen, die jeder benötigt. Während ich ihm jetzt zuhörte und die Versatzstücke und Gags aus uralten Reden wiedererkannte, vermischt mit den Aktualitäten der Kandidatur des Franz Josef Strauß zum obersten Bayern, dachte ich einmal mehr, daß dieser Politiker ein kräftesparender Redner ist. Er schien es fertigzubringen, mitten im Gemenge des Vortrags, während er Lacher anfeuerte und Zustimmung beschwor, an etwas anderes zu denken. Aber das bemerkte nur, wer ihn genauer kannte und viele Veranstaltungen mit ihm absolviert hatte. Mir erscheint er als ein lebendiges Perpetuum mobile der Rhetorik.
Jedenfalls wirkte er auf mich, als mache es ihm nichts aus, sein Politikerleben lang manche Redewendungen und inhaltliche Einzelheiten viele tausend Mal aufzusagen. Ein erstklassiger Profi betrieb sein Handwerk und lieferte auch pünktlich die Einschübe für die örtlichen Programmpunkte der Partei. Pflichtschuldig hingen die Kandidaten an seinen Rockschößen, um mit aufs Bild zu kommen.
Beifall, Beifall im Saal mit den hohen Seitenfenstern, durch die ein trübes Nachmittagslicht hereinfiel. Vogel verbeugte sich hinter dem Blumenschmuck, der das Podium umringte. Draußen startete die Polizeieskorte zum nächsten Ziel.

Selbst das Losreißen vom Andrang lokaler Bewunderer, die einmal seine Hand schütteln wollten, vollzog sich gekonnt: Hans-Jochen Vogel hinterließ eine Bewußtseinsschleppe, befestigt an vielerlei Berührungen im Hinausgehen. Unsere Wege trennten sich.
Der Rest ist rasch erzählt: Abendversammlung »Was Bonn für Bayern tut« in Lindau und Nachtfahrt mit Marlen zurück nach Eckarts. Am Sonntag dann Frühschoppen »Den Sozialstaat sichern« in Kempten und nachmittags »Erziehung zum Mut« in der Boscharbeiter-Gemeinde Blaichach. Auf der B 12 hörten wir in der Nacht im Autoradio, daß zwei Terroristen nach einer Schießübung in einem Wald bei Dortmund verwundet gefaßt wurden, ein Polizist erschossen, ein dritter Terrorist – wie das? – mit einer Maschinenpistole der Polizei entkommen war.
Wahlzeit. Die Zyniker des Terrorismus bemühten sich, die vorhandenen Bestandteile der Demokratie zu sprengen. Sie veranlaßten Gesetze im Bundestag. Sie manipulierten die gängigsten Medien. Wie von ihnen diktiert, lautete am Montagmorgen die »Bild«-Schlagzeile: »Terroristenschlacht in deutschem Wald«. So blutig ist Druckerschwärze.

Sitzungswoche

Liegt das politische Wochenende eingepreßt zwischen zwei Sitzungswochen des Bundestags, bleibt den Abgeordneten zum Aufladen der Kräfte nur die Spannung, die sich aus dem Wechsel der Anstrengungen ergibt. Bei einer Aufgabe erholt man sich von der anderen, wie bei unterschiedlichen Sportarten verschiedene Organe beansprucht werden. Das läßt sich tatsächlich einüben, vorausgesetzt, man hält Raubbau für eine unabänderliche Lebensform.

Jedenfalls muß, wer im Organisationssystem der Fraktion auch nur die Funktion als Vorsitzender einer Arbeitsgruppe versieht, also für ein Fachgebiet Verantwortung trägt, spätestens am Montag um die Mittagszeit nach Bonn anreisen.
Im Prinzip ist der Parlamentsbetrieb gegliedert wie die Arbeitseinteilung in einem industriellen Unternehmen. Nur fehlt die Kosten-Nutzen-Rechnung. Im Gegenteil, gewöhnt an den Reibungsverlust staatlicher Apparaturen, geht auch die Hierarchie der Fraktionen achtlos mit den Menschen um. Nur noch beim Militär steht einer sich so oft vergebens die Beine in den Leib, wie Bundestagsmitglieder im Nonsens herumsitzen.
Natürlich gibt es das Bemühen, Notwendiges kurz und sachlich zu erledigen. Doch zwischen Würde und Protokoll gelingt mehr Selbstfeier als Selbstironie. Das Anstrengende sind nicht so sehr die Fakten, sondern die Personen, die sie transportieren oder im Richtungsgezerre jede Bewegung verhindern. Das Redebedürfnis der Parlamentarier zieht alles in die Länge, zerbröselt Zusammenhänge, mörsert das meiste kurz und klein.
In allen Fraktionen ist das Handeln der Legislative auf Arbeitsgruppen, ferner auf Arbeitskreise, die mehrere Fachbereiche zusammenfassen, und schließlich auf die Entscheidungsebene der Gesamtfraktion verteilt. Diese Struktur entspricht den Ausschüssen des Bundestags.
Nehme ich die eigene Rolle als Beispiel: Ich gehörte als Sprecher der SPD-Fraktion dem Ausschuß für Bildung und Wissenschaft an, daneben stellvertretend dem Ausschuß für Arbeit und Sozialordnung und dem Auswärtigen Ausschuß, außerdem als Vollmitglied dem Unterausschuß Kulturelle Außenpolitik. Außer an den entsprechenden Arbeitsgruppen der Fraktion war ich folglich an deren Arbeitskreis I (Außenpolitik, wirtschaftliche Zusammenarbeit, innerdeutsche Beziehungen) beteiligt, ferner am Arbeitskreis II (Inneres, Bil-

dung und Sport) und Arbeitskreis IV (Sozialpolitik). Alle tagten am Dienstagvormittag, nachmittags die Fraktion.

Angesichts dieses Koordinatensystems, in dem man wechselnd die vorgeschriebenen Punkte besetzt, bleibt dem einzelnen nichts anderes übrig, als die Priorität nach der jeweiligen Tagesordnung zu entscheiden und dabei unbedingt auch die gruppenpsychologischen Rücksichten abzuwägen, ohne die kein Stück Sachpolitik mehrheitsfähig wird. Daß es unmöglich ist, das gesamte Pensum zu erfüllen, gilt als normal. Wer aus einem übersichtlicheren Beruf ins Parlament kommt, muß als erstes lernen, durch geduldiges Nichterledigen eines Teils der Arbeit nicht aus der Fassung zu geraten. Es hilft nichts, wenn einer unausgesetzt mit schlechtem Gewissen herumläuft. Es macht ihn nur anfälliger für Absurditäten.

Als ebenfalls normal ist die Beanspruchung durch die Partei anzusehen: So war ich Mitglied der Medienkommission und der Bildungskommission beim Parteivorstand der SPD, Mitglied des bayerischen Landesvorstands der Partei, Vorsitzender eines medienpolitischen Arbeitskreises in München und stellvertretender Vorsitzender des sozialdemokratischen Unterbezirks Allgäu mit dem Sitz in Kempten, um nur die arbeitsintensivsten Funktionen zu nennen.

Der Wahlkreis mit seiner Mischstruktur aus industrieller Arbeitswelt, Handwerk und Kleinbetrieben, Landwirtschaft, Fremdenverkehr und Sozialeinrichtungen erforderte Engagement in zusätzlichen Politikbereichen, vom Naturschutz über das Bergbauernprogramm und die Brüsseler Agrarrichtpreise bis zum Straßenbau beziehungsweise dessen Verhinderung und von der Altbausanierung bis zu regionalen Konjunkturprogrammen.

Obendrein war mir ein imaginärer Wahlkreis zugewachsen: das Land Überall mit der Bevölkerung aus Künstlern und Autoren. Für die Nachdenklichen und Schwierigen im föde-

rativen Staat gab es Gesetzesinitiativen vom Tarifrecht für freie Mitarbeiter bis zur Künstlersozialversicherung.
Schließlich war das Verlangen übermächtig, das Schreiben nicht zu verlernen und jeden Monat wenigstens zwei, drei Veröffentlichungen bei Hörfunk, Fernsehen oder Presse unterzubringen sowie pro Legislaturperiode ein Buch vorzulegen. Das war auch eine vorsorgliche Kontinuität, denn ich wollte mir die Rückkehr in den vogelfreien publizistischen Beruf offenhalten.
Natürlich machte ich die Erfahrung: Wer all das auf einige Dauer über sich bringt, jedenfalls vordergründig damit zurechtzukommen scheint, ohne nur noch als Nervenschraube zu rotieren, braucht eine Abhärtung, die jede Sensibilität gefährdet. Das sind ziemlich perfekte Voraussetzungen, um ein unangenehmer Mensch zu werden.
So saß ich denn in all den Jahren meist ab morgens 7.30 Uhr am Schreibtisch, zunächst im vierten Stock des Langen Eugen mit Blick auf den Rhein und später, als die Fraktionshierarchie mich anforderte, im sechsten Stock des Alten Hochhauses, das noch aus der Ära Adenauer stammt und die Enge der fünfziger Jahre befestigt hat. Nicht selten dauerte der Arbeitstag bis 21 oder 22 Uhr. Zwischen den Zeiten war man ein Wesen, das sich ernährte, Freundschaft suchte oder schlief.
Der Wochenablauf mit allen Zusatzterminen, Abendverabredungen und den unsäglichen Arbeitsessen, bei denen der Parlamentsalltag eine Serviettenpracht entfaltete, die Unkonventionelles mundtot machte, ließ uns Trageseln der Fraktion kaum Spielraum für Privates. Alles war in Riten fixiert und kalendarisch aufgereiht.
Am Mittwoch tagten die Ausschüsse und abends die Obleute der Fraktion. Donnerstag und Freitag gehörten den Plenardebatten. Das war die Zeit, in der man Korrespondenz per Tonband erledigte, Besucher empfing, mit dem Unterbe-

zirksbüro telefonierte und dem Wahlkreissekretariat Anweisungen gab. Es waren die einzigen Wochenstunden, in denen ad-hoc-Arbeitsgruppen zusammentreffen konnten oder die Abgeordneten bei Ministerien unterwegs waren, um für den Wahlkreis oder einzelne Bürger in ihrer Region etwas auszuhandeln. Nebenher hörte man übers Radio die Reden der Parlamentskollegen, die mit ihrer Fachpolitik im Plenum an der Reihe waren – immer auf dem Sprung, drunten Feuer zu löschen, falls die Geschäftsführung der Fraktion uns durch Rundruf alarmierte, weil im Plenarsaal eine Konfrontation entbrannt war.

Mondfinsternis

Im Oberallgäu besitzt der Föhn eine andere Kraft als in München. Die Natur zwingt den Menschen das Wetter auf, da gibt es kein Entkommen. Besonders im Herbst preßt der Föhn den Einheimischen wie den Fremden, die zum Wandern und Bergsteigen hierherkommen, beinahe die Augen aus dem Kopf.

Seit Tagen war der Föhn wieder einmal eine Faust, die alles umklammert hielt. Grünten und Mittag, unsere Hausberge, sprangen so dicht vors Fenster, als purzelten sie gleich auf das obere Illertal herab. Der Atem von Mensch und Tier wurde kurz. Im Luftgeflirr aus überhitztem Glast schrumpften alle Entfernungen. Zwischen den Bergen spannte sich das grüne Tal in scharfem Licht. Königsblau war der Himmel, eine Barockkuppel, an deren Rändern Zirrostratusfäden Schleier entlangzogen.

Es waren die Tage, an denen das Kreiskrankenhaus mehr Herzinfarkte einsammeln mußte als zu jeder anderen Jahreszeit. Kinder kamen vorzeitig zur Welt. Es waren Wochen, die mit dem Regensommer versöhnten, aber auch Mittage,

an denen man schutzlos unter einer Sonne ging, die Teerdächer und Asphalt schmelzen ließ wie sonst manchmal nur an Hundstagen.
An einem Samstagabend waren Marlen und ich bei Mondfinsternis zur Wahlversammlung nach Oberstdorf gefahren. Wie eine Kreissäge schob sich die Erde zwischen die Sonne, das Jahrtausendkraftwerk, und den Trabanten. Ausgelöscht zu drei Vierteln streifte er den Grünten, hängte sich dort, der alte Mond, an den Felsgalgen und säbelte sein Orangenlicht um die Bergkuppe.
Es war Viehscheid gewesen, der Alpabtrieb des Jungviehs nach dem hunderttägigen Bergsommer, der nach dem Zug der blumengeschmückten Tiere und Menschen wie immer im Festzelt endete. Draußen hinterm Gatter blieben die Kühe, bestaunt und zaghaft gestreichelt von Urlauberkindern, während drinnen die Bauern mit den Gästen unterm Bierbrodem und dem Gedröhn der Trachtenkapelle an langen Tischen tausendfach Brotzeit machten. Im Gewoge, umsorgt von Bedienungen, die in jeder Hand vier Maßkrüge schleppten, angesichts der Geistlichen und der Lokalprominenz, der Feuerwehrleute, Soldaten, Jäger und Handwerker sowie der Mädchen von der katholischen Landfrauenjugend fanden Prämiierungen der prächtigsten Bärte statt, die den Hirten einen Sommer lang gewachsen waren.
Zur späten Stunde redete jeder mit jedem, aber kaum einer konnte den anderen noch verstehen. Lange leuchtete das Zelt in der Nacht, bis unzählbare Promille Autos bestiegen und heimwärts kurvten. Der Polizei blieb nichts anderes übrig, sie schaute beiseite, denn nicht nur das Allgäuer Brauhaus, längst ein Opfer der Oetker-Gruppe, stand Pate, sondern alle Urweltgeister der Region.
Am anderen Morgen wanderten Marlen und ich durchs Gunzesrieder Tal auf den Mittelberg und kamen am späten Vormittag droben an. Zu unserer Verwunderung trafen wir

auf unserem Weg über die eingefriedeten Weiden überall noch Kühe an, als hätte man sie nach dem Festzug zu Tal gleich wieder rückwärts die Hänge hinaufgejagt. In Wahrheit war der Folklore Genüge geschehen, sie hatte ihre schöne Täuschung für den Fremdenverkehr illuminiert. Wenn wie in diesem Jahr das Wetter dem Viehscheid ein Schnippchen schlägt, weil der Sommer ausdauernd anhält, treibt man nur einen Teil des Viehs als Vorhut hinunter. Jedenfalls bleibt von Ort zu Ort der Konsum nach dem Festkalender gesichert, zum Nutzen der Brauereien, der Schlachter und Bäcker, denn jede Gaudi hat ihre Zeit.

Vor der Mittelberghütte saßen Leute, die offensichtlich seit gestern ihren Rausch nur gemäßigt, nicht aber losgebracht hatten. Sie hockten dort kreuz und quer, mit gläsernen Blikken, als seien sie Darsteller aus Achternbuschs Film über das Andechser Klosterbräu. Jedenfalls blieben sie stier und stumm sitzen, wie sie sich auf Bänke und Balken verteilt hatten, ein Stützbier in der Hand, die Augen wie nach innen gerichtet, als erforschten sie, jeder für sich und doch allesamt, dort etwas Unergründliches.

Sie waren Frauen und Männer in den Dreißigern, manche älter, auch einige Kinder darunter. Andere tauchten eben erst vom Matratzenlager auf, klappten mit der Tür, traten geblendet ins Freie, reckten die Arme aus verdrehten Kleidern. Die Männer steckten einer nach dem anderen den Kopf unter den Strahl der Pumpe, setzten sich – ohne sich abzutrocknen – tropfend zu den übrigen und griffen nach Bier, das in Kästen herumstand. Die Frauen mochten sich an dem öffentlichen Plantschen nicht beteiligen, wahrscheinlich hatten sie drinnen schon eine Handvoll aus einem Wassereimer über ihre Unausgeschlafenheit gekippt. Zwischen ihnen und den Männern herrschte eine Trennung wie zur Messe in der Dorfkirche.

Die Sonne stach. Mehr und mehr wurden wir alle in einen

gläsernen Ziegel eingeschmolzen und von den Bergen umgittert. Backofenluft. Aus dem Küchenfenster drang jetzt der Geruch von Schweinsbraten. Holzrauch wölkte sich übers Dach. Irgendwo jodelte ein Radio, es wurde, als schmerze die Kopfstimme, leiser gestellt.

Als wir hineingingen, um Brot und Käse zu erstehen, fragte ich die Wirtin, ob auch hier droben der Viehscheid lange gefeiert worden sei. Sie blieb in sich gekehrt, blickte uns aus dem alemannischen Rundgesicht mit Rötelbacken und braunen Augen über dem Kropfband forschend an und sagte nur: »Getrunken haben werden's halt.«

Vermutlich war die ganze Hüttenbesatzung zum Viehscheid drunten in Gunzesried gewesen und dort ins Bierfaß gefallen. Irgendwann am Abend werden sie dann unter Juchhei mit Enzianflaschen als Marschproviant den Berg hinaufgestiegen sein und unterwegs angesichts soviel Gerölls und Unebenheiten manchesmal bei dem Klaren Trost gesucht haben. Droben haben sie sich gewiß in der Stube um den Ofen versammelt, denn die Nacht war kalt, und haben noch ein Faß aufgemacht.

Jetzt brüteten sie da auf der Terrasse ihren Kater aus und beobachteten einander mit Fischblicken. Föhntag, Gipfeltag. Mondfinsternis am hellichten Tag. Liefen nicht alle dem Viehscheid abgemogelten Kühe wieder rückwärts die Berge hinauf? Ein Ignorant, wer nicht an Trolle glaubt. Das Konkreteste, was in der Luft lag, war ein unermeßlicher Durst.

Ein Aufwind kam das Tal herauf und ließ die Hitze flimmern. Nichts schien greifbarer als die Unwirklichkeit. Es war, als drängten sich alle guten und bösen Geister der Gegend hier auf dem Mittelberg zum Zwölf-Uhr-Läuten zusammen. In dieser Alpenregion, die im Jahr fünfzehn vor Christus von römischen Legionären aus der keltischen Vorgeschichte gerissen wurde, hat eine zweitausendjährige Historie viel Heidnisches überliefert.

Es gibt den Funkensonntag, an dem von Berg zu Berg die Feuer zur Lichtbeschwörung brennen. Das Klausentreiben zu Nikolaus, bei dem junge Männer in Masken und Ketten die Mädchen jagen und manche auch verletzen. Es gibt unterm Weihrauch uralten Aberglauben, Spuk und Wahn.

Wer hier als politischer Landpfarrer zwischen Dorf und Stadt herumkommt, lernt Land und Leute gründlich kennen: die Allgäuer mit Kind und Grind – dem meist dicken Schädel –, verschlossen, mißtrauisch und erst nach gehörigem Zögern zur Offenheit bereit. Sie sind querköpfig mit ihrem »Bauregschäft« und der »Profitlichkeit«, dem Geiz. Musikalische Gebirgler und Talbewohner, festfreudig, untereinander hilfsbereit. Gedrungene Menschen mit schwäbischer Unrast und bayerischem Sitzfleisch, mit ihren herausgeputzten Häusern, Kirchen und Friedhöfen. Freundlich stellen sie Blumenkästen vor die Fenster, aber machen die Tür nicht ungefragt auf.

Es war die Albau oder das Albgeäu, in dem Cambodunum, das spätere Kempten, mehr als zweihundertfünfzig Jahre ein Außenposten der Besatzungsmacht römischer Kaiser blieb, bis Alemannen, die hoch aus dem Norden kamen, die Palisaden und die Siedlung niederbrannten. Am selben Ort entstand die Allgäuhauptstadt, Sitz des Fürstabts und befeindeter Protestanten, einst Zentrum des Bauernkriegs und Stätte der Hinrichtung, wo man die letzte Hexe aus deutschen Landen vom Leben zum Tod gebracht hat – vier Jahre vor Ausbruch der Französischen Revolution.

Den Allgäuern merkt man noch an, daß sich Kelten und Räter, ihre ältesten Vorfahren, vor Römern und Alemannen in die Berge verkrochen haben. Zusammengedrückt in niedrigen Ortschaften und kurzen Betten haben sie sich Generation um Generation mehr untereinander als mit Hilfe der Fremden am Leben erhalten. So gesehen ist der Spruch verständlich, den auch Alfred Weitnauer, der Autor der »Allgäuer Chronik«, aufgeschrieben hat: Wenn du hundert Allgäuer aufeinander legst, ist der oberste grad so verdruckt wie der unterste.

Als gebürtiger Preuße aus Potsdam und hochdeutscher Berufswortemacher im Allgäu zum Bundestag aufgestellt zu sein, blieb für mich, auch wenn ich mittlerweile ein reingeschmeckter Münchner geworden war, eine Quelle der Überraschungen. Natürlich gab es dadurch zu Anfang für die anderen mehr als für mich zu lachen, doch allmählich lernte ich es auch.

An diesem Föhntag trennte man sich nach guter Weile vor der Hütte in abrückende Gruppen, die in verschiedene Richtungen den Mittelberg hinunterzogen. Noch lange sahen wir sie, selbst unterwegs, die Hänge herabsickern, kleiner werden. Allmählich ähnelten sie allen übrigen, die da umherwanderten. Lauter Wähler.

2

Einer fehlt

Erste Sitzung der Arbeitsgruppe Bildung und Wissenschaft der sozialdemokratischen Fraktion nach einer Parlamentspause. Wir tagten im Raum 2102 des Neuen Hochhauses, das nach dem Bauherrn Gerstenmaier »Langer Eugen« genannt wird.

Der Minister nahm regelmäßig teil. Seit Februar 1978 war es Jürgen Schmude, dessen schnurgerade Ruhe Freunde und Gegner sprachlos machte. Irgendwie erreichte er es immer wieder, daß sich um ihn der Eindruck verbreitete, es gäbe wenig hinzuzufügen, wenn er einen Sachverhalt darlegte. Was er mitteilte, wirkte erschöpfend, das teilte sich den Betroffenen physisch mit. Nicht etwa, weil er immer recht behalten hätte, vielmehr weil seine langsame Nüchternheit einen Zwischenraum schuf, der dem anderen die Lust nahm, ihn durch Einwände zu überbrücken. So entwickelten sich Schmudes Äußerungen etwas monologisch. Seine Argumente wirkten oft definitiv wie gelöschter Kalk. Aus seinem schmalen Gesicht schaute er jedermann freundlich an.

Er war bedächtig, gerecht und wurde von denen, die mit ihm zu tun hatten, in der Regel ebenso als Person geschätzt wie fachlich respektiert. Aber wenn man einige Zeit mit ihm verbracht hatte, verlangte man unwillkürlich danach, ihn einmal aus der Haut fahren zu sehen. Ein Temperamentsausbruch hätte auf seine Umgebung befreiend gewirkt. So aber machte seine überdimensionierte Ruhe manchen nervös. Lang und gerade wie eine Altarkerze ging er durch Räume und Flure oder stand am Plenumspult und verströmte überall eine norddeutsch pastorenhafte Verläßlichkeit. Ich habe ihn nie emotional erlebt und war immer froh, wenn er in einem selbstironischen Augenblick etwas von sich herzeigte. Dann kokettierte er versuchsweise mit einer Schwäche und bot sie als sympathischen Verhandlungsgegenstand an.

Von den zwölf Mitgliedern der Arbeitsgruppe waren neun erschienen. Einer fehlte für immer: Reinhold Staudt. Vor wenigen Tagen war er in Darmstadt gestorben, neunundvierzig Jahre alt. Der Nachrücker von der Landesliste Hessen ging schon durchs Haus.

Wieder einmal übertraf die Zahl der Beamten die der Abgeordneten. Da sie auch fachlich überlegen waren, entstand eine schiefe Front, was nicht auffiel, solange niemand angriff. Gewöhnlich nahmen die Ressortfachleute an unseren Sitzungen ebenfalls teil: die Bildungsreferenten aus dem Kanzleramt und den Landesvertretungen Nordrhein-Westfalen, Hessen und Hamburg, ferner Abteilungsleiter und Sachbearbeiter aus dem Bildungsministerium je nach Tagesordnung, die persönlichen Referenten des Ministers und des Parlamentarischen Staatssekretärs, Björn Engholm, sowie oft auch der Chef des Ministerbüros. Natürlich gehörte der bildungspolitische Referent der Fraktion dazu und schließlich ein Mitarbeiter vom Referat der Bildungskommission beim Parteivorstand.

Es war ein ganzer Stab, fast nur Sozialdemokraten. Traf das einmal nicht zu, ja gehörte einer zur Union, wurde man vorher darüber informiert. Entsprechend lassen sich CDU und CSU durch Beamte mit ihrem Parteibuch beraten. Bei ihnen spielt analog zu den vorhandenen Mehrheiten der Bundesrat im Verein mit den konservativen Ländervertretungen die entscheidende Rolle, wobei Bayern mit seinem präzisen Behördenapparat überproportional beteiligt scheint. Die FDP wird von allen gefürchtet, weil sie ihre geringe Zahl durch eine unüberbietbare Härte im Pokern um Positionen auszugleichen sucht. Ohnehin hat sie in jeder denkbaren Konstellation bei weitem mehr Einfluß, als die Wähler ihr an Prozenten zugedacht haben. So konnten auch Helga Schuchardt und Helmut Schäfer, später Werner Maihofer, die beiden FDP-Kollegen im Ausschuß für Bildung und Wissenschaft, beinahe soviel ausrichten wie wir Sozialdemokraten zu zwölft. Zudem operierten sie in diesem Terrain ziemlich auf eigene Faust. Es war schwer herauszufinden, was ihre eigene Vorstellung und was die Politik der liberalen Fraktion war. Wenn das überhandnahm, nannten wir sie: die Laienspielschar.

Im übrigen galt und gilt die Zuordnung zu den Parteien im wesentlichen nur für diejenigen Beamten, die der politischen Leitung der Ministerien oder dem Parlament unmittelbar zuarbeiten. Daß die sozialliberale Koalition in der Bonner Ministerialbürokratie die Mehrheit besitze, hat sich als ein Zweckgerücht erwiesen. Es ist zwar immer gehandelt, aber darum nicht wahrer geworden. Im Gegenteil, die SPD in der Regierung hat erhebliche Teile der Beamtenhierarchie im Grunde gegen sich. Vor allem viele Ministerialbeamte des höheren Dienstes sind seit Adenauers Zeiten, ja seit der Weimarer Republik durchdringend konservativ. Diese Haltung ist nachgewachsen, sie hat sich beinahe automatisch rekrutiert – das liegt nicht zuletzt an den Ausbildungsgängen. Bis hin zum Fahrdienst des Bundestags befindet man sich in mehrheitlich konservativ gesinnter Umgebung. Unter dieser Voraussetzung gibt es beides: hervorragende Loyalität und trickreichen Dienst nach Vorschrift. Außerdem ist das je nach Ressort verschieden. Die meisten SPD-Anhänger finden sich natürlicherweise im Bundesministerium für Arbeit und Sozialordnung, umgekehrt verhält es sich beim Auswärtigen Amt, bei Wirtschaft, Finanzen und im Innenministerium. Gezielte Indiskretionen gehören zum politischen Geschäft.

Die Auffächerung der Fachpolitik mit ihren immer schwieriger durchschaubar werdenden Inhalten erfordert längst auch für die Parlamentarier äußerste Spezialisierung, wenn auch die Wahlkreisarbeit der Bundestagsmitglieder den Bürgern in der Regel noch immer den Universalabgeordneten vorspielt. Daß die Alleswisser kaum etwas wissen, bemerkt die Stammtischrunde in der Provinz nicht unbedingt. Aber in Bonn kann man sich damit nicht blicken lassen. Hier zählt der Sachverstand, er bedeutet den ersten Zugang zur Macht. Im übrigen wird jede Kleinigkeit des Arbeitsablaufs im Bundestag von Beamten vorformuliert, nachformuliert, paraphrasiert. Die Exekutive durchdringt die Legislative so perfekt, daß nur Theoretiker noch von Gewaltenteilung sprechen können. In den Fraktionen ist alle Politik nach Facharbeitsgruppen und Arbeitskreisen mit eigenen kleinen Apparaten aufgeteilt. Doch in der Praxis sitzt die Ministerialbürokratie als ausführendes Organ der Regierung fast immer am längeren Hebel. Die Volksvertreter sind zwar stimmenträchtig, insofern scheinen sie das Wichtigste auszurichten. Tatsächlich aber sind sie eine Minderheit, umzingelt von myriadenhafter Verwaltung.

So begrüßte uns Schmude auch jetzt eher wie ein Firmenchef, der seinen Außendienstlern lässig Bewegungsspielraum zugesteht, während er am liebsten, wenn sie sich auf Verkaufstour abrackern, mit den Innendienstlern die unternehmerischen Entscheidungen und die Produktauswahl vorantreibt.

»Fangt ihr mal an«, meinte er auf meine Frage, ob er zur Einleitung etwas sagen wolle. Zwischen Daumen und Zeigefinger der Rechten zelebrierte er dabei den Zigarillo. Wenn er daran sog, war der ordentliche Schlipsknoten eine Zeitlang vom Rauch umwölkt.

Wir redeten über die nächste Plenardebatte. Vor allem bewegten wir zwischen uns den Föderalismusbericht der Bundesregierung wie eine Botschaft, die niemanden erfreut. Wieviele Strukturmängel des Bildungssystems der Bericht auch aufdeckte, Konsequenzen blieben aus. Denn Mehrheiten, um das Dilemma zu vermindern, wuchsen zwischen den Landtagsfraktionen und der Bundestagsfraktion nicht einmal in den eigenen Reihen. Im Grunde handelte es sich um eine Morgengabe an die FDP, die dieses Thema mit Vorliebe diskutierte. Niemand sah ernsthaft eine Chance, in absehbarer Zeit das Grundgesetz zu ändern und dem Bund mehr Bildungskompetenz zu geben.

Schmude, Ringe mit dem Zigarillo blasend, erklärte gespielt betrübt: »Wie ihr wißt, habe ich das Ding geerbt. Was machen wir nun damit?« Er erwartete aus unserem Kreis keine zündende Antwort. Die Frage blieb im Raum. Fast körperlich spürbar schwebte sie zwischen uns und wurde für eine lange Zukunft in der bildungspolitischen Atmosphäre deponiert. Wer der Frage nachsann und sich ein wenig aufrichtete, konnte durch die Fensterfront drunten den Rhein sehen, der sich bleiern Köln entgegenschleppte.

Zu Anfang der achten Legislaturperiode war ich Vorsitzender der Arbeitsgruppe und damit bildungspolitischer Sprecher der Fraktion geworden. Als einer, der nie studiert hat, das Kriegsabitur in einem Briefumschlag nachgeschickt erhielt, dann eine halbe Lehre in der Landwirtschaft und eine ganze im Verlagsbuchhandel machte, hatte ich neben beruflicher Bildung und Ausbildungsförderung nun auch zur Hochschulpolitik zu argumentieren. Zu Anfang geriet ich oft ins Schwimmen. Zwar hatte ich schon vier Jahre lang dem Ausschuß für Bildung und Wissenschaft angehört, aber jetzt

lag die Verantwortung auf mir. Wenigstens konnte ich mir einen Referenten aussuchen, der mehr davon verstand: Joachim Hofmann-Göttig. Jo wurde mein Lehrer, wenn er auch nicht älter war als mein Ältester, Jahrgang 51. Im Plenum wie im Ausschuß erlebte ich einige Situationen, von denen man nur träumen konnte: ich schwebte frei im Nebel ohne Netz. Dann allmählich arbeitete ich mich ein.
Heute gab es Grund, ein Wort über einen leeren Stuhl hinweg an die Gruppe zu richten. Reinhold Staudt war gestorben, fünf Tage vor seinem fünfzigsten Geburtstag. Zu dritt hatten wir ihn eine Woche zuvor auf einer Delegationsreise zum Hessischen Landtagswahlkampf in Darmstadt besucht. Seine Wahlkreismitarbeiterin wartete in der Bahnhofshalle auf uns, während er noch draußen nach dem Fahrer schaute. Ich vergesse nicht seinen zählenden Blick von einem zum anderen, als er durch die Pendeltür auf uns zukam mit seinem immer etwas schleppenden Gang. Er wirkte eher wie ein Trompeter aus einem Sinfonieorchester als wie ein Politiker. Das graue Haargeflock umrahmte das gerötete Gesicht mit dem kurzgestutzten Seelöwenbart. Sogleich war da wieder sein kreiselnder Blick, der die eigene Mitte zu suchen schien. Wie oft hatte ich ihn beobachtet, wenn er so auf der Suche nach sich selbst durch das Bundeshaus ging. Er war ein Mann, der aus dem Lot geraten war, ohne seine Schuld. Mit einer fast zärtlichen Vorliebe richtete er Verwirrungen an. So hatte er auch diesen Besuch nach einem schwer nachvollziehbaren System vorbereitet und dabei zum Erschrekken seiner Mitarbeiter und Freunde ein ziemliches Durcheinander vollbracht.
»Seid ihr nicht mehr? Ich habe extra einen Bus bestellt.« Alles hatte er wie für eine Kompanie MdBs organisiert. Stolz und zugleich irritiert drückte er uns ein Programm in die Hand, als handle es sich um eine Fünf-Tage-Visite. Dabei wollte einer von uns dreien schon am frühen Nachmittag

wieder abreisen. Zwei weitere Mitglieder der Arbeitsgruppe hatten zwar zugesagt, waren jedoch ferngeblieben, ohne etwas von sich hören zu lassen. Es war eine jener Aktionen, in denen nach anfänglicher Übersichtlichkeit von irgendeinem Augenblick an blinder Aktionismus triumphiert und die Beteiligten einander von Peinlichkeit berührt in die Augen schauen, aber das Schlimmste nicht aussprechen.

»Aber Reinhold«, protestierte ich, als wir im blauen Bus durch die Straßen rollten, »du hast wohl gedacht, du kannst die gesamte Fraktion auf Darmstadt verteilen.«

Er wischte sich den Schnauz und lächelte entrückt wie unter der Einwirkung schwerer Medikamente. »Ach was«, erklärte er mit einer Entschlossenheit, die seinem inneren Vorsatz entsprach, »Politiker müssen so etwas aushalten.«

Wenigstens einige Anlaufstellen konnte ich ihm abhandeln. Telefone surrten und sagten Entschuldigungen auf, um von Station zu Station unsere Verspätung oder unser Ausbleiben zu erklären. Als ehemaliger Kulturreferent der Stadt hatte Staudt keine kulturträchtige Einrichtung von der Besichtigung ausgeschlossen, und deren gab es in Darmstadt viele. So wurde es ein einziges Türenschlagen, Schütteln von Präsidentenhänden und Entgegennehmen von Festschriften. Die Flüchtigkeit des Hereinschauens stand im Kontrast zur differenzierten Vorbereitung unserer Gesprächspartner. Zwischen raschen Cocktails und gekräuselten Begrüßungen sahen die Gastgeber freilich aus, als erwarteten sie von Politikern kaum noch etwas anderes. Wieder einmal waren wir bis auf die Poren einer Restsensibilität blamiert.

Staudt jedoch, so gedämpft er wirkte, war in seinem Element. Hier kannte er sich aus. Hier konnte er auf Menschen rechnen, die ihn lange vor seiner Krankheit gekannt hatten. An allen Orten, an die wir gelangten, begegneten ihm ein Respekt und eine Fairneß, die ihn bei seinem früheren Leben nahmen. Wir lernten ein Stück seines Hintergrunds kennen.

Als er zu uns in die Fraktion kam, war er bis auf wenige Augenblicke, in denen etwas von seiner alten Lebensfreude und Kompetenz durchbrach, nur noch ein Schatten seiner selbst.

Reinhold Staudt, Vater von vier Kindern, zum Bundeswahlkampf 1976 als Nachfolger von Günter Metzger aufgestellt und mitten in der Auseinandersetzung mit einem schweren Herzinfarkt zusammengebrochen. Er war nie wieder ganz zu sich gekommen. Monatelang fehlte er im Bundestag. Man sah ihn nur wie geistesabwesend, wenn die Fraktion für eine Kampfabstimmung die Kanzlermehrheit brauchte und auch die kaum Transportfähigen herbeischaffte. In der Arbeitsgruppe war er eineinhalb Jahre lang ein stiller freundlicher Fachmann, der von seiner Vergangenheit zehrte und sich zur Pflicht der Gegenwart täglich überwinden mußte. Medikamentenabhängig, rauchte er weiter und brauchte auch Alkohol. Es gab Tage, an denen er gläsern wirkte, abwesend, verschlossen, und es gab andere, an denen man ihm kaum etwas anmerkte.

An diesem vierten September, an dem ich ihn zum letztenmal sah, mit dem erhitzten Gesicht unter dem grauen Haar und dem fast flehentlichen Ausdruck, der um die Geduld bat, ihn so zu nehmen, wie er nun einmal geworden war, nahm er seine ganzen Kräfte zusammen und überanstrengte sich rettungslos. Seine Frau, seine Mitarbeiterin und ein paar Freunde umgaben ihn mit einer Sorge, die wußte, daß man ihn kaum noch beeinflussen konnte. Aber sie versuchten, das Schädlichste von ihm fernzuhalten.

Wenn ich mich an den Tag erinnere, sehe ich uns Karussell fahren. Es war, als ritte uns Reinhold Staudt unterm Gejammer der Drehorgel auf einem weißen Pferd wippend voran. Alles kreiselte. In der Unwirklichkeit der Szene mischten sich die Betriebsamkeit unseres Kulturstatthalters, alle Gefährdung, aber auch etwas wie Trotz und Übermut. Er wollte nun einmal nicht lockerlassen. Von der Technischen Hochschule zum Rat für Formgebung, von der Brechtschule bis zur Beheimgesellschaft, von der Akademie für Sprache und Dichtung und zu einer gar nicht so öffentlichen Abendversammlung verlief unsere Prozession.

Der Tag endete im Hause Staudt in der Vorstadt bei einem wiederum zu umfangreichen Buffet, um das die Gastgeberin sich offenbar mit den Empfindungen eines liebevollen Zweifels bemüht hatte, mit denen sie manche Handlungen ihres Mannes zu begleiten schien. Da saßen wir um den Kamin, sprachen einander Ermutigung zu und brachen so spät auf, daß uns in Frankfurt der letzte Zug davonfuhr und die beiden letzten der Delegation, Kretkowski und ich, in einem Stundenhotel am Bahnhof übernachten mußten.

Eine Woche darauf starb Reinhold Staudt, während ein Zahnarzt ihm die lokale Betäubungsspritze für eine Extraktion gab, an einem Montagmorgen, im Alltag, viel zu früh für ein letztes Kapitel. Morgen würden weiße Nelken auf seinem Pult blühen, ein paar Stunden lang.

Die beste Demokratie

Die vier obersten Präsidenten der Republik haben einander in der Evangelischen Akademie Tutzing getroffen. Es waren – damals noch – Bundespräsident Scheel, Bundeskanzler Schmidt, Bundestagspräsident Carstens und der Präsident des Bundesverfassungsgerichts, der frühere Bundesinnenminister Benda. Auf einem politischen Forum haben sie einmütig erklärt, so gut wie heute sei unsere Demokratie noch nie gewesen. Damit haben sie nur wieder einmal bewiesen: Das sieht für die Regierenden ganz anders aus als für die Regierten. Drum.

Drum kann es zum Beispiel geschehen, daß uns namens jener Bayerischen Volkspartei, die uns 1925 schon Hindenburg einbrockte und bald ein halbes Jahrhundert Kreuther Beschlüsse, die Gespensterformel »Freiheit oder Sozialismus« geboten wird. Es ist unsäglich, was in der Politik sagbar ist. Lebten wir in einer Demokratie, wäre das nicht möglich. Aber weil es möglich ist, kann es sich bei der Bundesrepublik schwerlich um eine Demokratie handeln. Jedenfalls nicht um die, welche das Grundgesetz meint. Denn da stehen so wunderbare Sachen drin wie in den Zehn Geboten, an die sich auch niemand hält.
Wie ist das nun? Vielleicht leben die Regierenden in anderen Ländern als die Regierten, und man merkt es bloß nicht gleich. Oder die Realität besteht aus lauter Fiktionen. Als Abgeordneter, denke ich, sollte man die Regierten vertreten. Doch das stößt in der Öffentlichkeit auf eine Menge Mißverständnisse. Immer muß man die Regierung stützen, weil diese sonst angeblich stürzt. Das ist das Monarchische an unserer Republik.
In Tutzing hat der Kanzler sogar gemeint, sie sei heute »besser als vor zehn Jahren«, die Demokratie. Das war 1968. Damals fing etwas an. Die erste deutsche Generation, die in eine relative Demokratie hineingeboren war und auch die Aussicht hatte, in ihr aufzuwachsen, wollte damit Ernst machen. Sie eckte gewaltig an. Aber nach ein paar Jahren vereinnahmten die Anhänger des bestehenden Zustands auch sie. Bis auf ein paar Versprengte, die von ihrem Traum nicht lassen mochten. Sonst aber nahmen auch die bewegtesten Studenten bald nach dem Staatsexamen den Staat als Denkmal hin, wie es sich gehört. Auf den Konservatismus hat man sich in Deutschland immer verlassen können.
Unsere vier Präsidenten gaben sich zufrieden.

Eine Zensur findet statt

Im Rahmen der Veranstaltungen zum Lessingjahr hatte die Wolfenbütteler Bibliothek zu einem Schriftstellergespräch eingeladen. Das Thema: »Lessing und die Zensur oder die Schriftsteller und der Staat«.

Umgeben von sechzigtausend Bänden in schiffsmasthohen Regalen, zu denen Balustraden und Leitern hinaufführten, saßen an einem Samstagnachmittag an die zweihundert außerordentlich beteiligte Zuhörer in der Augusteerhalle, welche die Vorstellung der Belesenheit früherer Generationen heraufbeschwor. Es herrschte in dem Raum eine Dämmerung, die alle Formen und Farben musikalisch abstufte.

Auf dem Podium saßen der Hausherr und vier Gäste. Es waren Paul Raabe, der vor zehn Jahren hier Erhart Kästner als Direktor der Herzog-August-Bibliothek abgelöst hatte, Freimut Duve, Rowohltlektor und Herausgeber kritischer Taschenbücher, Rudolf Wassermann, Präsident des Oberlandesgerichts in Braunschweig, Wolfgang Bittner, freier Autor aus Göttingen, und ich als politisch-literarische Mehrzweckfigur. Das Publikum umringte uns mit bildungsbürgerlicher Aufmerksamkeit. Nur die Zwischenrufe einiger junger Leute stachen unangepaßt gegen soviel graumelierte Mäßigung ab.

Auf der Herfahrt hatte ich noch einmal über den Zensurbegriff seit dem Reichstag von Speyer im Jahr 1570, den Karlsbader Beschlüssen Metternichs und dem Befreiungsakt in der Paulskirche 1848 nachgelesen. Den Verfassungsanspruch auf Zensurfreiheit gab es für Deutsche erstmals in der Weimarer Republik.

Wassermann wollte nur den historischen Zensurbegriff gelten lassen. Ihm ging es um jene staatlichen Eingriffe, die über Jahrhunderte hin Philosophen und Schriftsteller – wie einst Lessing – gezwungen hatten, ihre Manuskripte einem herrschaftlichen Censor vorzulegen. »In diesem Sinn«, meinte er, »findet eine Zensur nach Artikel 5 des Grundgesetzes heute bei uns tatsächlich nicht statt.« Die enge Auslegung bewirkte Widerspruch.

An diesem Nachmittag wurden Fälle aufgeblättert. Beispiele über Beispiele füllten die Diskussion. Scharf und genau, auf frischer Tat, wurden aktuelle Behinderungen der Meinungsfreiheit in der Bundesrepublik nachgewiesen vor Zuhörern, die durch die vereinigte Euphorie politischer Freiheitsbeteuerungen nicht zu beschwichtigen waren. Zu offensichtlich war die Kluft zwischen Anspruch und Nichterfüllung. Es ging nicht um wohlfeile Aufgeregtheit, vielmehr um begründeten Zorn. Zuviel Faktenwissen war hier versammelt, als daß man anderen und sich etwas vormachen konnte.

Hatten nicht gleich am Anfang der zweiten deutschen Demokratie Unterdrückungen der freien Meinungsäußerung gestanden? Waren sie nicht ausgerechnet von jenen verübt worden, die uns von der Diktatur befreit hatten, aber nun bewiesen, daß sie uns auch nicht die volle Demokratie und Freiheit bringen wollten, sondern statt dessen die Eingliederung in ihr Wirtschaftssystem mit seinen politischen Tabus? Das hervorstechendste Beispiel aus der Phase des Neubeginns, die nur Unbegreifen als Stunde Null betrachten kann, bleibt das Verbot der von Hans Werner Richter und Alfred Andersch herausgegebenen Zeitung »Der Ruf« durch die amerikanische Besatzungsmacht, der diese »Unabhängigen Blätter der jungen Generation« zu demokratisch-sozialistisch argumentierten. Freilich forderten die US-Bewacher der sich entwickelnden zweiten Republik dadurch die Gründung der »Gruppe 47« heraus, jener zweifellos nachhaltigsten Gruppierung von Schriftstellern in zwanzig Jahren Bundesrepublik, deren Wirkung, über ihre Auflösung im Jahr 1967 hinaus, am Schnittpunkt zwischen Literatur und Politik turbulent war.

Seitdem gab es in Westdeutschland wohl keinen zeitkritischen Autor, der nicht Einschränkungen seiner Publikationsfreiheit in unterschiedlichen Medien immer von neuem in der eigenen Arbeit erfuhr. Was mich betraf, auch ich konnte Beweise beisteuern. Zum Beispiel erinnerte ich mich an den Tag, an dem Mitte der sechziger Jahre dem Bayerischen Schulfernsehen vom damals noch so genannten Bundesministerium für Gesamtdeutsche Fragen ein Film mit dem Titel »Grenzsoldat in der SBZ« mit der richtungweisenden Empfehlung der Obrigkeit übersandt worden war, aus der Stundenfassung zur Belehrung der Schulkinder einen Auszug für den Unterricht herzustellen. Es handelte sich um ein übles Machwerk, in dem Volksarmisten der DDR, die hier noch als Sowjetische Besatzungszone dargestellt wurde, aufgenommen mit Teleobjektiven, als eine Art neuer Untermenschen die Hauptrolle spielten. Ich sollte als freier Mitarbeiter die Propaganda zurechtschneiden und neu texten. Als ich mich dazu allenfalls bereit erklärte, wenn ich mit einem Team auch Grenzer der Bundesrepublik vergleichend aufnehmen könnte, erhielt den Auftrag ein anderer. Ein anderer findet sich immer.

Deutschland im Herbst: Noch lief die unsägliche Kampagne gegen Schriftsteller im »Sympathisantensumpf« der Springer-Presse. Bis in den Bundestag waren Heinrich Böll, Günter Grass, Luise Rinser, Thaddäus Troll und andere Autoren als angeblich geistige Mitverursacher des Terrorismus angeprangert worden. Die öffentlichen Attacken gegen engagierte Schriftsteller hatten nach der Ermordung des Berliner Kammergerichtspräsidenten Günter von Drenkmann, des Generalbundesanwalts Siegfried Buback, des Dresdener-Bank-Direktors Jürgen Ponto und des Arbeitgeberpräsidenten Hanns-Martin Schleyer – dieser exemplarischen Gestalten des Selbstverständnisses vieler Menschen in der Bundesrepublik – in stellvertretender Reaktion massenhysterische

Ausmaße angenommen. Wer trotz der begreiflichen Aufgebrachtheit in der Bevölkerung zur Besonnenheit mahnte, geriet unversehens auf den Schuttplatz der Vorurteile.
Demagogen hatten leichtes Spiel mit den erhitzten Köpfen an den Stammtischen der Republik und vor Millionen Bildschirmen in den Wohnzimmern. Das deutsche Wesen, das hatten die Terroristen haargenau kalkuliert, war im Kern seiner Ordnungsbedürftigkeit durch äußerste Regelwidrigkeiten verletzt. In wenigen Ländern konnte verbrecherische Gewalt durch spektakuläre Einzelfälle ein so massenhaftes Verlangen nach harter Obrigkeit und Vergeltung hervorrufen. Nach klassischem Muster, wie unter Bismarck und in der ersten Republik, wurde die verbreitete Furcht vor Unordnung von der politischen Rechten zur Forderung nach der allgemeinen Einschränkung des Gebrauchs der Grundfreiheiten benutzt. Nicht anders, als die überkommene rechtskonservative und reaktionäre Haltung seit altersher die Kommunistenfurcht der Deutschen geschürt hat, um sie immer von neuem gegen die Idee des Sozialismus unter der Bedingung der Demokratie zu kehren. Die Methode wurde von der Mehrheit niemals durchschaut, obwohl sie offenkundig angewandt wurde und sich dazu manisch wiederholte.
Die Sozialdemokraten aber reagierten auf derlei Kampagnen fast immer mit dem Nachweis ihrer besonderen Zuverlässigkeit als Hüter der Staatsraison. Sie verschärften das Strafrecht auch durch Paragraphen, die schwerlich der Bekämpfung des Terrorismus dienten. Noch immer machte ihnen ein historischer Komplex zu schaffen. Das böse Wort von den »vaterlandslosen Gesellen« hing ihnen bitter nach. Sie kamen von den Baustellen des Jahrhunderts her. Kein Wunder, daß ihnen der Mörtel der Unbeholfenheit noch aus manchen Taschen rieselte.
Zur Genugtuung des Bürgertums. In Wahrheit aber stimmten die alten politischen Kampfbegriffe längst nicht mehr.

Aus Arbeitern waren Bürger geworden. Aus Bürgern ziemlich genormte Verbraucher im Konsumismus der lieblosen Republik. Das Bewußtsein hinkte nach.
In diesem Klima wurde die alte Verleumdungstechnik neu praktiziert: Es war immer das Bestreben reaktionärer Kräfte, kritische Geister aus Deutschland auszubürgern in eine innere oder äußere Emigration. In der allgemeinen Überreaktion bewaffneten sich die Parteien mit Aggressionen. In ihren Verbalschlachten erweckten sie den Eindruck, als könnten einige Dutzend Terroristen mit allenfalls einigen hundert Helfershelfern tatsächlich den Staat gefährden. Bonn war nicht Weimar, doch es fanden Eskalationen wie in den zwanziger Jahren statt.
Damals, nach der Ermordung Rathenaus, hatte man 1922 das Republikschutzgesetz erlassen. Aber das Gesetz hatte die Republik nicht schützen können. Eine Demokratie stirbt nicht am Mangel an Gesetzen, sie stirbt am Mangel an Demokraten.
Hier an diesem Nachmittag in der Augusteerhalle der Wolfenbütteler Bibliothek dachten die meisten so. Es herrschte etwas wie die Gelassenheit der Republikaner. In der Atmosphäre aus Wissen und Anspruch war die Sorge um die Verengung geistiger Freiräume so allgemein wie die Abneigung gegen Parteienhader nach Jahrmarktmanier.
Ob bei Fernsehen und Funk, Presse, Film und Bühne oder – noch am wenigsten – in den Buchverlagen: Jeder wußte Beweggründe, kannte die Mechanismen der Regulierung durch Drohgesten der Obrigkeit, den Kontrast zwischen der öffentlichen und der veröffentlichten Meinung in ihren Widersprüchen und ihrer Vielschichtigkeit.
Mir fiel ein, wie einmal während der ersten Lesung eines Pakets sogenannter Antiterrorgesetze im Bundestagsplenum Willy Brandt die Schriftsteller Böll, Grass und Luise Rinser gegen unqualifizierte Angriffe in Schutz nahm und von Op-

positionsrednern wie Dregger und Zimmermann aggressive Töne gegen Intellektuelle zu hören waren. Wie üblich gab es in den mittleren Bankreihen entsprechende Kontroversen, die selten ins Protokoll eingingen. Da schob der CDU-Abgeordnete Alois Mertes mir einen Zettel zu, auf dem er notiert hatte: »Ich reagiere höchst sensibel auf Bölls Attitüde der pontifikalen moralischen Überlegenheit und Unfehlbarkeit.« Welch ein grundlegendes Mißverstehen. Es gibt viel Umstrittenes und gewiß manches Anfechtbare neben vielem Notwendigen in Bölls politischen Äußerungen. Aber nicht zu sehen, daß Bölls ganzes Werk von der Fehlbarkeit des Menschen, von Schuld und Verzeihen, von der Auflehnung gegen Unmenschlichkeit geprägt ist, das heißt viel.
Eine Zuhörstunde für Parlamentarier hätte sich hier im Namen Lessings ereignen müssen, damit einige selbsternannte Hüter der Freiheit genaue Informationen darüber erhalten hätten, was sich zwischen Politik und Zeitgeist ganz ohne ihr Begreifen gegenwärtig in der Bundesrepublik in einer kritischen Minderheit vollzog. Jedenfalls hatte die Vielzahl von Nebenwirkungen des unseligen Extremistenbeschlusses auf Literatur, Berichterstattung und Kunst bei vielen Schriftstellern eine ungeheure Distanz gegenüber den Verwaltern der Obrigkeit und den sogenannten Realpolitikern ausgelöst.
Hundertfach ist es inzwischen dokumentiert und verfügbar für jeden, der es zur Kenntnis nehmen will, das Indizieren von Schulbuchautoren, das Absetzen von Fernsehsendungen, die Durchsuchungsaktionen gegen Buchhandlungen, dieser ganze Prozeß aus Angstschweiß und Strammstehen, dem Zurechtstutzen von Meinungen, dem Widerspruch schleifenden Verlangen nach Ausgewogenheit. Das alles konnte nur deswegen relativ ungestört um sich greifen, weil solche Vorgänge, wie die Veranlasser wohl wissen, einem Großteil der Bevölkerung, so sie überhaupt davon erfährt, abgrundtief gleichgültig bleiben. Kein Wunder, daß es zwi-

schen Schriftstellern und Politikern eine neue Berührungsangst gibt. Es handelt sich mit wenigen Ausnahmen um eine von Grund auf beschädigte Beziehung.
Freilich gehört auch ins Bild: Nicht jede Ablehnung eines inhaltlich unzureichenden Manuskripts ist schon Zensur. Nicht jedes Versäumnis der Berichtspflicht läßt sich mit der Neigung des Verfassers rechtfertigen, seine eigene Meinung kundzutun. Die Medien in der Bundesrepublik sind auch eine riesige Industrieanlage, in der Wortarbeiter tausendfach die Elektronik bedienen. Es hat in allem Formulierbedarf auf dem Markt professioneller Wörter, auf dem Literatur nur einen geringen Teil ausmacht, immer auch Proteste gegen angebliche Unterdrückung der Meinungsfreiheit gegeben, denen genau besehen keine publizistische Kompetenz von einigem Genüge zugrunde lag. Es gibt Gratisangst, vorschnelle Aufgeregtheit und Zensurausreden. Das zuzugeben, gehört unter Autoren zum Schwierigen, weil es die Solidarität der Einzelgänger in Frage stellt. Denn zu fragen ist immer auch: solidarisch mit wem?
Im übrigen finden all diese Kontakte, Entscheidungen und Beeinflussungen auf allen Ebenen zwischen der Öffentlichkeit und denen, die Informationen öffentlich machen, in einem Berufsklima statt, in dem wie eh und je zwischen Lektoren, Redakteuren, Poeten, Publizisten, Dramaturgen, Übersetzern, Interpreten und Schriftstellern die merkwürdigsten Rivalitäten und Gemeinsamkeiten bestehen. Wer muß nicht ständig die Reizschwelle und die persönlichsten Empfindungen des anderen berücksichtigen, diese Verästelungen und Widersprüchlichkeiten aus Eifersucht oder Großmut, Risikobereitschaft und psychosomatischer Filigranstatur, aus Nervosität oder Übermut, Lampenfieber und Sauf-aus-Stimmung, dem Schweben über lauter Fallgruben und der allgemeinen Verrücktheit nach dem Wort. Fürwahr eine diffuse Kumpanei.

Weit entfernt von solchen Betrachtungen klopfte der Beifall in der Herzog-August-Bibliothek auf uns ein. Zum Schluß bewirtete uns Paul Raabe mit Wein. Das geschah nebenan in dem von Friedrich Wilhelm Kraemer vollständig renovierten Lessinghaus. »Hier in einer Stadt«, sagte der Hausherr, »in der es zehnmal soviel Bücher wie Bürger gibt.« Da standen wir auf den fünfhundert Jahre alten Fichtendielen, die man aus dem Zeughaus hierher verlegt hatte, standen etwas erschöpft in dem ebenerdigen, schloßartigen Bau aus übertünchtem Fachwerk herum, die meisten in Gedanken schon mit der Abfahrt beschäftigt.

Dort in jenem kalten Raum hatte Eva Lessing am 25. Dezember 1777 einen Sohn geboren, der anderntags starb – sie selbst im Kindbettfieber drei Wochen danach. Lessing zog in das Sterbezimmer seiner Frau. Hier schrieb er den »Nathan« und wehrte sich auf Schriftstellerart gegen die Obrigkeit, er, der »langsame Revolutionär«, wie Jean Améry ihn genannt hat.

Nach einem freimütigen Abend mit jungen Leuten schlief ich im Gasthof »Schimmel«. Nachts schlug die Turmuhr so laut, daß sie mich jede Stunde wachgongte. Tief schlief die Fachwerkstadt, die Gartenstadt Wolfenbüttel mit zu Lessings Zeiten kaum achttausend, heute vierzigtausend Einwohnern und den hochgeklappten Bürgersteigen.

»Treibhaus«

Ein einziger Schriftsteller hat bisher einen Roman über den Bundestag geschrieben, der zur Literatur zählt: Wolfgang Koeppen. Sein »Treibhaus« erschien 1953, im Wahljahr zum zweiten Bundestag. Gemessen an diesem Zeitpunkt ist seine Klarsicht der Restauration genial. Sein Vorauswissen um die

Verlorenheit des einzelnen im Parlamentsapparat, die später erst gängige Beobachtung wurde, macht auch heute noch betroffen.

Dennoch handelt es sich, meine ich, um eine literarische Verführung zu einer unpolitischen Sicht. Wenigstens zu einem Teil. Denn einerseits durchdringt Koeppens Schilderung die psychologische Struktur des Absurden am Beispiel Bundestag tiefgründiger als jede noch so scharfsinnige Analyse eines tagespolitischen Berichterstatters. Andererseits vertieft der Roman aber auch das öffentliche Mißverständnis über die Voraussetzungen des Politiktreibens.

Der Angelpunkt scheint mir in der Figur des Abgeordneten Keetenheuve zu liegen. Dieser zögernde Parlamentarier ist ein Außenseiter durch und durch. Auch im Inneren bleibt er eine klassische Gestalt des abendländischen Individualismus, wie viele sie gern in der Politik amtieren sähen, während die Wirklichkeit der Massengesellschaft gerade das verhindert. Wenn dies das Thema ist, ist es Literatur. Jedoch geht daraus, auch nicht in übertragener Form, Information über Politik mit literarischen Mitteln hervor.

Als zurückkehrender Emigrant wird Keetenheuve von einer Partei, die entfernt an die Sozialdemokratie erinnert, ohne politische Vorleistung ins Parlament gerufen. Das Mandat erwirbt er nicht im Kampf. Schon dadurch ist er ein Abgeordneter ohne Fundament. Er hat keinen Wahlkreis erobert, besitzt keine Verankerung in der Partei. Keetenheuve bleibt ein ganz und gar einzelner in dem Gruppenmechanismus, dessen Gesetzmäßigkeit ihn zunächst an den Rand stellt, um ihn dann in die äußerste Resignation zu treiben. Nach den Worten des Autors ist er »ein Gewissensmensch und somit ein Ärgernis«. Wenn dieses Bundestagsmitglied »in den Ausschüssen ringt«, hat das mit parlamentarischer Arbeit wenig zu tun. Daß einmal ein Autor über beides in einem verfügt, Koeppens Imagination und die Grundkenntnis der Politik-

Erfahrung, bleibt hierzulande wohl eine utopische Vorstellung. Jedenfalls ist auch ein Günter Grass nach kurzem Liebäugeln mit der Rolle eines Abgeordneten davor zurückgeschreckt.

Vielleicht trifft das den Kern einer fast programmatischen Fehlerwartung vieler Bürger und besonders vieler junger Menschen an die Politik. Wie verflochten moralische und politische Vorstellungen allgemein sind, belegt jeder öffentliche Disput über den Bedarf an Idealismus in der Politik und seine geringe Anwesenheit in der Realität. Jedenfalls bringt die Annahme, ein Abgeordneter sei in erster Linie ein einzelner, der sich in die Politik einbringt und wenigstens teilweise darin unversehrt bleibt, Ursache und Wirkung durcheinander. Denn Politiker, besonders die lebenslänglichen, sind mindestens ebenso wie durch ihre Individualität durch die Partei und die Interessengruppen bestimmt, denen sie zugehören. Ja, man könnte sagen, daß sie in gewisser Weise Unpersonen oder der Kopf eines Gruppenkörpers sind.

Das erklärt zu einem Teil das irritierend Unpersönliche der Art und Weise, auf die viele Politiker mit den Menschen umgehen. Immer berechnen sie Wirkungen der einen und der anderen Möglichkeit zu sprechen. Sie sind unsäglich wortgewandt. Nicht wenige wenden die Wörter so sehr, daß sie beliebig werden und jeder Zuhörer seinen Teil austauschbar abbekommt. Ein fester Umriß der Sprache, ja Individualität sind bis zu einer gewissen Stufe in den Parteien nicht sonderlich gefragt.

Wie viele Asiaten den europäischen Individualismus nicht kennen, sondern ihr Eigenbild ganz aus der Hierarchie der Familie beziehen, aus der sie sogar eine gewisse Kaltblütigkeit gegenüber dem Verlust des Lebens schöpfen, sind Politiker häufig aus der Struktur und dem inhaltlichen Werdegang ihrer Partei zu definieren. Das hat eine groteske und eine tragische Seite.

Die Groteske wäre dankbar zu schreiben. Da gleicht etwa ein Abgeordneter dem Kugelkopf einer elektrischen Schreibmaschine. Alle Buchstaben des Alphabets sind bedienbar, alle Kombinationen durch Hebelwirkung auslösbar. Immer springt der Kopf. Er moderiert die vielspännige Tastatur von Strömungen, Zielen, Hoffnungen und Befürchtungen seiner Partei wie der Wählergruppen, auf die sie besonders reflektiert. In laufbahnentscheidenden Augenblicken achtet er mit Sicherheit darauf, daß er der Mehrheit gefällt. Bis in den Rang von Kabinettsmitgliedern lohnt es vor allem zu fragen, warum ein Politiker was in welchem Augenblick mit welcher Betonung erklärt und was er am Ende wirklich meint. Das Bedenken, welche Resonanz seine öffentlichen Äußerungen bei Anhängern und Gegnern hervorrufen, wie multiplizierbar und interpretierbar seine Meinungen sind, läßt manche Politiker bis zur Selbstverflüchtigung vage oder bis ins Gegenteil auslegbar erscheinen. Der Kugelkopf hat alle Wörter in sich und bleibt beängstigend beweglich.

Die tragische Dimension bedeutet Leiden an der Politik. Es ist unmöglich, Politik als Beruf auszuüben und dabei nicht an Eigenständigkeit zu verlieren. Was einer dafür einlöst, bleibt fragwürdig gerade im scheinbaren Triumph. In jedem Höhepunkt liegt die Voraussicht auf das Scheitern. Es gibt eine positive Resignation, die politisch nicht locker läßt. Aber es gibt auch resignative Erfahrungen, die alt machen. Wen sie nie berühren, der kann nur ein Trottel sein. Die Frage ist, wie einer es fertigbringt, die Mitverantwortung für Fehler, ja Schuld auszuhalten und sich an Verletzungen zu stabilisieren.

Koeppens Figur Keetenheuve geht deswegen in den Rhein. »Der Abgeordnete war gänzlich unnütz, er war sich selbst eine Last, und ein Sprung von dieser Brücke machte ihn frei.« So endet das Buch. Politikerexistenzen enden anders. Aber denke doch niemand, sie kämen alle nur aus Grobheiten und klotzigen Lebensläufen her. Es gibt diejenigen, die aus der Sensibilität und dem Wissen kommen und es dennoch schaffen, ein lebenswichtiger Teil von dem zu bleiben, was sie eigentlich sind. Sie besitzen, so scheint es, das politische Naturell, das hoffen macht.

Ein junger Mensch fragte einen maßgeblichen Politiker, ob er weinen könne. Warum wollen Sie das wissen? fragte der Politiker zurück. Antwort: Weil ich nicht von jemandem regiert werden möchte, der nicht weinen kann.

Welch merkwürdige Erwartung an die Politik. Denn Politik hat nicht die Aufgabe, die Menschen glücklich zu machen oder im Gefühl zu befriedigen. Helmut Schmidt hat das auf seine Art gesagt, andere sagen es auf ihre Weise. Aufgabe der Politik ist es, Rahmenbedingungen zu ermöglichen, in denen unter anderem Glück für Menschen möglich werden kann. Keiner kann sich die Politik nüchtern genug vorstellen. Es ist gut, daß sie so karg verfährt und dennoch bei ihren eigentlichen Anlässen alles in uns berührt, was sich mit dieser Nüchternheit niemals zufrieden gibt.

Das andere Bayern

Einmal ist es den bayerischen Sozialdemokraten der Bundestagsfraktion gelungen, bayerischer aufzutreten als die CSU. Es war eine Gaudi, von der man noch lange reden würde. Die Landesgruppe hatte Bonns Journalisten, aber auch Kabinettsmitglieder, MdB-Mitarbeiter und Freunde in die »Rheinterrassen« eingeladen.

Der obere Saal war mit Zuschauern vollgepfropft. Bei Freibier und Leberkäs spielten Bundestagsmitglieder Ludwig Thomas Bauernschwank »Erster Klasse«. Die Kostüme waren von den Münchner Kammerspielen ausgeborgt. Das Eisenbahnabteil stammte aus dem Bundesbahnmuseum. Hans-Jochen Vogel sprach mit Seitenhieben auf den Landtagswahlkampf in Bayern einen Prolog. Rudolf Schöfberger, der »rote Rudi«, spielte den Ökonom und Abgeordneten Josef Filser, Manfred Schmidt – Wahlkreis München Mitte – seinen Bauernspezi Sylvester Gsottmaier. Manfred Marschall, Chemietechniker, München West, war der königlich bayerische Ministerialrat von Scheibler, der die Obrigkeit höher schätzt als alles Übrige in der Welt. Assessor von Kleewitz: Uwe Lambinus aus dem fränkischen Zimmern, wo er einmal erster Bürgermeister war. Als frischvermählte Lotte von Kleewitz tuchtelte die blonde Imme, Schmidts Assistentin aus dem Langen Eugen. Den Kaufmann Stüve aus Neuruppin verkörperte Eckart Kuhlwein als schnarrendes Nordlicht aus Holstein. Bühnenbild: Peter Conradi. Regie: Horst Freudenthaler, der Geschäftsführer der Landesgruppe.

Die wichtigste Person der Aufführung war die Souffleuse, denn natürlich hatten die Abgeordneten ihre Rollen nicht gründlich genug auswendig gelernt. So dauerte der Einakter doppelt so lange wie sonst, weil man aus der Kulisse immer zuerst den Text gewispert hörte und dann noch einmal aus Schauspielermund.

Filser: »No grad Steuern zahln, daß enk's Geld net stinkat werd.«

Gsottmaier: »Du – du – Filser, laß dir sag'n: mit'n Bier muaßt's staad toa, sunst derlebt's was.«

An die dreihundert lachende Gestalten saßen oder standen im Saal. Der Schöfberger war ein Urviech. Er war der einzige von uns, der zehntausend Insassen eines bayerischen Bierzelts zum Brüllen bringen konnte. Ein Folklore-Filser von Thomas Gnaden. Der gestandene Münchner Oberbürgermeister wäre er, wenn man ihm einen zur Seite gäbe, der den Teil der Arbeit macht, den der Rudi nicht mag. Wie er und der Manfred-Sylvester sich auf die Schenkel schlugen, wie sie raunzend und schnupfend einen scheinbaren Streit anfingen, so daß die Leute im Abteil mit den Köpfen zusammenfuhren, wie sie vor Prusten selber kaum weiterreden konnten und das Publikum Tränen lachen ließen, das hätte ihnen an diesem Abend in jedem bayerischen Dorfwirtshaus eine Mehrheit eingebracht.

Gsottmaier: »Geh, hör auf, Seppi! Du bischt ja grad froh, daß d' von deiner Alt'n los bischt.«

Filser: »No eppas Guats muaß aa dabei sei! – Na, derfst 'as glaab'n, mi hamm viel z'toa. Heuer woll'n s'wieda a paar schpringa lass'n von Ministeri.«

Da erschrak Marschall-von Scheibler, und Kuhlwein-Stüve begriff die Welt nicht mehr. Das Ensemble erinnerte akkurat an ein berühmtes Foto vom Münchner Parteitag 1902, auf dem Erhard Auer und die damalige Parteiführung mit Frauen in Tracht allesamt so bayerisch dreinschauten, als handle es sich um den Lenggrieser Draxlbauern mit seinen Wildererspezis, die grad mit dem gräflich-törringschen Jäger eine Auseinandersetzung ausgefochten haben. Bayerischer als bei den damaligen Sozis ging's nirgendwo zu.

Das junge Paar von Kleewitz schmachtete so andächtig stumm vor sich hin, daß es ansteckend wirkte. Filser und der Ökonom Gsottmaier erhoben, vor allem da erster Klasse, einen gewaltigen Krach. Bier floß und machte dem Oktoberfestausschank Konkurrenz. Wir saßen wie angeklebt in dem Brodem aus Radau, Hopfen und Kraftausdrücken.

»A Hund is er scho, der Schöfberger«, hörte ich einen sagen, der es wissen mußte. So begeisterten Beifall hatten bayerische Sozialdemokraten in Bonn wohl noch nie erhalten.

Die sechs norwegischen Journalisten, die ich am Mittag im Bundeshaus zu Besuch gehabt hatte, waren auf den Tip hin hereingeschneit. Sie verstanden zwar nicht bayerisch, aber sie schienen das südlichste Land der Bundesrepublik jetzt ein Stück besser zu begreifen. Humor und Sozialismus – das war

unwiderstehlich. Die Mischung hat in Bayern im übrigen eine in Norddeutschland ungeahnte Tradition.
Es gibt das andere Bayern, dem Kurt Eisner als Ministerpräsident den Namen Freistaat gegeben hat, auch wenn sich die heutige bayerische Mehrheitspartei daran ungern erinnern läßt. In einem offiziellen Kommentar zur bayerischen Verfassung heißt es denn auch: »Freistaat ist die Übersetzung von Republik.« Eisner, der unabhängige Sozialdemokrat, hat die res publica, die öffentliche Sache, freilich als allgemeine Herausforderung aufgefaßt, von der Freiheit Gebrauch zu machen.
Es gibt die Tradition der bayerischen Sozialdemokratie zwischen August Bebel und Georg von Vollmar, die schon 1893 fünf Abgeordnete, darunter den Nürnberger Karl Grillenberger, ins bayerische Parlament geschickt hat. Das Bayern, in dem am 29. April 1933 die Sozialdemokraten den Nationalsozialisten, Konservativen, Nationalisten und dem Namen nach Liberalen widerstanden und, wie im Vormonat im Reichstag zu Berlin, Hitlers Ermächtigungsgesetz ablehnten. Dennoch setzte bald darauf die Münchner Lehrerin und SPD-Reichstagsabgeordnete Antonie Pfülf ihrem Leben ein Ende und hinterließ die Erklärung: »Nicht die Erwartung einer Verfolgung durch die Nazis oder Vertreibung aus dem Beruf und Existenzangst treibt mich zu meinem Entschluß, sondern die grenzenlose Verzweiflung über die Tatsache, daß unsere Männer in Gewerkschaften und Partei nicht bis zum letzten Atemzug gegen das gekämpft haben, was nun kommt.«
Es gibt nicht nur das Bierdimpfl-Bayern der Blasmusik und Trachtenfeste mit Schweinswürstl und Sauerkraut, nicht nur das Bayern der Meineidbauern und politischen Fingerhakler rings um die Hauptstadt der Bewegung. Es gibt das andere Bayern, in dem die Arbeiterbewegung und Sozialdemokratie die älteste demokratische Kraft bedeuten und in

dem die Demokratie, wie überall, von links herkommt. Das weißblaue Bayern, in dem keiner den Föderalismus Wilhelm Hoegners und Waldemar von Knoeringens übertrifft und dessen Verfassung in ihren liberalsten Artikeln die sozialdemokratische Handschrift Hoegners trägt.

Vor allem aber gibt es die uralte bayerische Auflehnung gegen zentralistische Obrigkeit, die sich heute zunehmend im Protest gegen die selbstherrliche Haltung der CSU als beinahe Staatspartei wiederfindet. Denn bis hinein in liberale konservative Gruppen in Bayerns Provinzen gibt es, getragen von lauter einzelnen, die Verdrossenheit mit Strauß und seiner Übermacht wie mit seinen Brachialrednern, die ihm als Zauberlehrlinge überallhin folgen. Altkatholisch und antiklerikal wollen viele Bayern die selbsternannte fürstengleiche Herrschaft nicht, in der sich die Oberen der CSU gefallen, als gehe es einzig um das Erbe der Wittelsbacher, aber nicht um demokratische Grundfreiheiten für jedermann. So hat Strauß den Anfang gemacht und in der Landtagswahl 1978 drei Prozent, in der Bundestagswahl 1980 rund zweieinhalb Prozent gegenüber seinen Vorgängern verloren. Das ist sehr wohl ein Zeichen.

Es gibt das Bayern der Thomas Theodor Heine, Eduard Thöny und der »Simplicissimus«-Runde, der Gustav Landauer, Ernst Toller und Erich Mühsam, des Frank Wedekind und des Überbrettls »Die elf Scharfrichter«, der Bert Brecht, Marieluise Fleißer und Klaus Mann, der Lion Feuchtwanger und Oskar Maria Graf, die in der Gegenwart keinen Mangel an Nachfahren haben: das Bayern, in dem Martin Sperr und Franz Xaver Kroetz zu Hause sind, Luise Rinser, Carl Amery und Leopold Ahlsen, Günter Herburger und Herbert Achternbusch, die Kabarettisten der »Lach- und Schießgesellschaft«, Rainer Werner Fassbinder, Gerhard Polt und Helmut Eckl, die Biermösl-Blosn und Liedermacher wie Konstantin Wecker.

In diesem Bayern hat man sich niemals mit der Verwechslung von Grantelfreiheit mit Liberalität begnügt, nie Kadavergehorsam als Nachahmung preußischer Zwänge gutgeheißen, nie die Fememörder der Weimarer Republik oder die rechtsextreme Forderung nach der »Ordnungszelle Bayern« mit bayerischem Wesen gleichgesetzt. Es gibt eine Unmenge dessen, was Bayern in der Welt als rückständig brandmarkt und zum Bild des häßlichen Bayern beiträgt. Aber es gibt immer auch das andere, das geistige Bayern, auf das man sich in der Demokratie verlassen kann: die Liberalitas Bavariae, die keine Partei gepachtet hat.

Auf sie berufen sich am lautesten freilich jene, die es nicht so ernst damit meinen, daß es Folgen in der Wirklichkeit haben soll. Es gibt allen Weihrauch und alle Wortgewalt in der bayerischen Politik. Wer Reden und Handeln nicht unterscheidet, muß daran irre werden. Denn unverbunden, wie in einem einzelnen Charakter, bleiben Täuschungen und Wahrheiten im Millionenorganismus der Politik.

Es ist allerdings auch ein bayerisches Geschick, daß heute wir Sozialdemokraten aufgeregt und mit weißblauen Emblemen in der Hand dem Bayerischen hinterherlaufen, das wir mit dem kräftigen Rot der angestammten Vergangenheit in Bayern überzeugender ausdrücken könnten. Wir haben derzeit kaum Politiker von Charisma und bayerischer Herkunft anzubieten, die in der Landespolitik geblieben sind. Obendrein haben wir in München, wo die SPD 1914 schon achtzehntausend Mitglieder zählte, in den siebziger Jahren durch Richtungskämpfe, die öffentlich ausgetragen wurden, unsere Mitgliedschaft auf elftausend verringert. Wie in allen Parteien arbeiten nur zehn bis zwanzig Prozent an der Konzeption, den Initiativen und dem eigentlichen Parteileben mit. Überall unternehmen in Bayern Sozialdemokraten in Ortsvereinen, Kreisverbänden und Unterbezirken unermüdliche Anstrengungen, um das Blatt zu wenden. Das bleibt nicht vergeblich, aber es ist eine Sisyphusarbeit. Jedenfalls wirkt die bayerische SPD, während sich die CSU noch auf dem Höhepunkt ihrer Staatsvollmacht befindet, in weiten Regionen so exemplarisch schwach, daß sie bei unvoreingenommenen Bürgern Mitleid erregt. Das ist das Unbrauchbarste, um in der Politik eine Mehrheit zu erringen. Im übrigen helfen dabei Zugereiste nur wenig, auch wenn sie, wie ich, schon vor einer Generation in Bayern angekommen sind.

Von Anfang an haben es die Sozialdemokraten in der Gründerzeit der Bundesrepublik versäumt, der CSU eine SPB entgegenzusetzen, die Sozialdemokratische Partei Bayerns. Sie hätte den unschätzbaren Vorteil geboten, daß sich auch SPD und SPB im Bundestag als eine Fraktion zählen und, wenn sie gemeinsam die Stärksten wären, das Amt des Bundestagspräsidenten besetzen könnten. Andererseits könnten sie dann in den Medien und bei allen öffentlichen Auftritten doppeltes Vertretungsrecht beanspruchen wie CDU und CSU in Wahlkämpfen, bei Fernsehdiskussionen wie bei der Besetzung vieler Gremien. Freilich widerspräche eine solche Aufteilung sozialdemokratischer Tradition. Die SPD war immer zentral organisiert. Aber viele bayerische Sozialdemokraten sind doch glühende Föderalisten. Warum handelten sie nicht danach, als es an der Zeit war? Warum weisen wir die bayerische Bevölkerung nicht auch immer wieder darauf hin, daß nicht einmal die Symbole der CSU, Löwe und Raute, demokratisch sind, sondern offenkundig machen, daß diese neue bayerische Volkspartei sich eher als monarchisch versteht. Außerdem verhält sie sich innerhalb Bayerns so zentralistisch wie nur je ein Hofstaat.

Verblüffend war, daß es im Kabinett auch nicht immer anders zuging als im Ortsverein. »Jeder kennt einen«, wie Helmut Rohde sagte, als er noch Bildungsminister war. Tatsächlich argumentierten Fachminister außerhalb ihrer Zuständigkeit manchmal so subjektiv, daß vom respektgebietenden obersten Bundesvorstand der Republik nur eine Runde mehr oder weniger privater Menschen in ihren Grenzen und Widersprüchen übrigblieb. Die versammelte Macht wurde durch die Personen, die sie verkörperten, relativiert.

Es kam vor, daß Helmut Schmidt zu den Kabinettssitzungen, die in der Regel mittwochs ab 9 Uhr stattfanden und eine mittels Ressortabstimmung detailliert vorbereitete Tagesordnung abwickelten, für bestimmte Punkte die Fachsprecher der Koalitionsfraktionen zuzog. Für die Innenpolitik zum Beispiel war das aus der SPD Hugo Brandt, von der FDP Friedrich Wendig. War ein Thema aus Bildung und Wissenschaft an der Reihe, hatten sich Helga Schuchardt und ich einzufinden. Ich saß dann zwischen Vogel und Wehner und wartete auf das Stichwort – manchmal dauerte das zwei Stunden, weil aktuelle Tagespolitik die Ministerrunde zu Anfang beschäftigte.

Eine Zeitlang wurde die Anforderung der Fraktionssprecher zur Regel. Dem Kanzler kam es darauf an, daß sie einen Sachverhalt, der vom Kabinett zu beurteilen war, genauer als alle Tischvorlagen präzisierten. Er gab ihnen drei Minuten und wollte den springenden Punkt herausgearbeitet haben. Kam einer damit nicht zu Rande, unterbrach er jeden.

»Nicht verstanden«, sagte er schneidend und zündete sich eine seiner Mentholzigaretten aus der Packung neben dem Coca-Cola-Glas an. Umständliche Leute wollte er nicht an diesem Tisch haben. Schnörkel, Unklarheiten erzürnten ihn ebenso wie zu dickleibige Ressortvorlagen. Er wollte das

Knappste hören und eindeutige Züge vorgesetzt erhalten wie beim Schach. »Erklären Sie das nochmal«, forderte er, »aber so, daß es ein normaler Mensch begreifen kann.«
Die Minister kannten das, sie reagierten nicht sichtbar auf diesen Ton. Die meisten blätterten in ihren Mappen. Rechts neben dem Kanzler saß Genscher eulenäugig, mit unbewegtem Gesicht. Auf der anderen Seite Kanzleramtschef Schüler, er wirkte auf mich mit dem großen Kopf und dem kleinen Körper wie die Bürokratie in Person. Die anderen ähnelten alle überraschend genau ihrem Abbild in den Medien. Ihr Mienenspiel, ihre Gesten, ihre Äußerungen erschienen aus der tausendfachen Vervielfältigung, in der die Öffentlichkeit sie erlebte, auf das jeweils eine Exemplar zurückgeführt, das hier leibhaftig anwesend war. Das galt besonders für die überall multiplizierten Chefs der Mammutressorts. Neben ihnen nahmen sich die Herren kleinerer Häuser und Antje Huber wie Staatssekretäre aus. Landwirtschaftsminister Ertl, Bruder Josef, sah meist aus, als tage er mit seinen Aktenbündeln inmitten der ovalen Versammlung dennoch separiert. Er hatte seine Aura fest um sich und wußte: Wenn er für seine Bauern eine Sache tabuisierte, ging im Kabinett nichts mehr.
In dem saalartigen Raum, einem Rechteck, saßen entlang der Fensterfront wenige Mitarbeiter an aufgeräumten Tischen. Sie senkten die Köpfe über gespitzte Bleistifte und schneeweißes Papier. Ab und zu erschienen Referenten und händigten ihren Ministern Notizen aus, die jene kurz ansahen und mit einem hingeflüsterten Satz erwiderten. Die Stimme des Kanzlers monologisierte häufig im Abstand zwischen den Köpfen, wobei die wenigsten ihn anschauten. Draußen im Vorraum liefen Meldungen ein, wurden von Zwischenträgern begutachtet, abgewiesen oder zugelassen als Mitteilung von Kabinettsrang. Das Filtersystem funktionierte reibungslos, es wurde von perfekten Zuarbeitern gesteuert.

In diesem Flügel merkte niemand etwas davon, daß in anderen Fluren und Räumen 477 Mitarbeiter in sechs Abteilungen auf 7852 qm Bürofläche ihren Dienst versahen, die – Besucher eingerechnet – ihre Fahrzeuge in unterirdischen Parkdecks mit der Ausdehnung von 11 000 qm untergebracht hatten. Das Kanzleramt residiert in dem Neubau, den die Architektengruppe Stildorf 1976 fertiggestellt hat. Im Regierungsapparat ist die Bonner Ministerialbürokratie einschließlich der Institution des Bevollmächtigten der Bundesregierung in Berlin und der Nachrichtendienste im kleinen noch einmal nachgebildet. Jedem Ministerium entspricht im Haus ein Referat, von der Außenpolitik über Wirtschaft, Finanzen und Sozialpolitik bis zu den innerdeutschen Beziehungen, der äußeren Sicherheit und der Verwaltung. Ein besonderer Rang kommt der Planungsabteilung mit der Nummer 5 zu, denn hier sitzt der Brain-Trust, der Konzeptionen ausdenkt und formuliert. Die Verbindung zum Bundestag hält der Staatsminister, früher wurde die Position von einem parlamentarischen Staatssekretär ausgeübt. In dieser Rolle habe ich nacheinander Karl Ravens, Marie Schlei, Hans-Jürgen Wischnewski und Gunter Huonker erlebt.

Mit seinen eloxierten Metallplatten mit Antiabhörbeschichtung steht das Gebäude da wie ein riesiger Sarkophag. Alles ist auf Zweckmäßigkeit eingerichtet: 40 000 qm Gesamtnutzfläche und 5000 qm Park. Siebenhundert Wachsoldaten des Bundesgrenzschutzes können hier untergebracht werden.

Einmal haben zum Kanzlerfest die elf Bundesländer dort im Hof ihre Suppen gekocht. Kulinarischer Föderalismus von der Waterkant bis Bayern. Zu Tausenden probierten Gäste in Abendroben oder Jeans im Lauf der Nacht im Gedränge um Gulaschtöpfe die landsmannschaftlichen Eigentümlichkeiten von Fischsuppe bis zur Kartoffelbrühe. In Sichtweite stand nachtblind das Bundesratsgebäude, die Kurfürstenburg, und repräsentierte das Nachspiel zum Duodez, das die Staatskanzleien der Ministerpräsidenten im elfgliedrigen Trachten nach der Schwächung des Regierungshaupts liefern.

Das Philosophischste an dem Fest, das als »Heiteres Philosophicum« angeboten wurde, waren übrigens die Schafe, die im Kral bei einem Lagerfeuer unter den Parkbäumen standen und manchmal blökten. Sie wunderten sich über das Festgelächter, die einherschreitenden Herren und frierenden Damen, die alle in Mänteln aus der Kälte kamen, um sich an der Glut ein wenig aufzuwärmen. In den Gläsern, die sie mit sich trugen, spiegelten sich die Lichter aus dem Neubau und den Festzelten. Es spiegelten sich auch die Blicke unzähliger Sicherheitsbeamter in Zivil darin.

Im Palais Schaumburg, dem alten Kanzleramt nebenan, traf meine Frau den Bundesbildungsminister und konnte sich nicht verkneifen, ihn auf der Stelle zu fragen: »Wie wird jemand wie Sie Politiker und auch noch Minister?« »Wissen Sie«, antwortete Jürgen Schmude, einer der genauesten Formulierer im Kabinett, »das frage ich mich auch oft morgens, wenn ich beim Rasieren in den Spiegel schaue.« Altarkerzengerade stand er noch eine Weile mit uns beim Sektausschank herum.

Der Sitzungsraum des Kabinetts im ersten Stock des neuen Kanzleramts ist die Schaltstelle, von der aus die Bundesrepublik am augenfälligsten regiert wird. Hier bündeln sich Gesetzesvorhaben, werden Richtungen entschieden. Hier hat die Koalition um Kompromisse gerungen, die ihr später in den Fraktionen auseinandergenommen und oft unter dem Druck der gegenläufigen Bundesratsmehrheit noch aufgeweicht worden sind. Daß der Bundespräsident als erster Mann im Staat gilt, ist ein Relikt aus der Monarchie. In Wahrheit ist es der Kanzler, der die Richtlinien der Politik bestimmt. Präsidenten sind gut für Repräsentation, Orden, Manöverbesuche und öffentliche Ermahnungen.

Wer außer den Ministern und Staatssekretären an den Kabinettssitzungen teilnahm, wurde vom Büro des Kanzleramtschefs an der Pforte angekündigt. Die Wache kontrollierte den Ausweis. Wenn ich durchgelassen wurde, dachte ich oft an eine Kaserne. Ich ging quer über den Vorplatz auf den rechten Flügel des Komplexes zu. Dort wurde am Eingang noch einmal der Name auf der Liste ermittelt, ehe ein Bedienster mir die Treppe in den Oberstock zum Kabinettstrakt freigab.

Während eines halben Jahres hatten sich ein Kabinettsausschuß und danach das gesamte Kabinett – was niemals zuvor geschehen war – auf Drängen des Kanzlers sogar mehrfach mit einer künstlerpolitischen Vorlage von achtzig Seiten beschäftigt. Sie umfaßte Vorschläge für Gesetze und Verordnungen von der Künstlersozialversicherung über steuerliche Maßnahmen bis zu Kunst am Bau und der Deutschen Nationalstiftung. Beteiligt waren daran das Bundesministerium für Arbeit und Sozialordnung, das Innenressort, das Auswärtige Amt durch seine Kulturabteilung, das Wohnungsbauministerium sowie Wirtschaft, Finanzen und Justiz. Wie bei jedem solchen Abstimmungsprozeß lief alles im Kanzleramt zusammen, wurde beraten und schließlich entscheidungsreif.

Nach anfänglichem Staunen hatte die sozialdemokratische Fraktion eingesehen, daß Helmut Schmidt als Kanzler Versprechungen gegenüber Künstlern und Schriftstellern konkreter einzulösen bereit war als Willy Brandt, der eigentlich die entsprechende Aura besaß.

Ich vergesse nicht jenen Morgen des 7. Mai 1974, an dem ich auf dem Bonner Bahnhof aus dem Schlafwagen stieg und vom Fahrer des Bundestagswagens erfuhr, daß Brandt das Amt des Bundeskanzlers niedergelegt hatte. Bonn hielt den Atem an. Die Opposition triumphierte. Wir Sozialdemokraten waren einer wie der andere gelähmt. Von der Klausur im

Gästehaus der Ebert-Stiftung in Münstereifel, wo Brandt, Wehner und Schmidt die Entscheidung gefällt hatten, erfuhren wir nur Andeutungen. Die Fraktion wurde beschwichtigt. Es war die Stunde einsamer Beschlüsse.

Wenig später erhielt ich während einer Fachkonferenz in Münstereifel jenes Rücktrittszimmer zugewiesen, in dem der Parteivorsitzende, so berichteten die Betreuer, in der vorletzten Nacht um den ihm abgeforderten Entschluß gerungen hatte. Der Raum wirkte nichtssagend komfortabel und beschwor doch eine mächtige Emotion herauf.

Damals hatte sich Brandt am äußersten Punkt einer Identitätskrise befunden, die unter anderem durch alle Vorgänge rings um die Festnahme seines Planungsreferenten im Kanzleramt, Günter Guillaume, als Offizier der Nationalen Volksarmee und Spion des DDR-Staatssicherheitsdienstes ausgelöst worden war. Wir alle hatten Guillaume gekannt. Kaum einer konnte nachträglich behaupten, Verdächtiges an ihm bemerkt zu haben. Er war freundlich, unpersönlich und effektiv gewesen wie andere Referenten vor ihm.

Aufs äußerste betroffen erlebten wir, wie sich die niemals verstummte Anfeindung seit der Emigration, alte Rivalitäten, Verdacht und Drohung, der berechtigte Vorwurf und widerwärtiges Gezerre um die Privatsphäre unter schäumender Beteiligung des politischen Regenbogen-Journalismus um Willy Brandt zusammenzogen und alle, die ihn je beneidet, gehaßt oder verehrt hatten, jeder in seiner Weise, wie in einem Brennpunkt vor sich sahen, was Höhe und Tiefe in diesem Politikerleben ausmachte. Er erhielt tausendfach Beweise der Zuneigung und Treue, beinahe ebenso oft wurde er verflucht.

Er bewahrte Haltung. Mit der nötigen Disziplin wurde der Übergang von Brandt zu Schmidt vor der Öffentlichkeit inszeniert und zunächst einmal Zeit überstanden. Im Hintergrund vollzog sich die kritischste Wende der Sozialdemokratie, seit die sozialliberale Koalition im Frühjahr 1972 das Mißtrauensvotum der CDU/CSU, angeführt von Barzel, mit jener einen Stimme Vorsprung (oder waren es gar zwei?), die aus der Union gekommen sein muß und niemals aufgedeckt wurde, hat gerade noch abwehren können.

Eine Ära ging zu Ende. Wie immer, wenn eine außerordentliche Veränderung scheinbar blitzartig eintritt, wurde den Augenzeugen das Ausmaß erst in Etappen bewußt. Viele empfanden, daß eine Vision verschüttet war. Während der Apparat weiter rotierte, wurde nach und nach ein verkürztes Programm eingespeist – offenbar war es realistischer, jedenfalls machbarer. Das Kanzleramt reagierte wie jede Behörde, die sich auf eine neue Person an der Spitze einrichtet: mit Beharrungskräften, zuwartend, funktionsbereit. Das erste Kabinett Schmidt schien, als es vereidigt wurde, angetreten, um das letzte Kabinett Brandt fortzusetzen. Dann allmählich kamen von der Brücke durch den Telegrafen neue Anweisungen an den Maschinenraum. Das Staatsschiff korrigierte den Kurs und steuerte ruhigere Gewässer an. Die Mißweisung wurde genauer einkalkuliert.

Brandt blieb Parteivorsitzender. Seine Wirkung verlagerte sich, als er auch Vorsitzender der Sozialistischen Internationale und der Nord-Süd-Kommission wurde. Aber es sollte lange dauern, bis er nach der Trennung vom Kanzleramt wieder zu sich fand – verwunden hat er den Sturz wohl niemals ganz.

Damals beim Kanzlerwechsel wich der Angefochtene dem weniger Anfechtbaren, der Wissendere dem Intelligenteren, der Verletzbarere dem Härteren. Die lieblose Republik erhielt einen ziemlich perfekten Verwalter des Vorhandenen, einen Kanzler, wie er der Mehrheit vertrauenerweckender erschien, gerade weil er das Charisma und die Widersprüchlichkeiten seines Vorgängers nicht besaß. In der Ära Brandt war der Grundstein zum neuen Kanzleramt gelegt worden, doch der Hausherr, der einzog, hieß Helmut Schmidt. Dieser Austausch belegt, was mit der Republik inzwischen geschehen war.

Zu Beginn der Regierung Schmidt traf sich einige Male im Kanzlerbungalow eine abendliche Gesprächsrunde von Schriftstellern und Künstlern, die dann bis Mitternacht mit dem neuen Hausherrn diskutierte. So war es bei Brandt gewesen, aber es war anders. Solange ich es miterlebte, wurden dazu Heinrich Böll, Günter Grass, Siegfried Lenz, Otto-Herbert Hajek, Luise Rinser und Thaddäus Troll, Heinke Jaedicke, Eberhard Jäckel und andere aus dem Freundeskreis der einst vom Autor der »Blechtrommel« inspirierten Wählerinitiative eingeladen. Der als Macher begrenzt galt, bewies Phantasie, er suchte bei den Unangepaßten eine Ballwand für seine Gedanken. Dennoch waren es recht holprige Zusammenkünfte. Keiner schonte den anderen. Ich hatte lange die Vorstellung von den Nachdenklichen im Land gehegt, aber auch die lief sich ab wie Schuhsohlen.

Es war die Zeit, in der Schmidt seines Amtes noch nicht sicher war. Oft wirkte er physisch überfordert. Er war ein Preuße, der seine Pflicht erfüllte. Manchmal ging er durch den Plenarsaal, als werde der eigene Körper zu einem unerträglichen Gewicht. Es gab Tage, an denen sein Gesicht grau wurde und die Augen angestrengt hervortraten. Er wurde reizbar, bis er nur noch arrogant wirkte.

In dieser Phase brauchte er Rückhalt bei der Fraktion. Ab und zu ging er nach einer Rede, bei der seine Stimme langsam geworden war und ungewohnte Schwierigkeiten beim Artikulieren bestimmter Silben hatte, durchs Restaurant im alten Bundeshaus. Man merkte ihm an, daß er kaum geschlafen hatte. Dann setzte er sich von Tisch zu Tisch und wollte von den Genossen hören, daß er gut war. So sammelte er Bestärkung ein. Der Regierungschef war aufrichtungsbedürftig wie andere Menschen auch.

In solchen Augenblicken konnte er sich heftig beschweren, daß ihm das alles zu spät und unter zu ungünstigen Umständen aufgepackt worden war. Das wirkte aufrichtig, obwohl ich unter Politikern selten erlebt habe, daß nicht zugleich jeder dem Spiel des anderen mißtraut. Einmal zog er mich während einer späten Plenumsdebatte, bei der wir auf eine kontroverse Abstimmung warten mußten, hinaus in einen Nebenraum. »Komm«, sagte er, »quatschen wir ein bißchen.« Ich hatte die Aufgabe eines ungefährlichen Zuhörers, dem eine plötzliche Offenheit entgegenkam. »Meinst du«, fragte er mit einem wirklichen Aufbegehren, »ich komme aus diesem Amt je wieder lebend heraus?« Er rechnete mir vor, was alles dagegen sprach.

Jeder aber, der damals solche Zweifel von ihm hörte, erlebte auch, wie das Amt ihm nach und nach auf den Leib wuchs, bis es dem Menschen Helmut Schmidt paßte wie vorher nur Konrad Adenauer. Dem Triumph des ersten Kanzlers der Bundesrepublik in der Bundestagswahl von 1957 sollte für Schmidt das Wahlergebnis der sozialliberalen Koalition mit 53,5 Prozent der abgegebenen Stimmen am 5. Oktober 1980 entsprechen, auch wenn es keine wesentliche Stärkung seiner Fraktion erbrachte. Deren absolute Mehrheit hätte er gar nicht gewollt. Genscher als Vizekanzler sicherte ihm die relative Unabhängigkeit von der eigenen Partei und zwang diese in die Loyalität. Auch die Gewerkschaften, auf die sich seine Regierung erklärt stützte, ließen sich mit Hilfe der FDP auf Distanz halten, wenn es ihm notwendig schien. Die Zerreißproben der Sozialdemokraten haben um ihn herum stattgefunden. Er hat sich fürs äußerste die Vertrauensfrage vorbehalten. Das Modell entsprach den gegenwärtigen Bedürfnissen der Mehrheit – richtiger: ihren Erwartungen. Schmidt hat gern darauf hingewiesen, wie begrenzt sein und der allgemeine Handlungsspielraum sei, aber er hat auch kaum etwas, das er nicht schätzte, unternommen, um ihn zu erweitern. Was aber würde in Orwells Jahrzehnt? So fragen nicht nur Grass und Johano Strasser.

Sofern ich im Kanzleramt eine Rolle gespielt habe, hatte sie ihre Kulmination am 15. Februar 1978, das ließ sich genau ermessen. Es war der Tag vor der Kampfabstimmung über die sogenannten Razziengesetze im Bundestagsplenum – die Bezeichnung hatte Helmut Lölhöffel von der Süddeutschen Zeitung mit Bedacht in Umlauf gesetzt. An jenem Mittwoch waren Helga Schuchardt und ich um 9 Uhr zur Kabinettssitzung gebeten worden, weil zu Anfang der Bericht der Bundesregierung über Strukturfehler des föderativen Bildungssystems behandelt werden sollte. Als wir eintrafen, hatte der Kanzler die Tagesordnung jedoch umstellen lassen. Zu Beginn ging es nun um die Lage der Koalition am morgigen Donnerstag bei der Plenardebatte und Abstimmung über das Bündel weiterer Strafgesetze, die nach Behauptung und Wollen der Mehrheit den Terrorismus eindämmen sollten. Nach Meinung einer Minderheit gingen sie jedoch übers Ziel hinaus und konnten im Gegenteil Grundfreiheiten gefährden. Die Opposition hatte weit schärfere Gesetzesvorlagen eingebracht, so daß man auf deren Stimmen zur Unterstützung der Regierungsposition in diesem Fall nicht rechnen konnte.

Am Vortag hatte ich vor der Fraktion auch im Namen von Manfred Coppik, Karl-Heinz Hansen und Erich Meinike unser Nein zu dem Gesetzespaket begründet und angekündigt, daß ich zur Erklärung der vier ablehnenden Stimmen im Plenum sprechen wollte. Es war eine erbarmungslose Auseinandersetzung. Viereinhalb Monate vorher hatte fast dieselbe Gruppe – Thüsing an Stelle von Meinike – ebenfalls bis ins Plenum gegen die eigene Fraktion gestimmt, als es sich um das Kontaktsperregesetz handelte.

Die öffentlichen Emotionen wurden aufgeheizt. Man redete und druckte der Bevölkerung ein, die Regierung stürze, falls sie in dieser Sachfrage nicht die Mehrheit in den eigenen Fraktionen fände. Das stimmte zwar nicht, aber es trieb die Konfrontation bis ins Irrationale. Entsprechend war der Anpassungsdruck in der Fraktion gewachsen. Die Entscheidung hatte sich von der ersten Lesung über die Ausschußberatungen, durch die das Paket erst die endgültige Formulierung erfuhr, monatelang hingezogen und immer mehr Aufmerksamkeit der Medien hervorgerufen. Auf meinem Schreibtisch lagen Telegramme für oder gegen das Standhaftbleiben zuhauf. Aus dem Wahlkreis kamen hektische Anrufe mit ebenso polarisiertem Inhalt. Schließlich hatte ich mich vor Zurufen von außen für die letzten zwei Tage hinter Unansprechbarkeit verschanzt, um nicht die Konzentration auf das Eigentliche zu verlieren.

Jetzt war die Gesetzgebung am kritischen Punkt angelangt. Mit vier Gegenstimmen aus den eigenen Reihen blieb die Mehrheit der Koalition bei insgesamt zweihundertdreiundfünfzig verfügbaren Stimmen gegenüber zweihundertdreiundvierzig aus der Opposition, wenn alle da waren, auf fatale Weise gesichert. Bei Stimmengleichheit scheiterte das Gesetz. Keiner wollte der Fünfte sein. Die Glaubwürdigkeit der Vierer-Voten war dadurch beeinträchtigt. Dennoch mußten wir unserer Überzeugung nach antreten und die Gegenposition markieren, solange das durch eine nennenswerte Zahl in der Bevölkerung und Partei unterstützt wurde – woran es keinen Zweifel gab. Völlig isolierte Entscheidungen sind noch keine Politik, sie befriedigen allenfalls die Moralvorstellung von Überzeugungstätern.

Nun also saß ich neben Herbert Wehner am Kabinettstisch, gegenüber Genscher und dem Kanzler, in Reichweite von Hans-Jochen Vogel, mit dem mich auch bei unterschiedlicher Meinung Offenheit verband. Ich hatte zu diesem Punkt hier kein Rederecht und wurde auch nicht gefragt.

Statt dessen wollte der Vizekanzler und FDP-Chef, nachdem

die Fernsehleute und Fotografen hinausgebeten waren, vom Bundeskanzler wissen: »Was wird morgen stattfinden? Müssen wir uns aus Ihrer Fraktion eventuell auch noch Reden von Andersdenkenden anhören, die sich liberal geben?« Genscher sah mich dabei mit der Auge-in-Auge-Robustheit an, die Politikern seines Schlages eigen ist. Falls es im Kanzleramt Engel gab, schwebten sie in diesem Augenblick gewiß durch den Raum.

Beinahe zwei Stunden erörterte das Kabinett hochnotpeinlich die Situation, zu der ich einen Schlüssel in der Tasche hatte. Je nach Temperament blickten die Ministeraugen mich sinnend oder drohend an. Hans Apel signalisierte Wohlwollen. Vor Beginn der Sitzung hatte er mich beiseite genommen und erklärt: »Ich bin nicht deiner Meinung, das weißt du. Aber ich werde dafür eintreten, daß jemand aus unserer Fraktion eine andere Meinung durchstehen kann, wie du.« Das war wohl nicht nur eine Rosa-Luxemburg-Anleihe. Er sah mich sibyllinisch an, während Genscher weitschweifig wurde. Jedenfalls verursachten wir vier Aufenthalt, und ich war greifbar hier vor Ort. Kein Wunder, daß sich das Kabinett an mich hielt. Es war mein zweiundfünfzigster Geburtstag. Ich hatte mich schon in glücklicheren Lagen befunden. Jetzt fühlte ich mich wie ein flügellahmer Zaunkönig im Gebüsch. Um mich herum lärmten lauter Gärtner mit Heckenscheren. Sicherlich habe ich den Kopf ins Gefieder gezogen.

Schließlich verließen sich alle darauf, daß die Geschäftsführer der Fraktionen im entscheidenden Augenblick im Plenum die Mehrheit auf die Beine brächten, sichtbar für die erregte Öffentlichkeit. So geschah es auch in einer tumultartigen Versammlung.

Von da an war ich für eine Zeit in Ungnade. Einladungen ins Kabinett erfolgten – bis auf einmal – nicht mehr. Offenbar hatte der Kanzler eine generelle Anweisung gegeben, die überhaupt das Zuziehen der Fraktionsobleute betraf. Vom Kanzleramt aber liefen weiter alle Bindungen zur Arbeitsgruppe, die ich zu leiten hatte. Es ging um die Sache. Darin blieb ich einbezogen.

Noch oft betrat ich den Sarkophag mit der stumpfen Farbe, die je nach Beleuchtung an Koks, Flaschengrün oder militärische Tarnung erinnert. Von dort zum Parlament und zurück läuft die Ameisenstraße der Boten, Sachbearbeiter und Abgeordneten. Antennen und drahtlose Kommunikation verbinden über Relaisschaltungen und elektronische Richtstrahler das Kanzleramt mit den Innenbehörden, dem Bundespresseamt und Regierungsstationen in aller Welt. Wenn Staatsbesuche hereinparadieren, wehen bilaterale Flaggen an den Masten. Gewehre blitzen mit knatternden Atavismen aus der Kaiserzeit. Noch empfangen Herrschende einander, in allen Systemen, mit militärischem Pomp.

Das halbe Tausend Menschen, das hier seinen Alltag durchpflügt und die Bundesrepublik durch vielerlei Impulse beschäftigt hält, dient einer Kernbürokratie inmitten von Bürokratiegehäusen ganz anderer Ausmaße. Zum Vergleich: Das Arbeitsministerium verfügt einschließlich sechs nachgeordneten Behörden über 2200 Mitarbeiter, das Bundeswirtschaftsministerium alles in allem über nahezu 5400 und das Innenministerium mit seinen neunzehn zugehörigen Institutionen über mehr als 10 000 Stellen – so heißt es im Jargon. Da nimmt sich das Bundesministerium für Bildung und Wissenschaft, mit dem ich am meisten zu tun hatte, mit knapp 350 Beamten und Angestellten aus wie ein Schubertquintett gegenüber einer Wagnerouvertüre im Furioso eines Philharmonischen Orchesters.

Die Ministerialdemokratie bürokratisiert die Republik in elf Bundesländern und der Hauptstadt durch die millionenfach ineinandergreifenden öffentlichen Hände, 16 000 an der Zahl. Der Kanzler, so sagte er gern, empfand sich in diesem

Organismus als der oberste Angestellte des Staates, der res publica, die allgegenwärtig und doch kaum noch eine öffentliche Sache war.

Luftballons

Ein Psychotherapeut muß sie erfunden haben: die Wahlkampfluftballons. In Kemptens Fischerstraße stand ich inmitten der Fußgängerzone unter weißblauem Himmel an einem Einkaufsvormittag. Ich stand da und pustete weißblaue Luftballons auf, als hätte ich nie etwas anderes getan.

Die Kinder umdrängten mich. Mütter waren mit Kinderwagen herangefahren und warteten mit Einkaufsnetzen voll Fleisch, Milch und Blumenkohl. Wir waren unter dem roten Sonnenschirm, der den Wahlkampftisch überdeckte, zu spielerischem Tun vereint. Eigentlich mußte man sich entschuldigen, daß es da auch noch politische Prospekte gab. Als Zugabe zu den Luftballons wurden sie ohne Murren mitgenommen, hernach allerdings häufig auf die Papierkörbe der Innenstadt verteilt.

Wer Luftballons zu verschenken hat, weiß am Informationsstand immer etwas mit sich anzufangen. Es beginnt mit den Händen. Wie verloren hängen sie sonst manchmal in der Gegend herum, greifen nach Drucksachen auf dem Tisch, ordnen zum hundertsten Mal, was keine weitere Ordnung braucht. So erbringt man den Beschäftigungsnachweis am Fließband der eigenen Unsicherheit.

Wie verläßlich dagegen das Wohlgefühl des Wahlkämpfers, der Luftballons besitzt. Es erstreckt sich bis auf die Lippen. Man hat immer zu tun im saugenden, blasenden Prozeß der Kommunikation mit der Umwelt. Niemand wundert sich, daß ein Luftballonbläser, wie es sonst seine Pflicht ist, Passanten nicht anspricht. Er muß ja pusten – seht, wie er bläst!

Allen Umstehenden leuchtete das ein, am meisten den Kindern, die unwahrscheinlich viele Geschwister hatten, denen allen sie Luftballons mitbringen wollten. So bildeten sich kleine Spaliere der Wartenden. Kinderaugen hingen an mir, Kinderhände reckten sich, kribbelnd in stiller Aufregung. Beliebtheit breitete sich um mich aus. Die Luftballons redeten ihre eigene Sprache. Alles schien einfach vor handgreiflicher Überzeugung. Selbstzweifel verflogen mit den Ausreißern, die Kinderfingern entglitten und vom Wind bis hinauf zu den Hausgiebeln verweht wurden. Schnell hatte ich für die kleine Enttäuschung da vor mir einen Ersatzluftballon bereit.
Ab und zu krachte es, wenn ich zu stark geblasen hatte. Dann platzte mir ein Luftballon um die Ohren. Immer dieser Terrorismus, dachte ich und ergriff den nächsten hingeknitterten Gummidäumling, faßte das Mundstück zwischen Daumen und Zeigefinger, wölbte den Brustkorb, hauchte, war ein blasender Kinderonkel und Jahrmarktsmann.
Die Kinder in Thingers draußen waren noch ausdauerndere Luftballonsammler als die Kinder in der Fußgängerzone. Am besten gefielen mir die Mädel und Buben im Vorschulalter, die sich auch bei der CSU und FDP an Konkurrenzständen in Sichtweite grünblaue und gelbe Luftballons holten und die größte Koalition durch die Allgäumetropole trugen, als sei die Vereinigung des Widerstrebenden ein Kinderspiel.
Den ganzen Morgen habe ich Luftballons aufgeblasen und Hunderte verteilt. Einige wurden von Böen so heftig emporgerissen, als sollten sie das Kleine Walsertal erreichen. Während die Punkte am Himmel zergingen, wurden sie von staunenden Kinderaugen noch ein Stück ins Leere verfolgt.
Zugegeben, als Ballonbläser war ich ein bißchen hoch bezahlt. Aber danach war ich richtig befriedigt. Selten hatte ich in letzter Zeit etwas Sinnvolleres getan.

3

»Neue Antennen«

Vor dem Festzelt in Lindenberg stellte ich ihm die Kandidaten vor. Willy Brandt war – nach Buchloe und Memmingen – zu seiner dritten Versammlung ins Allgäu gekommen. In der frühen Dunkelheit war die Blaulichtkolonne vorgefahren. Die Sicherheitsbeamten hatten Mühe mit den Anstürmenden, als wir uns eine Gasse durch die Zweitausend bahnten. Für die kleine Hutmacherstadt, Metallarbeiterstadt, Käsefabrikstadt war es ein großes Gedränge. Fast war er wieder der Alte, ein Willy zum Anfassen, wie ihn sich die Anhänger wünschten. »Willy, Willy!« riefen Allgäuerkehlen und Berliner Urlauber, die zu Herbstwanderungen nach Scheidegg, Weiler oder Oberstaufen gekommen waren und es sich jetzt nicht nehmen ließen, »ihren« Willy Brandt zu begrüßen.

Wir saßen am langen Tisch zu Füßen der weißblau uniformierten Stadtkapelle, in der eine Mehrheit von CSU-Anhängern unverdrossen dem SPD-Vorsitzenden aufspielte. Autogrammbilder wurden in Stafetten herumgereicht. Mir kam die Aufgabe des Vermittlers zu. In solchen Augenblicken betrachtet die eigene Partei ihren Mandatsträger als Ableger der Prominenz, über den man sich an die eigentliche Gallionsfigur herantraut. Unzählige wollten einen Zipfel von Willy Brandt erhaschen. Geduldig widmete er sich zu Beginn dem Ritual, das ihn überall begleitete. Er war schwerer geworden seit asketischen Kanzlerzeiten, rauchte wieder, trank mit, wenn man ihm zuprostete, war ein Gefeierter unter Feiernden. Man mußte ihn genauer kennen, um unter dem Vorzeigebild aus Politikerbräune und Kommunikationsbereitschaft in den lachenden Augenwinkeln die Erschöpfung und innere Zurückhaltung zu entdecken.

Zu mir drängte sich Kurt Schlicke aus Oberstdorf, seit zweiundfünfzig Jahren SPD-Mitglied. Er war der erste, der sich im Wahlkampf 1972 in seiner Marktgemeinde mit mir auf die Straße traute. Zerknittert und wieselhaft, mit einer bestürzenden Glaubensbereitschaft für die Sache der Partei, half er mir überall, wenn ich mit dem umgehängten Lautsprecher über die Bürgersteige ging und meine Sprüche rief: »Politik soll auch Spaß machen, im Ernst.« Oder: »Das Allgäu ist viel zu schön, um es der CSU zu überlassen.« Einmal hatte uns ein alter Haudegen mit Geierkopf wütend die Nationalzeitung an den Kopf geworfen, so daß jeden die Hälfte traf. Kurt Schlicke hatte darüber gelacht. »Dieter«, bat er jetzt, »hilf mir, daß ich einmal dem Willy die Hand drücken kann.« So geschah es.

Im Bundeswahlkampf 1976 hatten wir nach der Großveranstaltung der Fünftausend auf dem Kemptener Wochenmarkt intern eine Altenehrung mit Willy Brandt abgehalten. Kein anderer konnte das wie er. Es war eine Menschenweihehandlung, bei der kein Auge trocken blieb. Zuzeiten gehört Sentimentalität zur Politik bis ins Körperliche. Die uralten Parteibücher aus Kampfzeiten wurden herumgereicht wie Ikonen. Während Willy Brandt jetzt im Lindenberger Festzelt sprach, völlig frei, weit ausholend und doch gestrafft, ein erfahrungsdurchdrungener Politiker in der Freiheit des Alterns, wurde deutlich, daß er sich die Kraft zu einer neuen Vision abverlangte: die der Dritten und in der sozialen Verantwortung unteilbaren Welt.

Wieviele Aufstiege und Untergänge lagen hinter ihm, wieviele Verteufelungen und Triumphe, Irritationen und Zuverlässigkeiten. Er hat sich in alldem mehrfach gewandelt und ist doch ziemlich genau bei sich geblieben, bei seinen Stärken und Schwächen. Keiner unter den Vordersten wirkt so ungleichmäßig wie Willy Brandt. An einem Tag kann er ausgeglüht erscheinen und am nächsten unverwechselbar inspiriert und energiegeladen. Gestern noch hat man sich über seine Interesselosigkeit, ja Abständigkeit gewundert, heute beweist er souveränen Wirklichkeitssinn und eine Weltläufigkeit, als sei er zum Regierungschef Westeuropas vorherbestimmt. Da ist dieser seltsame Mangel an Menschenkenntnis, der ihn immer wieder – schon als Regierenden Bürgermeister in Berlin – dazu verführt hat, als wichtigste Mitarbeiter Fehlbesetzungen auszusuchen. Und da ist seine Blindflugfähigkeit, mit der er sich unter Menschen zurechtfindet, die bereit sind, alles für ihn zu tun. Zu seiner Ungleichmäßigkeit gehört, daß er mehr Perspektiven aufgerissen hat, als seine politische Verwirklichungskraft umsetzen konnte. Helmut Schmidt ist ihm überlegen an Kontinuität der Realisierung und unterlegen an Vorstellungskraft für die Zukunft einer sich wandelnden Welt. Unmenschliches wurde beiden wie jedem Regierenden abverlangt. Willy Brandt aber ist auf seine Art immer wieder ausgerückt, hat sich entzogen, für sich ein Stück Unberührbarkeit reserviert, verschanzt hinter pantomimischem Selbstentzug. Er kann sich verflüchtigen, während Schmidt unheimlich präsent bleibt.

Im Zelt war alles versammelt: Huldigung, mitgerissene Aufmerksamkeit, bierdurstige Freude an der Demonstration der Stärke von Sozialdemokraten, die sonst die Genügsamkeit der Diaspora üben mußten, nicht zuletzt der Ernst einer Zugehörigkeit, die sich auf tausend Gesichter legte und die Intuition des Redners spiegelte. Nur Haß fehlte diesmal. Die Gegner, die zu Feinden werden konnten, waren ausgeblie-

ben oder sie schwiegen und warteten auf ihren Mann und ihre Stunde.
3,80 Mark kostete die Maß vom Meckatzer Löwenbräu. 14 000 Mark mußte der Lindenberger Ortsverein in eigener Regie umsetzen, bis er die Kosten für Zelt und Vorbereitung wieder hereinbekam. Wer außer den lokalen Mandatsträgern bedachte im Augenblick diese Seite der Veranstaltung? Vor mir in der Kapelle saß ein Allgäuer Schneewittchen mit Querflöte und provinzverwirrendem Schleierblick, das jedenfalls davon keine Ahnung hatte.
»Ein bißchen kenne ich mich wohl aus in der Welt«, rief Willy Brandt in die Menge. »Die Menschheit kommt über die achtziger Jahre nicht heil hinweg, wenn das Wettrüsten nicht aufhört.« Beifall, Jubel.
Strauß' Vorwurf, er sei ein »visionärer Phantast«, schüttelte er ab und erklärte: »Nachdenken ist eine patriotische Pflicht. Was wird aus der Welt? Explodiert sie? Oder setzt sich der Lebenswille der Menschen durch?«
Vor allem aber wandte er sich an die zahlreich erschienenen jungen Leute, von denen viele skeptisch, andere gläubig zu ihm aufschauten, als zeige da ein lebendes Standbild die eigene Überlieferung vor: »Ich habe den Eindruck, mit der jungen Generation geschieht etwas, das wir Älteren nicht gleich verstehen . . . In einer polypenhaften Bürokratie werden die Bürger zu Randfiguren des Geschehens. Dann kommt für die Jungen die Gesinnungsschnüffelei . . .« Tatsächlich, er nannte den im Januar 1972 von ihm mitverfaßten Extremistenbeschluß, von dem er angesichts der verheerenden Auswirkung in der Praxis der öffentlichen Dienste und Schulen inzwischen durch mehrfache Erklärungen abgerückt war, deutlicher als je zuvor demokratiefeindlich.
Ich mußte an einen makabren Höhepunkt des Extremistenwahns denken, der unlängst erreicht worden war: Als in Speyer sechshundertdreiundzwanzig Eltern sich mit einer

Unterschriftenliste für die Einstellung einer Kunsterzieherin verwendeten, die der DKP angehörte, leitete das Mainzer Kultusministerium kurzerhand die ganze Liste ans Verfassungsschutzamt, zwecks Auslese von »Verfassungsfeinden«. Welch ein Begriff? Es gibt in der Bundesrepublik eine irrationale Kommunistenangst – aber kaum Kommunisten.
»Einige von uns haben neue Antennen ausgefahren«, hörte ich Willy Brandt sagen, »damit wir in uns aufnehmen können, was mit der neuen Generation vor sich geht.«
Die Zärtlichkeit der Genossen: Bevor der Parteivorsitzende zum Ende kam, stellte einer eine frische Maß auf seinen Platz, obwohl die alte kaum abgetrunken war. Unter lange anhaltendem Jubel ergriff Brandt noch im Stehen das Glas, zeigte es herum, grüßte in die Runde, als meine er jeden einzelnen, und trank einen kräftigen Schluck. Dann wischte er sich mit dem Handballen den Schaum von den Lippen.
Die von mir erbetene »Bayernkorrektur« hatte er öffentlich angebracht: Nicht Bayern habe mit »vordemokratischen Zuständen« zu schaffen, der Vorwurf gelte der CSU, die sich mit Bayern verwechsle. Eine Nachhilfestunde in Sachen Bayern brauchte nicht nur Willy Brandt, sondern auch das Kabinett. Vogel, Haack und Ertl ausgenommen.
Brausender Abschied. Helmut Schmidt imponiert, aber er läßt die Zuhörer kalt. Brandt war es wieder gelungen, die Menschen zu wärmen. Er ist an der Spitze der Parteien der einzige, der heute Vorstellungen für die Welt von morgen als realen Traum glaubhaft machen kann. Er ist kein Magier, sondern noch immer Moralist. Die jungen Leute in Lindenberg fanden ihn nicht übel.
»War schon ganz gut«, sagte einer von ihnen im Hinausgehen, »aber auch Herr Brandt ist noch zu befangen im Wachstumsdenken.«
»Gehören Sie zu den Grünen?« fragte ich.
»Wir sind unabhängig«, er deutete auf eine Gruppe von

Freunden. Dann schaute er mich durch die Brille aus seinem hellwachen Bartgesicht an und fragte zurück: »Aber was macht es aus, wenn in Bayern die SPD 30 statt 33 Prozent bekommt? Was bewirkt das? Wie soll ich eine Partei wählen, die in der Wirtschaft so wenig verändern kann?«
»Und wo gibt es eine Partei, die das könnte?« wollte ich von ihm wissen.
Natürlich gab es Gründe. Ich wollte nicht nur antworten, was das Mandat verlangte, doch ehe ein genaues Wort fiel, wurden wir im Gedränge zum Ausgang getrennt.

Mitarbeiter

Schwieriger als die Sachen, um die es ging, waren in der Regel die Menschen, mit denen sie erledigt werden sollten. Noch auffälliger als in anderen Berufen besteht die Arbeit im politischen Alltag aus lauter scheinbar sachbetonten, in Wahrheit äußerst subjektiven Zusammenhängen. Jeder Abgeordnete ist von seinen Mitarbeitern so abhängig, wie sie es von ihm sind.
In meinem Fall waren es vor allem zwei, ohne die meine Arbeit im Bundestag undenkbar gewesen wäre, Barbara und Jo. Sie stehen hier auch für die anderen mit den zeitgerechten Namen. Im Allgäuer Wahlkreissekretariat waren es der Reihe nach Gisela, Marlis, Inge. Im Bonner Büro zu Anfang Carola, die heutige Abgeordnete von Braun-Stützer, danach für sechs Jahre Barbara. In der Zuarbeit durch die Fraktion war als Referent für die Arbeitsgruppe Bildung und Wissenschaft, solange ich für sie verantwortlich war, zuerst Klaus Thüsing zuständig, er rückte bald zu Anfang der achten Legislaturperiode als MdB nach. Ihm folgte Jo und schließlich Christiane. Ulla versah das dazugehörige Sekretariat.

Mitarbeiter im Bundestag zu sein, ist nicht selten ein Startplatz für die eigene Abgeordnetenlaufbahn, vorausgesetzt einer pflügt gleichzeitig die Furche zur Aufstellung in einem Bundeswahlkreis. Dafür braucht man dreierlei: Ausdauer, Emotion und Verstand. Im übrigen gilt für Mitarbeiter mit dieser Ambition die Regel: Je weiter die Entfernung von der Hauptstadt zur Basis, um so aufreibender die Ochsentour. Denn natürlich ist das Bonner Umfeld mit Kandidatenehrgeiz überbesetzt.

Jedenfalls war ich unter die Dreißigjährigen und Jüngeren geraten. Das geschah mir recht. Ich mußte umlernen. Es war eine soziale Umgebung aus sehr verschiedener Herkunft, Verständigungsverlangen und dem gemeinsamen Bemühen, nützlich zu sein. Zweifellos habe ich zu Anfang eine gewisse Distanz um mich geschaffen und damit oft unpersönlich gewirkt. Aber mit unterschiedlichen Temperamenten haben Mitarbeiter mich überrumpelt, wann immer es nötig war. Über Jahr und Tag kamen wir einander so nahe, wie es sonst nur im Privaten geschieht.

Daß ein Bundestagsmitglied mit dem Menschen, der ihm am engsten zuarbeitet, mehr umgeht als mit dem Ehepartner, ist normal. Aber angeblich ist das Normale kein Thema – außer im Bildgeschichtenbrei von Gazetten, deren Neugier immer das eine meint.

Warum eigentlich? Wird Politik im Parlament nicht durch Hunderte von MdB-Mitarbeitern in nur scheinbar unmerklicher Nebenrolle mitbestimmt und beeinflußt? Äußerlich stimmt die Rollenverteilung zwischen oben und unten. Von innen gesehen aber besitzen manche Assistentinnen deutlicher einen politischen Ansatz als der eine oder andere Volksvertreter. Nicht wenige von ihnen haben, gemessen an der durchschnittlichen Vorbildung der Parlamentarier, die besseren Voraussetzungen. Viele beweisen auch eigenen Ehrgeiz und steuern mit Fernlenkung ihren Abgeordneten unter

Rücksicht auf manche Mißweisung durch die Schroffen der Parlamentsarbeit. Zu mehr als neunzig Prozent sind die Bundestagsmitglieder Männer und entsprechend manchmal etwas tumb. Frauen in der Politik müssen in der Regel mehr aufbieten. So manche Assistentin läßt ihren Abgeordneten nicht spüren, wie sehr sie ihn in die Tasche steckt.

Jeder Personalchef eines Großbetriebs kennt sich aus mit männlicher und weiblicher Rangordnung, mit scheinbaren Gewöhnungsprozessen und tatsächlicher Gewöhnung etwa in weitflächigen Büros. Im Fall der Abgeordneten und ihrer Mitarbeiter, Frauen zumeist, handelt es sich um die Fiktion einer Kleinstfirma mit zwei oder jedenfalls wenigen Personen. So werden die Verträge der Assistentinnen nicht mit dem Bundestag oder mit der Fraktion geschlossen, sie sind vielmehr wie eine private Vereinbarung an das einzelne Bundestagsmitglied gebunden. Mit seinem Ausscheiden endet die Anstellung, die von der Bundestagsverwaltung nur im Auftrag wahrgenommen wird, auch für den Mitarbeiter automatisch. Wer einem Abgeordneten persönlich zuarbeitet, besitzt auf diese Weise weniger Sicherheit als jeder Verwaltungsangestellte. Aber das Risiko wird durch unvergleichliche Selbständigkeit belohnt.

Was die Bundestagsmitglieder anbetrifft, so konnten sie beispielsweise 1980, zum Ende der achten Legislaturperiode, neben den steuerpflichtigen Diäten von siebeneinhalbtausend Mark über viertausendachthundert Mark monatlich für Mitarbeiter verfügen. Zusätzlich erhielt jeder Abgeordnete viereinhalbtausend Mark an steuerfreien Pauschalspesen pro Monat, gleich ob einer Wahlkreisarbeit leistete oder nicht. Was die Partei davon direkt und indirekt beanspruchte, war allerdings erheblich, besonders bei den Sozialdemokraten handelte es sich in vielen Fällen um monatlich zwei- bis dreitausend Mark.

Die MdB-Mitarbeiter können ziemlich freizügig arbeiten –

nicht nur während der rund dreißig sitzungsfreien Wochen pro Jahr, in denen der Abgeordnete vom Wahlkreis aus oder sonst unterwegs in der Politik des Inneren oder des Äußeren eher ein Irrwisch am Telefon ist als eine in Bonn wirksame Figur. Im Gegenteil, die Verbindung zum Parlament, zu allen Informationen, zu den Ministerien und zur Fraktion, zur Partei außerhalb der Basis des Abgeordneten wie zum Fortgang der Ausschußarbeit, die für die nächste Sitzungswoche vorbereitet werden muß, all das läuft über den Knotenpunkt, an dem die Assistentin oder der Mitarbeiter im Bundestagsbüro sitzt.

»Büro Lattmann, Masuhr«, meldete sich Barbara, wenn ein Anruf auf einer unserer beiden Amtsleitungen kam. Sie war eine begabte Telefoniererin, die mich kaltblütig verleugnen konnte. Wir vereinnahmten uns auf Gegenseitigkeit und hielten doch ein wenig Abstand. In der Zusammenarbeit waren wir ein Beispiel von fünfhundertachtzehn, aber jedes war anders. Zwischen uns bestand ein ziemlich rückhaltloses Vertrauen. Es gründete sich auf gemeinsame Erfahrung in der Arbeit. Ich lernte sie wie wenige Menschen kennen. Sie mich mindestens ebenso genau. Wir waren aufeinander angewiesen. Keiner konnte dem anderen etwas vormachen.

»Wie ging es in Augsburg?« wollte sie zum Beispiel wissen, als ich einmal von einem Kongreß der Internationalen Gesellschaft für Tiefenpsychologie zurückkam, wo ich über massenpsychologische Mechanismen und geistige Ursachen des Terrorismus gesprochen hatte. Das Vortragsmanuskript hatte sie im sechsten Stock des alten Bonner Abgeordnetenhochhauses durchgesehen und rechtzeitig in Vervielfältigungen auf den Weg gebracht. Wir hatten gründlich darüber gesprochen.

»Wenn ich mir vorstelle, mit welcher Oberflächlichkeit über das Thema im Bundestag geredet wird – gemessen daran, weißt du, war das eine einschüchternde Veranstaltung.«

»Und die anderen Referate?«

»Das ist es ja«, sagte ich. »Nicht eines davon habe ich gehört. Da reist du an und ab wie ein Fliegender Holländer und hörst nur dir selber zu.«

Barbara sah mich mit einem ihrer Blicke an, die Wert darauf legten, daß wir einander nichts durchließen. »Das mit dem Holländer hast du inzwischen ein bißchen oft gesagt«, meinte sie. Natürlich kannte sie meine Sprüche.

»Naja. Schließlich haben da Heinz Zahrnt, Iring Fetscher und ein paar andere geredet. Hauptsächlich Analytiker. Eigentlich ist es eine Unverschämtheit, das alles auszulassen, den eigenen Vortrag aber abzuliefern.« Barbara kannte auch meine Skrupel. Sie wurden kaum dadurch gemildert, daß andere Kongreßprofis es ebenso hielten.

»Woher willst du die Zeit nehmen?« sagte sie. »Entweder du machst es unter diesen Bedingungen, oder du mußt es bleiben lassen.« Das war genau und etwas erbarmungslos.

Als ich sie im Frühjahr 1974 gefragt hatte, ob sie meine Assistentin werden möchte, weil Carola FDP-Mitglied war und ins Büro Schuchardt überwechseln wollte, um auch eigene politische Ziele zu verfolgen, kannte ich Barbara schon einige Zeit aus einem Team von Abgeordneten und Mitarbeitern. Zu Anfang der siebten Legislaturperiode hatten wir es im vierten Stock des Langen Eugen mit einer Bürogemeinschaft versucht, Lenelotte von Bothmer, Anke Martiny und ich.

Barbara war zwanzig Jahre jünger als ich. Sie wurde im November 1945 geboren, als Kriegskinder noch lange keine Friedenskinder waren. Mit zwanzig verheiratet, hatte sie in Godesberg bei Inter Nationes als Sekretärin gearbeitet und regelmäßig Geld verdient, während ihr Mann studierte. Inzwischen war er Marktforscher bei einem bekannten Institut.

Barbara war dunkel, weich, groß gewachsen, eine berlinisch-rheinische Mittelmeeranrainerin. In einem Rock war sie selten zu sehen, meistens in Jeans oder Cordhosen. Ihr Stiefelschritt ging morgens unverwechselbar auf unsere Tür zu. Wo sie saß oder stand, rauchte sie wie ein kleines Ruhrgebiet. Sie war ein Musikmensch, ein Gesprächsmensch. Barbara konnte alles stehen und liegen lassen für eine menschliche Kommunikation. Dabei lag diesem Verlangen nach Erfahrung und Mitteilung eine ziemlich pessimistische Einschätzung der menschlichen Kreatur zugrunde. Ihr Grundmotiv war Traurigkeit. Trotzdem konnte sie aus dem vollen genießen.

Es läßt sich nicht leugnen, daß ich manche Mitteilung über Weibliches durch Barbara erhielt. Ein Mann und eine Frau können gar nicht Tag für Tag auf so engem Raum zusammen sein, ohne daß die leiseste körperliche oder sonstige Veränderung sich dem anderen mitteilt. Wir veränderten uns beide in diesen Jahren sehr. Ich hatte zum Beispiel immer noch einen Nachholbedarf an Natürlichkeit, denn ich war aufgewachsen in einer Atmosphäre der Verklärung des Weiblichen. Meine Mutter hatte der Idealisierung auch noch Vorschub geleistet. Sie gehörte zu jener Generation von Frauen, die Emanzipation gar nicht anstrebten, weil sie das Matriarchat praktizierten und dazu neigten, den eigenen Mann als ältestes Kind zu adoptieren.

»Das Alter besagt nichts«, hatte Barbara einmal erklärt. »Es zählt nur, wie lebendig ein Mensch ist, wie beeindruckbar.«

Ich war nicht sicher, ob diese Einschätzung sich bewahrheiten würde, wenn sie und ihre Altersgenossen einmal eigene Erfahrungen mit dem Alter machten.

Barbara hatte jedenfalls eine Hand für seelisch Verwundete. Sie verfügte über ein Beichtohr. Im Durchgangszimmer zu meinem Arbeitsraum fanden Geständnisse und Tröstungen statt. Es waren die unterschiedlichsten Bundestagsmitarbeiter, die da einzeln oder in Gruppen hereintraten und ziemlich lange sitzen blieben. Barbara schloß dann mit einem

Blick, der mehr Information als Entschuldigung enthielt, die Tür, die sonst zwischen uns meist geöffnet blieb. Nur wenn sie oder ich privat telefonierten, klappte der eine wie der andere das Relais zwischen uns zu.

Barbaras Popularität war sprichwörtlich. In den Bonner Lokalen der Dreißigjährigen, wo manche noch in der Nachhut der Außerparlamentarischen Opposition herumstanden und schwer begreifen konnten, daß sie längst etabliert waren und der Protest eines Tages in Pension gehen würde, in den Elsässer Weinstuben, bei den Griechen, Italienern oder immer wieder in der Schumannklause war sie, sobald sie auftauchte, ein Anziehungspunkt, um den sich Lachen, Diskussionen und Getränke scharten. Sie fand schwer ein Ende. Keine Frage, sie lebte ungesund, trieb Raubbau, aber sie sagte: »Was soll's?«

Man mußte ein bißchen mehr von ihr wissen, um unter der Geselligkeit die Irritation und die Zaghaftigkeit zu bemerken. Manchmal aber stürzte sie sich auch nur in ein ungeheures Ratschen. Das zog sich, wenn es ihr darauf ankam, per Telefonschnur von Bonn bis ins Allgäu und wurde überall gern aufgegriffen. Barbara hat angerufen, wie oft habe ich das an wievielen Orten gehört. Wenn sie daraus hervortauchte, konnte sie eine unwahrscheinliche Menge Büroarbeit in kurzer Zeit herrunterrackern und hinterher befriedigt in ihren 2 CV steigen.

»Weißt du, was ich nicht leiden kann?« fragte sie mich einmal, als sie auf meine Bitte zum Wahlkampf nach Kempten gekommen war und mit mir Fahrten durch den ganzen Wahlkreis machte. »Wenn du mich auf deinen Versammlungen vorstellst. Wenn ich auch noch aufstehen soll, um mich beklatschen zu lassen. Du weißt, ich kann das nicht ausstehen, aber du machst es doch immer wieder.«

»Aber Barbara«, hörte ich mich antworten. Wir standen mitten in der Geschäftigkeit des Wahlkampfbüros. »Es gibt eben viele, die dich kennenlernen wollen, nachdem du sonst nur immer als gute Fee aus dem Bonner Büro anrufst oder schreibst.«

Sie schüttelte sich teils in wirklichem Abscheu, teils in gespieltem Protest. »Ich und eine Fee«, rief sie. »Du mußt die Märchen verwechselt haben.«

Kurz, es war mehr, als daß wir nur miteinander auskamen und etwas Greifbares zu bewegen versuchten. Wie stark Barbara auch aus eigener Überzeugung motiviert sein mußte, um eine Sache zuverlässiger als andere voranzubringen, das sollte ich erst ganz erfahren, als feststand, daß ich nicht mehr kandidierte. Während der Monate nach dieser Entscheidung, die sie aus einer Reihe von Gründen für falsch hielt, erschien ihr das meiste in unserem Bonner Büro sinnlos. Auch wenn gesichert war, daß sich ihre Arbeit für das Allgäu im Büro Skarpelis-Sperk fortsetzte.

In besseren Tagen aber, wenn Jo dazukam, dachten wir manchmal, daß wir mit unserer kleinen Mannschaft so leicht nicht zu schlagen waren. Jo begab sich dann aus dem siebten Stock, wo er sein Büro hatte, eine Treppe zu uns hinunter und drängte mit einem Vorschlag herein, der ihm gerade auf den Nägeln brannte. Barbara konnte ihn kaum aufhalten, gleich womit ich gerade beschäftigt war. Jos Geduld tolerierte nur eine Mindestspanne, wenn er im Türspalt erschien und Einlaß forderte. Meist hatte er gründlich an einer Sache gearbeitet, rückte nun mit dem Material und seiner Meinung an und wippte vor Mitteilungsbedürfnis auf den Beinen.

Barbara hatte für ihn Tee oder einen Cognac bereit, für uns Kaffee in Mengen. Bald saßen wir zu dritt um den niedrigen Tisch und schmiedeten Pläne. Jo war wissenschaftlicher Referent der Fraktion, Diplompädagoge, erfahren in der Parteiarbeit. Er steckte häufig in einem braunen Anzug, war überhaupt auf braun gestimmt, was zu der intensivbraunen Iris seiner kritischen Augen paßte. In der Reihe seiner Vorfahren mochte von weither einer aus Dschingis-Khans Reiterheer eine Rolle gespielt haben. Jedenfalls haftete dem ovalen Gesicht mit den Rundknochen etwas an, das aus dem Osten zu kommen schien. Das Haar, ebenfalls braun, trug er kurz geschnitten. An Kinn und zeitenweise auch Oberlippe prangte ein schwarzer Bart.

Zu Anfang unserer Zusammenarbeit war Jo zu Recht immer darauf bedacht, meine bildungspolitischen Lücken zu stopfen. Er tat das ausgiebig und nach Einschätzung anderer mit einem gewissen Erfolg. Im Austragen unserer Meinungen bestand zwischen uns beides in einem: freundschaftliches Einverständnis und ein ständiger Wettbewerb. Einmal hatten wir einen regelrechten Zweikampf ausgetragen.

Dabei ging es um die Plenarrede, die ich als Halbstundenbeitrag für die Fraktion zur Föderalismusdebatte beizusteuern hatte. Zugrunde lag der Strukturbericht der Bundesregierung über die Mängel des föderativen Bildungssystems. Jo war mißtrauisch, ob sein Abgeordneter das fachlich zustande brächte. Am liebsten hätte er die Rede geschrieben. Das wiederum ging mir gegen den Strich.

Also legte er mir einen Zettel hin: »Schlage vor, daß ich einen Entwurf mache. Wenn Du's allein machst, wird es außerordentlich arbeitsintensiv.« Damit freilich hatte er recht. Als ich mich fürs Selbermachen entschied, legte Jo mir genüßlich fürs Wochenende eine Riesenmappe hin, aus der sich wie bei einer Russischen Puppe sieben weitere Taschen mit Material schälten. Seine Stichworte, die er dazu aufgeschrieben hatte, waren gescheit und sachgerecht – das war beinahe immer so. Auf Jo konnte ich mich verlassen.

Diesmal allerdings gab es zwischen uns auch einen inhaltlichen Dissens. Jo ist Föderalist aus Hessen. Ich bin Europäer und also für einen westeuropäischen Bildungsföderalismus, der die Kleinstaaterei unserer Bundesländer allmählich abbaut. So rauften wir uns auf einer mittleren Linie zusam-

men. Sie entsprach den notwendigen Rücksichten auf die realen Interessen und Machtverhältnisse in der Partei, die auch ein Kurfürstenproblem hat.
Jo und Barbara, diese beiden. Gegensätzlich und kooperationsbereit. Als ich mir die Wohnung in der Joachimstraße nahm, kauften sie mit mir Möbel, schleppten Geschirr und einen halben Haushalt heran. Sie taten eine Menge, bestückten meine Einrichtung, lieferten Freundschaft mit, blieben in der Nähe und in Distanz.

Der Sieger

Am Eingang mußte man sich ausweisen und die Einladung vorzeigen. Die Läufe der Maschinenpistolen blinkten matt in der Dunkelheit. Wer bewachte wen? Jeder erhielt eine weißblaue Plakette mit dem Aufdruck »Wahlnacht 1978 Maximilianeum« angesteckt. Damit konnte man sich frei durch das Landtagsgebäude bewegen.
Helmut Rothemund, unser angestrengter Kandidat, hatte wie üblich die Fraktion und den Landesvorstand zur Wahlparty geladen. Zu seinen Vorzügen gehört, daß er immer seine Grenzen gekannt hat, die zu überwinden ihm wie uns allen selten gegeben war. Die zurückliegenden Wochen hatten ihn mit mancher Peinlichkeit konfrontiert. Es war nicht einfach zu ertragen, wenn ein Landesvorsitzender sich nicht als Zugpferd erwies, sondern auf mancher abgegrasten politischen Weide ziemlich allein herumstehen mußte, umgeben von ein paar Getreuen, viel zu mächtigen Lautsprechern und leeren Biergläsern. Rothemund hatte sich nicht sonderlich nach der Spitzenposition gedrängt. Er erfüllte eine Pflicht. Als Vorsitzender der Landtagsfraktion war der ehemalige Landrat aus Rehau, der trockene Paragraphenkenner mit

dem fränkischen Rundkopf und der kniffeligen Intelligenz, ein von der CSU gefürchteter Gegner und präziser Debattenredner. Nicht die Spur Volkstribun, taugte er zur Landesgalionsfigur weniger. Freilich hat er, als er im März 1976 Hans-Jochen Vogel in der Rolle ablöste, auf dem Landesparteitag im Schwabinger Bräu eine Programmrede gehalten, die ihm breite Zustimmung und auch Respekt eintrug.

Da saßen wir Sozialdemokraten nun in Saal III auf einem Abstellgleis und nährten unsere schwache Hoffnung an weißblau gedeckten Tischen, tranken Flaschenbier oder Frankenwein und futterten fettstrotzende Fleischwaren vom Kalten Buffet. Drei Fernsehprogramme auf Monitoren brachten Sport, Science fiction, dazwischen die Anfrage und die ersten Vermutungen der Kommentatoren ab 18 Uhr. Wenige Journalisten hatten sich bei uns eingefunden. Bei den Sozialdemokraten gab es, so meinten sie, nicht viel zu holen. Erst recht konnte man die Freien Demokraten mit der Lupe suchen.

Alle Herrlichkeit auf Erden schien es dagegen bei der CSU zu geben. Im Aufgang zu den großen Sälen, in denen sich Neugier, Zugehörigkeitsbedürfnis, Liebedienerei und ungläubiges Provinzstaunen über soviel zentralistische Hofhaltung je nach Temperament verhielten, traf ich als ersten Jürgen Scheller von der Münchner Lach- und Schießgesellschaft, der sichtlich etwas Mühe hatte, seine satirische Vehemenz mit seiner Anwesenheit an diesem Ort in Einklang zu bringen – jedenfalls trippelte er von einem Bein aufs andere. Unweit von ihm stand der mal grimmige, mal philanthropische Karikaturist der »Süddeutschen Zeitung«, der querköpfige Architekt Ernst Maria Lang, dessen knorpelhaft zusammengedrungenen Strichzeichnungen Franz Josef Strauß immer ähnlicher wurde. Wie selbstverständlich traf ich auch den alten Freund Gerhard Maria Hotop, der die Wahlwerbung der Christsozialen als Grafiker und Ideenpromotor des

»Teams 70« bravourös gestaltete. Alle zwei Jahre stürmten in einem Landtagswahlkampf oder wechselnd in einem Entscheidungsgang zum Bundestag seine eindrucksvollen Töchter auf CSU-Plakaten gegen Linke und Liberale an, mit denen sie privat befreundet waren. Unsere Freundschaft ging darüber nicht in die Brüche.

Gerhard ist einer meiner ältesten Münchner Wegweiser. Er mit dem Rilke-Gesicht und dem immer weißer werdenden Bart, der die knochige Mandelform seines Kopfes nur betont, gehört eben politisch in die andere Welt. In diesem Punkt haben wir uns nur darauf einigen können, daß wir verschiedener Meinung sind. Im übrigen verkörpert er mit der väterlichen Familie, mit seinen Geschwistern und deren Sippschaft – mehr als mit Frau und Töchtern in seinem Haus am Biederstein – eine Münchner Tradition, von der Nordlichter erst lernen müssen, wie animalisch, barock, verspielt, gschert und taufwasserunschuldig sie in einem ist.

Er war der erste, der mir bayerischen Katholizismus erfahrbar gemacht hat. Im August 1952 war ich endgültig nach München gekommen. Damals war Gerhard Maria Hotop auf einem verrosteten 125-Kubik-Schnauferl als junger Buchgrafiker beim Paul List Verlag in der Goethestraße vorgefahren und hatte mir nach wenigen Augenblicken spontan Herzlichkeit entgegengebracht.

Eines Tages begleitete ich ihn von Riederau am Ammersee aus zum Kirchgang nach Diessen. Wir fanden Platz auf der Seitenempore der Barockkirche. Während Gerhard scheinbar aufmerksam dem Gottesdienst folgte und neben mir sein »Gegrüßt seist Du, Maria« betete, niederkniete und mir so versenkt erschien wie nur je ein Ministrant, stieß er mich plötzlich in die Seite. Er deutete begeistert ins Mittelschiff unter uns, bekreuzigte sich mit einem Seitenblick, als der Priester die Monstranz hob und sie den Gläubigen zeigte, sah wieder senkrecht hinunter, machte ein Gesicht wie ein Wiener Hofdichter, dem gerade ein Dragoneroberleutnant ein Duell angetragen hatte, und seufzte so laut, daß man es reihenweit hören konnte: »Schau dir das an. Mensch, hat die einen Busen!« Drunten war in der Tat in sommerlicher Leichtigkeit ein Einblick in ein Dirndl gegeben, wie ihn kein irdisches Mutter-Gottes-Bild eines verliebten Malers hätte inständiger herzeigen können.

Hotop hielt Strauß, das hatte er vor der Wahl auffallend oft erklärt, »für einen ganz normalen Menschen«. Wir sollten den Franz Josef nicht dämonisieren, meinte er, der habe schließlich auch seine menschenfreundlichen Seiten. Er hatte gut reden mit seinem Immer-noch-Vertrauen, in dem sich eine ziemlich heidnische Frömmigkeit und trotzige bayerische Weltzweifel miteinander vermischten. Ich war auch nicht für Aufgeregtheit, doch ich befürchtete einiges vom umgetriebensten Parteivorsitzenden der Bundesrepublik, der an diesem Tag in Bayern Ministerpräsident wurde.

Eine Gefahr besteht immer darin, daß aufeinander reagierende bayerische und norddeutsche Minderwertigkeitskomplexe sich im ausdrücklichen Hochgefühl vorgeblicher Großmächtigkeit zu einer Fusion aus Unverständnis und Unvereinbarkeiten, Haß und Bewunderung steigern und dann nicht nur Saalschlachten stattfinden. Zweifellos hat Strauß ein Organ für abrufbare Gewalt. Weder steht fest, daß er sie skrupellos gebrauchen würde, noch das Gegenteil.

Zwischen Hamburg und München liegt offensichtlich weniger Trennendes als zwischen Mailand und Palermo. Die Entfernungen werden nicht in Kilometern gemessen, sondern in Mentalitäten. Die Folklore ist nicht der Schlüssel zur Einsicht, sie liefert nur Kardiogramme. Darauf versteht sich die CSU.

Lange bevor Strauß eintraf, ordnete sich die Menge. Trachten, Uniformen, schwarze Anzüge, Abendkleider, Gläser vor der Brust, standen verdienstordengeschmückt oder kettenbehangen beieinander und richteten sich unwillkürlich nach dem erwarteten Sieger aus. Alles war Vorlauf, Geplänkel, nichtssagend ohne Strauß. Die Journalisten an den umdrängten Ständen von ARD, ZDF und Bayern III, die Regionalmatadore und Agenturberichterstatter, Hostessen und Damen der Hochfinanz, Landadel und Bürokratiedirektoren, Repräsentanten aus viel Wirtschaft und wenig Kultur, Frischgewählte und Saaldiener, sie alle erlagen mehr oder weniger dem Widerstreit aus Faszination und Abscheu vor einem solchen Spektakel. Dennoch herrschte in den Sälen, in Prunk und Gedränge, im Stimmengewirr und Musikglimmer und der ganzen verrauchten, parfümgesättigten Festlichkeit eine generationenalte Bürgererwartung vor, die dem Triumphator einen Rest von kaiserlicher Ehrung zugestand.

Dann kam er, kam spät wie ein Machthaber, der jedem grollt, der ihm auch nur ein Gramm Abbruch tut. Kam im Bewußtsein der Hochrechnungen, Zorn auf der Stirn. Er drückte die unförmige Gestalt durch die sich teilende Versammlung und ging aufs Fernsehpodium zu. Sofort reagierte er gereizt auf die Journalistenfragen nach drei Prozent Stimmenverlust gegenüber Landesvater Goppel. Millionen beobachteten zu Hause am Fernsehschirm mit unterschiedlichen Gefühlen Abziehbilder einer Unbeherrschtheit, die sich zwanghaft immer wieder ereignete.

CSU 1974 = 62,1 Prozent; 1978 = 59,1 Prozent. Wahrhaftig kein Einbruch, aber ein Denkzettel. Jedes Orakeln über die vierte Partei verbat sich Strauß: »Da ham so viele drüber geredet, da red jetzt i net drüber.« Er stellte auch klar: »Daß ich die Miesmacherei nicht mag.« Er, der Miesmacher von Sonthofen? Es ist immer informativ, einen Großmächtigen aus der Nähe zu erleben. Strauß schien seine Bewunderer zu verachten. Der Sieger wirkte gequält. Die gedrungene Figur da im Mittelpunkt der Wahlnachtfestlichkeit schrumpfte merkwürdig zusammen. Sie weckte plötzlich die Vorstellung, wie es gewesen war, als der Knabe Franz vor einem halben Jahrhundert seinem geistlichen Gönner ministrierte, mitten im Weihrauch.

Jedenfalls bestärkte sich in mir der Eindruck, wie empfindlich er reagiert, sobald es um ihn geht. Hinter der Pose vom starken Mann verbirgt sich eine Mimose. Strauß kann Grobheiten nur austeilen, doch Kritik nicht vertragen. In seiner Nähe weiß man, wie oft er Entscheidungen ausweicht. Aus der Ferne erfährt man, daß er manches beherrschen kann – nur nicht sich. Wieviel mehr sollte sich das 1980 zeigen.

Leere Bänke

Herbert Wehner hat gezürnt. An einem Freitagvormittag, als nur zwanzig Abgeordnete im Plenum waren, hat er die Debatte über den Bericht des Wehrbeauftragten platzen lassen. Es genügte, daß Wehner dem Präsidenten ankündigte, er werde die Beschlußfähigkeit feststellen lassen. Dazu ist die Anwesenheit von mehr als der Hälfte der vierhundertsechsundneunzig stimmberechtigten Bundestagsmitglieder erforderlich.

Recht hatte der alte Ingrimm, daß er eine Fiktion zusammenbrechen ließ, an die das Parlament nicht einmal im Traum heranreichte. Nur, lieber Herbert, laß Blitz und Donner nicht bei den Falschen einschlagen. Nicht bei uns sterblichen MdBs mit Persönlichkeitsspaltung. Halte dich an den Ältestenrat, der seit Jahr und Tag nicht verhindert, daß wir zu jeder Stunde an drei Stellen gleichzeitig präsent sein sollen.

Das Gremium der Ältesten, bestehend aus dem Präsidenten, seinen Stellvertretern und dreiundzwanzig weiteren Bundestagsmitgliedern im Verhältnis zur Stärke der Fraktionen, setzt die Tagesordnung fest. Der Ältestenrat rechnet im Regelfall gar nicht mit der Beteiligung zahlreicher Abgeordneter an den Plenardebatten, sondern läßt zu, daß alle möglichen Verabredungen neben dem Plenum stattfinden, so auch reguläre Ausschußsitzungen. Ein Abgeordneter sollte sich, ginge es nach der Wählermeinung, im Plenum aufhalten. Zur selben Zeit aber schickte ihn die Fraktion gewöhnlich überall im Gelände herum, läßt ihn Besucher empfangen, Arbeitsgruppen abhalten, in Ministerbüros vorsprechen und oft auch durch die Bundesrepublik jetten, um auf Verbandstagungen zu reden und eigene Landtagsfraktionen zu einer Bundesmaßnahme zu vergattern.

Der Verdruß über das leere Plenum wird zu einem Hauptpunkt der Diskussion mit jeder Besuchergruppe, die aus dem Wahlkreis auf Einladung ihres Abgeordneten anrückt und wissen will, warum die Bundestagsmitglieder ihr Mandat scheinbar so pflichtvergessen ausüben. Das freilich läßt sich erklären.

Das Thema, warum der Plenarablauf so und nicht anders vor sich geht, wäre als Gegenstand öffentlicher Entrüstung erledigt, wenn die Journalisten des Fernsehens ebenso oft, wie sie leere MdB-Bänke vorzeigten, ihre leere Pressetribüne filmten. Sie machen es wie die Abgeordneten: sie haben Wichtigeres zu tun. Sternstunden und große Entscheidungen sind im Bundestag selten. Der Alltag ist so grau, wie es sich für den Maßanzug eines Aufsteigers gehört. Sage mir einer einen immerzu farbigen Beruf.

Wöchentlich bis zu zwanzig Stunden auf dem namentlich reservierten, ausgelosten Platz im Plenum zu verbringen, wie viele Bundesbürger es erwarten, ohne sich die Konsequenz der Arbeitsunfähigkeit der Abgeordneten zum Beispiel für den Wahlkreis klarzumachen, ist unintelligent. Niemand tut das, außer er verbindet damit eine Demonstration wie Her-

bert Wehner, der auf seinem Sitz in der ersten Reihe zum Denkmal wird.
Im übrigen haben Vorschläge in der Fraktion, Dreiergruppen zu bilden und einander im Plenum abzulösen, wenig Zustimmung gefunden. Die meisten gehen die Wege, die ihnen dringender erscheinen, und verlassen sich auf die Präsenz anderer sowie auf das Warnsystem der Fraktion.
Hat man im eigenen Fachgebiet die erste Lesung eines Gesetzentwurfs laut Tagesordnung des Plenums zu bestehen, befinden sich in der Regel auch nur dreißig Abgeordnete im Saal. Acht von zehn Punkten werden spannungslos abgehandelt, wenn es überhaupt eine Debatte darüber gibt und die Vorlage nicht wortlos an die Ausschüsse überwiesen wird.
Die Unehrlichkeit besteht darin, daß eine Geschäftsordnung aufrecht erhalten wird, die nur so lange funktioniert, wie nicht fünf Abgeordnete anzweifeln, daß die Versammlung beschlußfähig ist. Sie ist es fast nie, beschließt aber eifrig – und zwar auf Grund einer schweigenden Übereinkunft.
Was den Freitag als Sitzungstag anbelangt, sollten jene, die aller Fraktionen älteste Räte sind, endlich von der öffentlichen Schummelei herunterkommen. Entweder können freitags ernsthafte Versammlungen des Bundestags mit belastbarer Tagesordnung stattfinden, oder das Präsidium muß die Abgeordneten in die Wahlkreise entlassen, wo der Freitagabend in aller Regel ein geforderter Veranstaltungstermin für einen Rechenschaftsbericht aus Bonn ist. Beides auf einmal können nur Wundertäter schaffen oder die wenigen sonst nicht beneidenswerten Kollegen, die rings um die einst provisorisch gedachte Hauptstadt ihre politische Herkunft haben. Die anderen hängen zwischen Bonn und München, Hamburg oder Nürnberg buchstäblich in der Luft, werden an Flugplätzen im Wagen abgeholt oder brausen in Intercity-Zügen durch die Freitagmittagsrepublik, die voll ist von heimkehrenden Berufswöchnern. Aus dem Plenum, o

Schande, haben sie sich verflüchtigt, doch am politischen Zielort sind sie deswegen noch lange nicht. Dort aber warten gestrenge Delegierte als Wächter der Basistreue und weisen mit dem Zeigefinger gnadenlos auf den Lokalzeittakt, wenn »unser Mann in Bonn« endlich angehechelt kommt, immer verspätet – hier wie dort.

Wenn im Plenarsaal das Auge über die leeren Bänke schwenkt, stellt sich unwillkürlich ein schlechtes Gewissen ein. Viele Parlamentarier schwanken zwischen Zorn auf das Unabänderliche, Schuldbewußtsein oder Gleichgültigkeit. Denn unausrottbar behalten Wähler wie Gewählte eine Grundvorstellung im Hinterkopf: daß nämlich im Plenum ernsthaft um unterschiedliche Auffassungen gerungen wird und die Reden die anschließende Abstimmung tatsächlich beeinflussen. In Wirklichkeit ist alles festgeklopft – Meinungen aus Beton.

So hat denn Herbert Wehner oft ziemlich allein in der Bank vor dem Stenografentisch gesessen, ein Scherenschnitt vor der Wand mit dem Bundesadler, der sechzehn graue Schwingen und die goldgefärbten Krallen spreizt. Zur Linken der Präsidentenempore hängt reglos die Fahne Schwarz-Rot-Gold, umrahmt von goldfarbenen Eichenblättern auf hellgrauem Grund.

Eine Generation lang hat die zweite deutsche Demokratie hier Parlamentsgeschichte vollzogen. Sternstunden haben sich im Plenarsaal ereignet, unendlich viel Dürftigkeit. Meist häckselt die Wortfabrik ihren Ausstoß ins Leere. Nirgends werden mehr Sinnlosigkeiten gesagt und auch noch für die Archive aufgezeichnet. Kaum irgendwo anders aber ballen sich auch Hoffnungen und Befürchtungen der Menschen so konfliktbesessen zusammen, denn natürlich gibt es Augenblicke, in denen die Vertreter des Volks wahrhaftig über Wohl oder Wehe der Bevölkerung entscheiden.

Die Leidenschaft der Parlamentarier gilt nicht der Regel,

sondern der Ausnahme, die eintritt, wenn das Plenum gefüllt ist und die Abgeordneten aller Fraktionen wie die Zuschauer auf der Tribüne die Titelkämpfe der Tribunen verfolgen. Dann läuft eine mächtige Identifizierung durch die Reihen, sie spaltet die Lager. Polemik oder Staatsmannsgesten zünden. Kraftübertragung ist das Prinzip. Live schauen Arbeiter, Verkäuferinnen, Taxifahrer, Familien in der Mittagspause an ihren Geräten zu, wenn Kanzler und Oppositionsführer und die Fraktionsvorsitzenden, umprasselt von Anfeuerung oder Abscheurufen, die Redeschlacht austragen.

Humanisierung einer Betriebsversammlung

Alles begann damit, daß ein Funktionär der Gewerkschaft Handel, Banken, Versicherungen (HBV) aus Augsburg anrief, einen unverständlichen Namen raunzte, mich mit Kollegen-Du anredete und vorschlug: »Hast du am 27. Oktober abends Zeit? Da kommen im Kemptener Kornhaus tausend Leute zusammen. Das tut dir doch gut, wenn du dort als Allgäuer Abgeordneter reden kannst.«
»Tausend Leute gehen da nicht rein«, sagte ich. »Ich kenne das Kornhaus.«
»Dann eben ein paar Hundert weniger. Eine Menge ist das immer noch«, beschied mich der Gewerkschaftler. »Alles weitere hörst du noch.« Schon hatte er aufgelegt, ehe ich ein bißchen zu meiner Orientierung erfragen konnte.
Als zwei Tage vor dem Termin immer noch keine Bestätigung aus Augsburg eintraf, telefonierte Barbara das Telefon heiß. Aus Bonn hallten Zwischenbescheide an mein Ohr am Münchner Apparat, während ich mit Tonbändern und unerledigten Postmappen rang.

»Die wissen wohl selber nicht, was sie wollen«, meinte Barbara. »Aber ich geb dir mal die Nummer.«
Endlich brachte ich heraus, daß es sich um die Betriebsversammlung der Feneberg Lebensmittel GmbH und Kaufmarkt Feneberg GmbH u. Co. KG handelte, und zwar um die erste Zusammenkunft der Gesamtbelegschaft aller Allgäuer Feneberg-Betriebe seit dem rund dreißigjährigen Bestehen der Firma.
Also Treffen mit dem Betriebsrat, zwei Stunden vor Beginn. Routinefragen. Ich sollte das Hauptreferat halten, etwa eine halbe Stunde. Thema: Humanisierung der Arbeitswelt. Im Stiftsrestaurant gegenüber dem Kornhaus steckten wir die Köpfe zusammen. Da gab es die erste Überraschung. Der Betriebsratsvorsitzende in diesem patriarchalischen Unternehmen, das seit dem Tod des Gründers von den Brüdern Hans und Peter Feneberg als einzigen Gesellschaftern der Familien-GmbH geleitet wird, war Mitglied der DKP und hatte von seinem Chef sogar erst vor kurzem eine Spende zum Landtagswahlkampf erhalten. Er hieß Rebert und war ein feingeschnitzter, zäh und langsam argumentierender Mann, der auf der heutigen Versammlung in den Ruhestand verabschiedet werden sollte.
»Was sind Ihre dicksten Probleme im Betrieb?« fragte ich.
Er sah mich sinnend an mit etwas schräggelegtem Kopf und einem Blick, als schätze er das Lebendgewicht und die verwertbare Fleischmenge eines Rinds auf der Auktion in der Allgäuhalle. Es lag keine Unfreundlichkeit in diesem nüchternen Abschätzen, nur eine ungeheure Distanz.
»Es gibt in der Branche einen barbarischen Konkurrenzkampf«, sagte er. »Wenn Sie mich fragen, der Einzelhandel mit Lebensmitteln hat zwei Millionen Quadratmeter zuviel Verkaufsfläche in Supermärkten. In der ganzen Bundesrepublik wirkt sich das bei den Löhnen aus, bei uns erst recht. Besonders die versteckten Leichtlohngruppen für Frauen be-

kommen wir nicht weg. Eine Anfängerin verdient 6,45 Mark als Bruttostundenlohn, und was etwa Kassiererinnen in Stoßzeiten zu leisten haben, grenzt an Maschinensklaverei.«
Fünfundsechzig Prozent der bald eintausendsechshundert Beschäftigten waren Frauen, die meisten arbeiteten zu Teilzeitbedingungen. Zur Feneberg-Gruppe gehörten fünfzig Betriebsstätten, darunter sechs Kaufmärkte, ein Fleischwerk und die Zentralverwaltung. Es gab in dem Unternehmen, dem größten seiner Branche im Allgäu, nur vierzig ausländische Arbeitnehmer, aber einhundertneunundfünfzig Auszubildende. Etwa zwei Drittel der Belegschaft hatten den Status von Angestellten, ein Drittel galt als Arbeiter. Zwei Gewerkschaften, die HBV im DGB und die DAG, lagen denn auch miteinander im Streit um die Gunst der Feneberg-Mitarbeiter. Die Konkurrenz wurde auch an diesem Abend durch zwei Redner, die jeder für die eigene Organisation warben, zum Schaden der Gemeinschaft ausgetragen. Im Betriebsrat, berichtete Rebert, stand es gegenwärtig so: neun Vertreter der HBV, fünf DAG-Angehörige, ein Nichtorganisierter.
Röntgenaufnahme eines Unternehmens, das auf das Allgäu zugeschnitten ist wie Wiesen auf die Kulturlandschaft, Maulwurfshügel eingeschlossen. Nein, dieser Betriebsratsvorsitzende, so kritisch er persönlich dachte, hatte von keinen schweren Auseinandersetzungen mit der Geschäftsleitung zu erzählen. Die Leute verhielten sich folgsam und verschluckten ihren Widerspruch. Im Grunde lieferten sie zur Ware die Arbeit genau, wie es von den Inhabern erwartet wurde, nämlich als hätten sie alle Römer 13, Vers 1 für ein ganzes Leben beherzigt: *Jedermann sei unterthan der Obrigkeit, die Gewalt über ihn hat.* Im Betrieb wie in der Kirche wie im Staat herrschten klare Abhängigkeiten. Generationen vor ihnen hatten die Erfahrung gemacht, daß es sich nicht lohnte, sondern nur Schwierigkeiten brachte, wenn man dagegen auf-

muckte. Sie begriffen, daß sich daran nicht viel geändert hatte. Im übrigen gab es den Blitzableiter für Verdruß, den die Besitzenden und Herrschenden in Bayern mit katholischer Menschenkenntnis immer schon im Umgang mit denen da unten zum Gebrauch empfohlen hatten: die kleine Grantelfreiheit, mit der die Unterwerfung unter die drei Obrigkeiten Wirtschaft, Kirche und Staatsregierung verbrämt wird, als handele es sich um Liberalität.
Hinzu kam allumfassend und allerhaltend die Folklore, weißblau und posaunenschallend, bierdunstig und trachtengewandet, *mir san mir.* Als ich bald darauf die Brüder Feneberg im Kornhaussaal kennenlernte, erlebte ich einmal mehr das scheinbar sanfte Autoritätsprinzip, abgemildert durch Volkstümlichkeit. Auch diese beiden Allgäuer Unternehmer verstanden sich auf die Fähigkeit, das Dasein der Vielen, die von ihnen abhängig sind, so nachhaltig mit bayerisch-schwäbischen Ingredienzen zu würzen, bis es vordergründig nicht mehr als bitter, vielmehr als Ausdruck und Regel einer feststehenden Weltordnung empfunden wurde. Dabei mutete man den rund siebenhundert im Kornhaus Versammelten eine Menge zu.
Sie waren aus Lindau oder Oberstdorf, aus Memmingen, Leutkirch und Marktoberdorf hierher gefahren, in Bussen oder Privatwagen, nach einem Arbeitstag, der für die meisten von ihnen mit dem Aufstehen vor sechs Uhr in der Frühe begonnen hatte und morgen, am Samstag, nach dieser Betriebsversammlung bis Mitternacht ebenso beginnen würde. Jetzt servierte man ihnen Bier, Würste mit Kartoffelsalat auf Papptellern und Reden über Reden. Woher nahmen sie die Geduld, zuzuhören oder wenigstens zu schweigen?
Hans und Peter Feneberg, beide in den Vierzigern, waren Chefs von sportlichen Graden: Drachenflieger, Skiläufer, Bergsteiger. Sie waren entsprechend wettergegerbt, zum Lachen begabt und in ihren privaten Ansprüchen offenbar in

mancher Beziehung anspruchslos bis zur Kargheit. Jedenfalls sahen sie aus, als könnten sie notfalls bei Unwetter in einer Hütte außergewöhnlich lange mit einer Eisernen Ration überdauern. Hans, der Ältere, dunkler und schwerblütiger, war für die Verwaltung verantwortlich, Peter, der Jüngere, blond und jedermann beinahe übermütig zugewandt, befehligte die Betriebe. Zwei Männer, die für die Firma lebten und den Familien, die sie um sich geschart hatten, keine Wahl ließen, als sich daran zu beteiligen.

»Haben Sie nie daran gedacht«, fragte ich im Scherz, »daß Ihr Betriebsratsvorsitzender nach der herrschenden Meinung dem Extremistenbeschluß unterliegen könnte?«

Hans Feneberg antwortete: »Der nicht. Der könnte auch der Lehrer meiner Kinder sein. Den kenne ich von Grund auf und lege meine Hand für ihn ins Feuer.«

Rebert saß dabei und brummte etwas Unverständliches in sich hinein, das aber behaglich klang. Der Ausdruck einer leichten Befriedigung huschte über das Gesicht dieses Menschen, der sich ansonsten, da im Reden auf Versammlungen offensichtlich ungeübt, angestrengt auf den Augenblick konzentrierte, zu dem er das Wort ergreifen mußte. Seine Lippen schienen zu zählen. Dann ging er hinauf und gab vom Podium den angekündigten Bericht.

Eine Diskussion fand nicht statt. Die folgende Rechenschaftslegung, die Hans Feneberg für die Firmenleitung vornahm, blieb auf hausväterische Weise fraglos, sie wurde geglaubt. Er sprach als Sohn des Gründervaters, gedachte des Toten, des Seniorchefs, sprach selber schon als Übervater, der nun alle Verantwortung übernommen hatte, von weit oben her, nahbar, unnahbar, ein charmanter Boß. So und nicht anders wollte die Mehrheit der Anwesenden ihn erleben, denn er bestätigte in einem fort, daß alles so bleiben werde, wie es immer gewesen sei.

»Mit Gewerkschaftsarbeit«, erklärte mir Rebert unterdessen, »ist in dem Betrieb nicht viel auszurichten. Vor allem die Frauen mit Halbtagsarbeit haben daran kaum ein Interesse. Sie verdienen oft nur für eine Weile etwas dazu, fürs Auto, für den Urlaub, für die Pause zwischen den Kindern. Organisieren kann man sie nur zu einem Bruchteil. Sie laufen alle durcheinander, denken ans Private und nehmen, was sie kriegen.«

In diesem Augenblick brandete Beifall auf. Hans Feneberg erhielt ihn für die Bekanntgabe von fünf Prozent mehr Weihnachtsgratifikation als im vergangenen Jahr. Er sagte auch: »Wenn ich Sie wäre, wäre ich froh, Feneberg-Mitarbeiter zu sein.«

Er meinte das auch so. Niemand begehrte auf. Im Gegenteil, Vertrauen strömte ihm zu. Ein Prozent Umsatzrendite vor Steuern hatte der Betrieb auf etwa zwei Prozent heraufgewirtschaftet und lag damit beinahe doppelt so hoch wie das Branchenübliche. Allen leuchtete ein, was für ein hartes Geschäft das war. Da brauchte man, dachten die meisten, Männer wie die Fenebergs.

In diesem Klima aus Geduld, ja Ergebenheit hatte sich denn auch der aus Altersgründen scheidende Betriebsratsvorsitzende, der unverdrossene Allgäuer Kommunist, vom Pult herab mit den Worten verabschiedet: »Beneiden Sie mich bitte nicht um das Vergnügen, nicht mehr arbeiten zu müssen, sondern freuen Sie sich, daß Sie noch jünger sind.«

Dann redeten sie alle, der Geschäftsführer, der Sprecher der Gewerkschaft Handel, Banken und Versicherungen und das aus Hamburg angereiste Vorstandsmitglied der Angestelltengewerkschaft. Die Stunden krochen zäh dahin. Ich wunderte mich über soviel Gutwilligkeit im Publikum, das immer noch schweigend ausharrte.

Endlich um 22.03 Uhr – ich blickte aufs Handgelenk – kündigte Versammlungsleiter Rebert das Hauptreferat des Bundestagsabgeordneten als etwas Besonderes an. Meine Stichworte zum Referat »Humanisierung der Arbeitswelt« ließ ich in der Jacke stecken. Ich schaute mich um unter Hunderten, die ermüdet waren und allenfalls noch bereit, mit dem Nachbarn zu reden. All diese aufgerissenen, mit Reden eingedeckten, immer noch durstigen und durch soviel Frontalansprache beklommenen Gesichter schienen eine Demütigung durch weiteres Auf-sie-Einsprechen nicht mehr auszuhalten.

Also hörte ich mich sagen: »Mein Eindruck ist der, daß hier mindestens ein Redner zuviel vorgesehen ist, und das bin ich. Ich schätze die Lage so ein, daß ich zur Humanisierung dieses Abends, der Ihr Abend sein sollte, nur noch dadurch beitragen kann, daß ich nicht rede, sondern Ihnen einen angenehmen Rest des Feierabends wünsche.«

Die Versammlung atmete so hörbar auf, daß das Verdutztsein meines Augsburger Gewerkschafters, der mir das Referat zugeschanzt hatte, anderntags bei seiner Erkundigung wenig dagegen wog. Er stellte nur fest: »Du hast also keinen Punkt gemacht.«

Illerparadies

Zwischen Lauben und Dietmannsried nahe bei Kempten trafen sich fünfundvierzig Ortsvereinsvorsitzende und Kassierer der Allgäuer SPD in der Gaststätte »Illerparadies«. Das Haus liegt außerhalb einer Ortschaft an der kurvenreichen, von Birken umstandenen Straße. Die Sozialdemokraten veranstalteten ein Tagesseminar, das den Landtagswahlkampf aufarbeiten und die nächsten Initiativen unserer Minderheit in der Region beschließen sollte.

Draußen nistete, während wir drinnen in dem holzgetäfelten Gastzimmer tagten, ein birkenflammender Herbst. Das Licht des makellosen Tages fiel durch die Gitterfenster in

unsere verräucherte Runde und stimmte uns aufsässig gegen die selbstverordnete Klausur. Die Sonne zu versäumen, war nach dem triefenden Sommer der Strafe wert.
Es beriet sich die engere Mannschaft der Sozialdemokraten aus beiden Allgäuer Bundeswahlkreisen, die ich zu betreuen hatte. Denn der ans Oberallgäu angrenzende Wahlkreis Kaufbeuren-Memmingen, das Unterallgäu und Ostallgäu, hatte seit Bestehen der Bundesrepublik noch nie ein sozialdemokratisches Bundestagsmitglied über die Landesliste erworben. Hans-August Lücker von der CSU, der seinen Wohnsitz in München hatte und mehr im europäischen Parlament als im Allgäu vorhanden war, konnte es sich leisten, sein Wahlkreisrevier zu vernachlässigen: Seine Partei wird so sicher von der Mehrheit gewählt, wie das Vaterunser zur Kirche gehört.
So erstreckte sich mein Arbeitsgebiet als Mandatsträger vom bayerischen Zwickel am Bodensee mit Nonnenhorn, Wasserburg und Lindau bis nach Füssen und Schwangau der Breite und von Oberstdorf bis nach Buchloe und Bad Wörishofen der Länge nach. Das waren rund hundert mal hundert Kilometer gleich dreißigtausend gefahrene Autokilometer im Jahr.
Es gibt in der Gegend wenige Rathäuser, die ich nicht von innen kenne. Oft sind sie alt wie Barockkirchen, holzverschalt und trachtenbemalt. Immer wenn ich durch das Allgäu fahre, fahren Erinnerungen an unzählige Zusammentreffen mit, an Arbeitsbesuche und Einweihungen, Frühschoppen und Abendversammlungen, an kläglich besuchte und an manchen Andrang. Erinnerungen an Heiteres und Trauriges, Lebendige und Tote, an Höhepunkte und Niederlagen und alle Personifizierungen der Politik in der Provinz.
Besonders kenne ich die Häuser, in denen Sozialdemokraten wohnen. An wievielen Tischen hinter jenen Vorderansichten von Reihenhäusern und Wohnblöcken habe ich gesessen, wo

Zuneigung sich in Brotzeiten ausdrückte und Kinder zutraulich wurden, wenn der Vater mich heimbrachte. Unter wieviel frischbezogenen Bettdecken habe ich als Privatgast übernachtet, während Familien zusammenrückten, an wievielen Orten im Wahlkampf das Hemd gewechselt und vor der nächsten Versammlung bei einem Genossen zu Hause geduscht. Immer wollten sie mich vollstopfen mit einem Schnitzel oder Wurstbroten: *Damit du nicht vom Fleisch fällst.* Meine Allgäuer Landkarte ist von Gedächtnispunkten an solche Zuwendung übersät.

Meist lag das Land, durch das ich als Fliegender Allgäuer brauste, unter bleiernen Wolken naßgrün und fichtenschwarz um die Dörfer. Die Berge wurden von Regenschwaden geköpft. Manchmal aber leuchtete es wie an diesem Tag, bevorzugt im Herbst. Dann flutete ein einziges bahnbrechendes Licht durch die Täler. Überall Fensterglitzern und Luftschwirren, das Licht schien zu lärmen. Die Schatten, aus denen die Menschen in die Helle traten, waren scharf wie Torfabstiche. Bilderbuch-Festlichkeit breitete sich aus.

Die Teilnehmer im »Illerparadies« waren Mitstreiter seit vielen Jahren, Allgäuer Sozialdemokraten ohne Furcht und Tadel. Kaum einer von ihnen, Männer wie Frauen, konnte sich einen persönlichen Vorteil durch die politische Arbeit erwarten. Eher trat das Gegenteil ein. Denn in Nachbarschaft und Beruf wurde die Zugehörigkeit zur CSU weit anders honoriert. Es herrschte die Anschauung vor: Wer normal ist, wählt schwarz. Über die Sozialdemokraten dachten viele wie jener Miesbacher Landrat, der die kürzeste Verleumdungsformel gefunden hatte: »Sozi hoaß'ns, Kommunisten sans.«

Es gibt Dörfer, in denen kaum eine Stimme für die bayerische SPD abgegeben wird. Schert einmal einer aus und macht sein Kreuz bei den Roten, bringt man irgendwie heraus, wer es gewesen ist – der hat dann nichts zu lachen, weder am Stammtisch noch im Umkreis des Pfarrhofs. Einmal hat mir der Pächter einer Wäscherei versichert, in der Stadt wäre er längst Mitglied der SPD geworden, auf seinem Dorf aber könne er sich das nicht leisten. Sonst könne er auch gleich das Geschäft zumachen. Wirtschaftliche Abhängigkeit hält die Übung der Mitläufer in Gang wie zu jeder Zeit.

In den Städten und in ihrem Einzugsgebiet freilich verhält es sich auch im Allgäu anders. Da gibt es große Betriebe und eine gestandene Arbeitnehmerschaft. Bundesweit verzweigte Konzerne, ja interkontinentale Multis haben in den Jahren des Arbeitskräftemangels Fabriken hierher verlegt. Den Anreiz boten nicht zuletzt die seinerzeit noch preiswerten Industriebauflächen und die billigen Löhne. So warten Siemens und Bosch, Unilever und die Oetker-Gruppe, Liebherr und AEG mit Werken im Allgäu auf. Die Strumpffabriken Kunert und Ergee beschäftigen an verschiedenen Orten insgesamt Tausende. Kraft und Hochland, Champignon und Edelweiß sind die führenden Käsewerke. Es gibt Tuchfabriken, Maschinenfabriken, Baustoffindustrie und Tiefbau-Großunternehmen, Verpackungsfirmen und beschützende Werkstätten für Behinderte. Es gibt eine vielzählige mittelständische Wirtschaft. Hier beginnt die Domäne der CSU. Im Handwerk, in den öffentlichen Diensten, im Fremdenverkehr und der Agrarwirtschaft wird sie triumphal. Nicht zuletzt gibt es unter den Stabsoffizieren der Bundeswehr in den Kasernen in Sonthofen und Kempten, Füssen und Kaufbeuren Platzhalter des Rechtskonservatismus.

In den Einzugsbereichen der Industrie allerdings behaupten sich seit vier Generationen Sozialdemokratie und Arbeiterbewegung durch Vieltausende von Mitgliedern und auch stillen Gefolgsleuten. Da gibt es Altsozialisten, denen Jungsozialisten nichts vormachen können. Nicht wenige sind durch die Völkerwanderung von 1945 aus Ostpreußen und

Schlesien, aus Siebenbürgen oder der Tschechoslowakei hierher verschlagen worden. Sie sind alte Mehrheitssozialdemokraten, kennen keine andere Lebensregel, sprechen immer noch rollend, breit, mit gemächlich hingelagerten Vokalen und lernen Allgäuerisch auch nicht von ihren Kindern. Hinzu kommen fünfzehntausend ausländische Arbeitnehmer, voran Türken. Auch in Dorfschulen entdeckt man Mittelmeergesichter. Haben vor zweitausend Jahren römische Legionäre rings um ihr Cambodunum, das heutige Kempten, ihre animalische Spur hinterlassen, finden heute mitten im Allgäu die entlegensten Hochzeiten statt. Koreanische Krankenschwestern, indische Studenten, griechische Nachfahren von Seeräubern sind bis in Hochtäler vorgedrungen, in denen niemals aufgezeichnete rätoromanische und alemannische Sprachvarianten gesprochen werden. Zu alldem ist das Allgäu ein Altersheim, in dem Bundesbürger von überallher ihr Domizil errichten, und ein hundertfältiger Kurort für Europäer wie Weltbürger.

Jetzt schauten mich vertraute Gesichter an, während ich den Bericht aus Bonn gab, der jedesmal erwartet wurde. Wie sie mich ansahen, jung, alt und meine Generation, nur wenige Frauen darunter, wache Augen von links und rechts und aus der Tiefe des Raumes, lag plötzlich etwas Besitzergreifendes darin. Es teilte sich mir mit wie eine körperliche Forderung. Sie hielten, mühsam genug, die Partei in der Region zusammen. Mit den meisten von ihnen hatte ich in Wahlkämpfen auf Straßen und Plätzen gestanden. Wir hatten unsere Stimmen mit Lautsprechern vervielfacht. Vor dem Lärm, den wir mit unserem Autokorso, mit Blasmusik vom Tonband und Standardsprüchen machten, hatte mancher Dorfbewohner die Fensterläden zugeschlagen.

Ich blickte in die Runde und zählte diejenigen, mit denen mich etwas wie Freundschaft verband – zugegeben: zunächst war es nur die politische Zweckfreundschaft gewesen, die alle anwenden, die in einer Partei vorankommen wollen; aber im Lauf der Jahre, im wechselseitigen Erfahren der persönlichen Stärken und Schwächen, zudem durch eine Art von Anhänglichkeit vieler, die mich ermutigte, aber mir auch zu schaffen machte, war in nicht wenigen Fällen mehr daraus geworden. Es war eine freundschaftliche Zusammengehörigkeit, die mich manchmal beschämte, denn ich hatte deutlich stellvertretende Funktion. Durch mich fühlten sich viele von ihnen ein Stück beteiligt an Vorgängen, die sie immer noch überschätzten. Durch mich, meinten sie, hatten sie eine Verbindung zu dem, was sie sich als große Politik vorstellten. Ich war ein Ableger des Allgäu in Bonn, ein Zwischengänger zur Spitze von Partei und Fraktion, einer, der Schmidt, Brandt und Wehner die Hand gab – eine Berührungshand, greifbar an der Basis: sie streckte sich dahin, wo nach allgemeinem Verständnis oben war. Dafür wurde ich festgehalten und vereinnahmt hier in der Runde.

Während wir uns miteinander auch diesmal um den Zustand der Partei sorgten, mehr noch um die Bürger, die uns wählten oder nicht, während soviel Mühe, Zutrauen, Hoffnung, aber auch Kleinmut den Raum füllten, daß sozialdemokratischer Stallgeruch sich ausbreitete und etwas wie Behagen aneinander aufkam, beobachtete ich Marlen, die schmal und zurückgelehnt an der Rückwand des Lokals saß, einen Underberg trank und meiner Berufsausübung gutwillig folgte. Die Genossen mochten es, wenn sie dabei war. Sie gab sich dann Mühe, nicht distanziert zu wirken. Oft gelang ihr das auch, obwohl sie nicht im Traum daran dachte, Mitglied der SPD zu werden. 1972, als ich zum erstenmal kandidierte, hatte sie es mit der FDP gehalten. An diesem Tag hatte ich den Eindruck, sie interessierte sich tatsächlich für das, was hier vorging. Zwischendurch blickten wir einer den anderen an. Es spannte sich ein Bogen des Umeinanderwissens über all die Köpfe hinweg. Wieder erinnerte mich ihr Gesicht an eine bestimmte Fotografie von Virginia Woolf. Ich dachte daran, daß wir manchmal, wenn ich im Fernsehen zu tun hatte, ein bestimmtes Grienen verabredet hatten, mit dem ich ihr zu Hause, falls sie vor dem Bildschirm saß, ein Zeichen gab. Ich schnitt die kleine Grimasse auch jetzt. Sie lachte. Hinter den Fenstern leuchtete der Birkenherbst.

Dann kam die Frage der Fragen auf mich zu. Ob ich 1980 erneut zum Bundestag kandidieren wolle? Sie rechneten in der Mehrzahl fest damit, wollten eine Bestätigung mit nach Hause nehmen, etwas Gewisses. Die Frage wurde weitergereicht durch die Reihen der Zuständigen, sie wurde zum Appell. Gewiß war ich darauf vorbereitet. Aber in mir drängten sich vielerlei Gewichte für oder gegen die Entscheidung, die ich endgültig und dann auch öffentlich erst vor der parlamentarischen Sommerpause 1979 treffen wollte. In mir gab es wachsende Vorbehalte, Zweifel, ein mit Marlen im Griechenlandsommer erwogenes Zögern, das nur mit uns beiden zu tun hatte, dazu eine politische Motivation, die sich immer stärker auf Widerspruch zur Bonner Fraktionsmehrheit einließ. Ich konnte und wollte darüber jetzt nicht sprechen. Es war zu früh für einen Entschluß von letzter Konsequenz. Ich wollte mir den Zeitpunkt von niemandem, durch kein Gremium aufzwingen lassen, sondern ihn nach reiflicher Überlegung bestimmen. Zur Abwägung gehörte unter anderem dies: Vor einem Jahr hatte Willy Brandt nach der Abstimmung über das Kontaktsperregesetz den drei anderen und mir vor dem Fraktionsvorstand nahegelegt, das Mandat zurückzugeben, falls weitere Abstimmungskontroversen bis ins Bundestagsplenum anders nicht auszuschließen seien. Inzwischen aber war in der Partei auf Grund der Situation vielerlei geschehen. Wer sich auskannte, wußte mit Sicherheit, daß gerade die Nein-Stimmen in zugespitzter Lage für das Selbstbewußtsein des kritischen Teils der Basis Bedeutung hatten und daß deswegen von dort eine auch für die

Sozialdemokraten im Bundeskabinett nicht zu übersehende Unterstützung für die Ja-Verweigerer gekommen war. Jedenfalls antwortete ich diesmal ausweichend: »Wenn ich die Diskussion im Unterbezirk Allgäu nach meinem zweimaligen Nein gegen sogenannte Anti-Terrorismus-Gesetze richtig deute, bin ich für die Wiederaufstellung im Bundeswahlkreis 242 und auch für die Absicherung auf der Landesliste gegenwärtig deutlich mehrheitsfähig. Alles übrige entscheiden übers Jahr die Delegierten.«
Einer wollte wissen, was es mit den Gerüchten auf sich habe, daß ich den Wahlkreis wechseln und eventuell in München um eine Kandidatur antreten wolle. Ich hatte davon auch erst unlängst erfahren. Es gibt keine undurchsichtigere Gerüchteküche als die, in der Personalentscheidungen in Parteien gebraut werden.
»Das gewiß nicht«, erklärte ich. »Ich bin Abgeordneter für das Allgäu – nur darum geht die Entscheidung.«
Das hatten sie hören wollen. Eine große Zahl der Delegierten, hieß es in der Runde, stehe auf meiner Seite, darauf könne ich bauen. Freute ich mich darüber? Auf der Rückfahrt nach Eckarts sprachen Marlen und ich über die Grenzen der Pflicht und das Recht auf persönliche Entscheidung. Ich wußte: So oder so – Darinbleiben oder Hinausgehen – wurde es eine Probe auf die Substanz des Handelns. Es war unmöglich, es in beide Richtungen recht zu machen. Genau so wie es unmöglich ist, in die Politik zu gehen und schuldlos wieder herauszukommen. Alles spitzte sich zu auf das Ja oder Nein. Ich spürte, wie ich mich veränderte.

Politikerehe

Der Herbst brannte in den Baumkronen. Marlen und ich fuhren von Eckarts nach München, von unserer Wohnung zu unserem Haus. Da wir Zeit hatten, nahm ich die direkte, aber langsamere Strecke über Wertach, Nesselwang, Roßhaupten, Lechbruck und Weilheim. Auf leeren Straßen rollten wir durch unsere Landschaft.

Es blieb merkwürdig, eine Gegend zum Arbeitsfeld zu haben, die für die meisten, die sie von kurzen Aufenthalten kennen, als der Inbegriff einer Urlaubsregion gilt. Ende der Nachsaison. Schnee auf den Zweitausendern kündigte den Winter an. Im Voralpenland aber grasten noch Rinderherden im verspätet sommerwarmen Licht – Freßtiere, Wiederkäuer, träge im Föhn. Auf den gelben, roßbraunen und buchenroten Hügelketten standen die Kühe als Silhouetten wie aufrecht verwehtes Laub gegen den wasserblauen Himmel.

Im Radio eine Flötensonate von Händel. Der Motor lief leise. Zwischen uns war die ruhige Nähe, die wir oft beieinander empfinden. Sie war angefüllt mit allem, was uns seit langem bewegte. Szenen unserer Ehe begleiteten unsere Vorstellung von dem, was uns gemeinsam war und was jeden einzeln ausmachte. All die Schichten des Wahrnehmens und Erinnerns, das Wissen von dir und von mir aus mehr als dreieinhalb Jahrzehnten. Ja, wir waren fünfzehn, als wir einander kennenlernten, mitten im Krieg, in einer der letzten Tanzstunden, die damals noch gegen die Eisernen Kreuze über den Gefallenenanzeigen in der Braunschweiger Zeitung anzukommen versuchten. Später starben so viele, daß die Inserate Totenlisten wichen.

Es war ein Doppellebenslauf mit unerwartet wechselvollen Stationen daraus geworden. Kinder in der Diktatur, junge Erwachsene in der Nachkriegszeit und das Älterwerden im Frieden. Zu Anfang war es das Bewußtsein einer großen Zeit gewesen, das man uns einbläuen wollte. Wir hätten sie uns damals schon kleiner gewünscht. Der Reihe nach trugen wir die Uniformen des Dritten Reichs, in denen man die Kriegsjugend aufs Schafott schickte. Für immer blieben wir die Überlebenden hingerichteter Jahrgänge. Sie war Kameradschaftsälteste, so hieß das, Horcherin in einer Flakstellung in Hannover, ich Seekadett auf dem Kreuzer »Leipzig«. Als ich ein Vierteljahr vor Kriegsende auf der Marinekriegsschule in Mürwik wegen Äußerungen, die als wehrkraftzersetzend galten, degradiert und hinter Schloß und Riegel gesperrt wurde, schlug sie sich unter Tieffliegern in halbzerschossenen Zügen zu mir durch. Wir waren achtzehn und wußten mehr vom Sterben, als zum Leben gut war. Seit damals hatte festgestanden, daß es – wenn wir überlebten – nur eine Frage kurzer Zeit war, bis wir immer zusammenblieben. Wir fingen in Trümmern an. Unseren heutigen Lebensrahmen hätten wir uns beileibe nicht ausmalen können.

So lebt sie neben mir, ist damals wie heute dringender in meinem Dasein vorhanden als irgendein anderer Mensch. Marlen, meine unbedingte Frau, schmal und gerade, norddeutsch, verwurzelt im Weserbergland und in Niedersachsen, verpflanzt nach Süddeutschland. Im Schweren wie im Übermut besitzt sie diese nur ihr gehörende Heftigkeit im Erleben, mit der sie Menschen und Dinge genau nimmt. Sie ist die Unruhe in meinem Getriebe, das ohne sie allzu glatt funktioniert hätte. Jedenfalls habe ich das oft gedacht.

In ihren Händen nehmen Kleinigkeiten eigenwillige Formen an. Man ist nie sicher vor Übergriffen, denn sie räumt gern um, probiert Veränderungen bei sich und anderen aus. Unsere Räume hat sie mit kräftigen Farben und wenigen Möbeln angefüllt. Wir brauchen Platz und haben uns ihn nach Jahren zermürbender Enge auch verschaffen können. Marlen hat sich im Formgeben an allem, was sie berührt, geübt, also auch an den Kindern und an mir, soweit ich das zugelassen habe. Mit den Jahren sind ihr Zögern und ihre Selbstdistanz gewachsen.

So in der Haltung des Abstandnehmens hat der Allgäuer Maler Johann Keller in Irsengrund sie eines Tages in Öl gemalt. Das Bild hängt in unserem Schwabinger Domizil im holzgepflasterten Wohnzimmer, aus dem im Sommer, wenn die Tür offensteht, eine Freitreppe in einen bescheidenen Garten führt. Es ist ein großes Format, aus dem meine Frau unserem Alltag etwas bedrängend zusieht. Ein stilisiertes Porträt aus Dunkellila und schwerem Grün. Das Gesicht und die Hände scheinen noch heller als sonst darin, die blondgefranste Stirn, die Nase, von der sie gern behauptet, sie sei originalgriechisch und ihr bestes Stück, der vom Maler herb betonte Mund. Es ist *eine* Ansicht meiner Frau. Ich kenne andere. Jedenfalls habe ich immerzu Anlaß, Bild und Wirklichkeit zu vergleichen.

Gehört das hierher? Einiges davon, sparsam, glaube ich schon. Es ist unmöglich, eine politische Existenz zu beschreiben und die Menschen, die den Politiker am persönlichsten angehen, außer acht zu lassen. Für den schreibenden Politiker zumal gibt es kein Entkommen aus dem Bemühen um jene Genauigkeit, die Selbsterlebtes berichtet, um im Einzelnen das Allgemeine herauszufinden.

Die ganze Zeit, dort auf der Fahrt von Eckarts nach München, waren wir eingesperrt in das weiße Blech. Marlen rauchte ein paarmal, was sie selten im Wagen tut. Der Rauch wölkte sich vor der Windschutzscheibe und zog durchs geöffnete Schiebedach ab.

Auf einmal sagte sie: »Du bist dir zu sicher, daß ich immer alles aushalte. Du hast dich zu sehr darauf verlassen.«

Schuldgefühl ist ein zu einfaches Wort. Jahrelang hatte sie das Alleingelassenwerden scheinbar unverletzt ertragen. Die Wahrheit ist, daß ich mich daran gewöhnt hatte.

Als ich mit der Politik anfing, Vorsitzender des Ortsvereins

Alte Heide im Münchner Norden, als ich in Wahlkämpfen von Stadt und Land mit dem umgehängten Lautsprecher gegen die Fenster der Wohnsiedlungen aus den zwanziger Jahren anlärmte, mit jener Aggressivität, mit der Parteienpolitik sich frontal auf die Menschen richtet und sie mehr zu sich herüberzuziehen als für sich einzunehmen trachtet, damals hatte meine Frau das grundsätzlich für richtig gehalten, aber über die Methode oft den Kopf geschüttelt.

Einmal, während ich von einer dieser Wortstraßenschlachten nach Hause kam, hatte sie erklärt: »Als ich dich da vor dem Supermarkt stehen sah, wie du loslegtest, nimm mir's nicht übel, da hat sich mir das ganze Gedärm gekringelt. Ihr macht das wie Straßenverkäufer.«

Im Autoradio wechselte eben das Programm. Ein Kommentator sprach zur Inthronisierung des neuen Papstes: Karol Wojtyla, Johannes Paul II. – immer noch schluckten viele Italiener daran, daß zum erstenmal nach vierhundertfünfundfünfzig Jahren ein Ausländer von den Konklavisten gewählt worden war.

»Willst du das wirklich jetzt hören?« fragte Marlen. Ich stellte den Sender ab. Eine Weile schauten wir beide auf die Fahrbahn. Unsere Blicke trafen sich in sehr großer Ferne.

Ich dachte an die Söhne, die so erwachsen waren, schlug im Kopf ein paar Querverbindungen zu etwas, das ich immer schon hatte vorschlagen wollen, eine gemeinsame Unternehmung. »Wenigstens ab und zu sind wir eine Familie«, sagte ich. Marlen antwortete nicht darauf.

Ratlos erlebte ich die Depression, mit der sie im beginnenden siebten Jahr unserer Politikerehe auf die Zumutungen durch meinen Beruf und seine Begleiterscheinungen reagierte. Es war alles andere als ein willentlicher Zustand, in dem sie sich manchmal wie in einem Anfall von Selbstauflösung und vorweggenommenem Alter verlor, bis sie schließlich nur noch in einem vagen Umriß unansprechbar vorhanden war.

Wer je wirklich depressiv war, hat einsehen müssen, daß es pflanzliche Geduld erfordert, dagegen anzukommen.
Vorher waren wir einundzwanzig Jahre lang nie vergleichbar auseinandergerissen, auch nicht als ich mit einem Schreibauftrag sechs Monate, die im Rückblick schnell verflogen sind, auf Weltreise unterwegs war und die Familie in München zurückgelassen hatte. Heute gab es für uns mehr Trennung als Gemeinsamkeit. Im Hin und Her zwischen Bonn und dem Allgäu berührte ich München nur sporadisch. Es war, schien mir, kein lösbares Problem. Was für uns persönlich dabei herauskam, mochte als ein für die Politik exemplarischer Fall gelten und war, wenn überhaupt, nur als solcher für andere vielleicht bemerkenswert. Denn es macht für die Politik etwas aus, wie Politiker leben.
Wo gibt es einen Berufspolitiker, der nicht seinen nächsten Menschen auf unheimlich wirksame Weise mißhandelt, nämlich durch Entzug seiner Gegenwart? Abgeordnete üben diesen Beruf aus, in dem es mehr als auf alles andere auf Menschlichkeit ankommen sollte. Ihre Angehörigen aber behandeln sie unmenschlich. Sich selber auch.
Es ist mehr als nur Vernachlässigung, in der Regel wird das Aussteigen aus dem Persönlichsten daraus, wider Willen und doch nicht von ungefähr. Wieweit liegt diesem Handeln zugrunde, daß man nichts anderes mehr mit sich anzufangen weiß? Wieweit geht der Selbstbetrug durch Aktionismus? Was ist Ausflucht und was das eigentliche Ziel hinter den vorgegebenen Gründen? Es muß nicht so sein, aber es ereignet sich so und wiederholt sich immerzu, daß man in der Politik untertaucht und bald nicht mehr auffindbar ist, weder für andere noch für sich. Eine Hohlkörperexistenz mit perfekter Schminke. Abrufbare Floskeln ausstreuend. Ein Statementautomat.
Während wir unausgesetzt handelten, kam uns auch noch das Bewußtsein abhanden, wieviel professionell in uns miß-

raten war. Ich beobachtete das bei anderen wie bei mir. Die Betriebsamkeit als Selbstzweck verhinderte, daß sich im Privaten noch irgend jemand auf uns verlassen konnte. Man konnte dagegen anstrengen, was man wollte. Die Umkehr gelang nicht, solange man kometenhaft auf der eingeschlagenen Bahn voranstrebte. Dabei waren es in der Regel so winzige Höhen, die man durchflog. Bei den sogenannten Spitzenpolitikern mag der Einsatz noch lohnen. Sie sind ohnehin total vereinnahmt durch öffentliches Handeln und bleiben abgeschrieben für die private Seite der Existenz. Aber für die Parlamentarier im Mittelbau der politischen Arbeit gibt es die Notwendigkeit für solchen beruflichen Persönlichkeitsverlust im Grunde nicht – jedenfalls nicht ohne Mitschuld durch eigene Besessenheit.

»Komm doch einmal eine Zeit mit nach Bonn«, sagte ich.

»Ach, Bonn. Es ist mir gleich, ob ich da oder im Allgäu oder in München auf dich warte. Warten ist nicht mein Lebensberuf.«

Natürlich hatte sie recht. Parlamentarierfrauen, die mit in die Hauptstadt ziehen, fehlen außerdem im Wahlkreis. Immer ist man halbiert. Manche reisen dennoch so häufig wie möglich mit, Beifahrerinnen oder in wenigen Fällen auch Beifahrer von Parlamentarierinnen, immer zugeordnet, ein Anhang mit Blick für Erschöpfungen und Gefahren. Wir hatten herausgefunden: das war für uns auch keine Lösung.

Jedenfalls hatte meine Frau, als sie sich mit meiner Abwesenheit einzurichten begann, an der Münchner Musikschule studiert und eine Prüfung als Organistin abgelegt. Eine Zeitlang orgelte sie in Vorstadtgemeinden zu Gottesdiensten, Taufen, Hochzeiten und Trauerfeiern. Auf diese Weise war sie sonntags angebunden und konnte immer seltener mit ins Allgäu fahren. Die Söhne und ich erlebten Musik als ihren Beruf. Dann hatte sie eines Tages ohne lange Begründung ihr Cembalo verkauft und die Tätigkeit in der Kirche aufgegeben.

Sie erklärte das absolut: »In mir ist keine Musik mehr.« Es gab keine Diskussion darüber, denn sie schnitt jedes Wort ab, das in sie dringen wollte. Niemand konnte sie bewegen, die Entscheidung zu verändern.
Inzwischen brachte sie sich Englisch bei, war in London gewesen, las immer intensiver in der anderen Sprache die ihr wichtige Literatur, auch hier wieder auf den Spuren Virginia Woolfs. In Gedanken bereitete sie sich darauf vor, regelrecht berufstätig zu werden, schließlich gelang das in einer Schwabinger Buchhandlung. Aber sie mußte es erst lernen. Wie viele Frauen über fünfzig hatte sie bis zur Heirat nur Geldverdienerarbeiten, aber keine Berufsausbildung hinter sich gebracht. Da war generationsbedingt noch die Vorstellung von Ausschließlichkeit im Privaten. Sie war zu Hause geblieben. Als die Kinder kamen, war es so das Beste, es war uns recht.
»In der Fraktion gibt es einen«, hörte ich mich sagen, »der ist in seinen beiden ersten Parlamentsjahren immer wieder abends nach Hause gefahren. Ein paar hundert Kilometer mit dem Zug. Wenn er in der Frühe um vier Uhr aufgebrochen war und dann im Bundeshaus in die Arbeitsgruppe kam, sah er aus wie ein Nachtwächter im Morgengrauen. Die zwischen dreißig und vierzig haben es noch schwerer. Sie haben einen anderen Ansatz, haben viel erklärter partnerschaftlich angefangen. Sehr bald bekommen sie zu Hause zu hören: So haben wir nicht gewettet. Außerdem – solange die Kinder klein sind, ist es einfach barbarisch, ständig von der Familie getrennt zu sein.«
Marlen fragte, ohne mich anzusehen: »Warum erzählst du mir das? Ich glaube, ihr bedauert euch auch noch. Meinst du nicht, es ist ehrlicher zuzugeben, daß mancher ganz gern abhaut und sich überall herumtreibt?«
Sie war nicht in der Stimmung für Erörterungen, die irgendetwas zu objektivieren versuchten. Dazu paßte es vollstän-

dig, daß sie nach einer Weile erklärte: »Ich weiß nicht, wo du dich aufhältst. Woher soll ich das wissen?«

»Ich sitze neben dir«, sagte ich etwas töricht und hatte das Empfinden eines Menschen, der einen Zentner Äpfel davontragen soll, aber feststellt, daß man ihm einen bodenlosen Korb angedreht hat.

4

Zwei junge Menschen

Marlen und ich machten uns auf, um Erika Wackernagel zu besuchen. Wir trafen sie in ihrem mit Möbeln vollgestopften Haus, das hinter einer Mauer und einem dicht bewachsenen Garten halb verborgen in einer Vorstadtsiedlung steht. Früher war hier oft das Geschwirr vieler Stimmen nach außen gedrungen, diesmal war es still. Die Hausherrin empfing uns mit der impulsiven Energie, mit der sie immer Menschen um sich versammelt hatte. Ihr Mutter-Courage-Gesicht, lange schon vorgeformt, hatte jetzt im Ausdruck der Fünfzigjährigen an theatralischer Kraft verloren, dafür war es großflächiger und hintergründiger geworden.

»Ich bin allein«, sagte sie. »Heiner ist in Tokio.«

Wir nahmen Platz in dem langgestreckten Parterrezimmer mit ziegelrotem Steinboden und gedunkelter Holzdecke, in dem sich in all den Jahren unserer noch ziemlich unbefangenen Münchner Geselligkeit so viele Befreundete und beruflich Benachbarte eingestellt hatten: Schauspieler, Journalisten, Kunstjünger aus dem Millionendorf, mittlere Generation mit Nachwuchs, eines Tages auch Jugend aus dem beginnenden außerparlamentarischen Protest. Hier hatten sich in Sommermonaten rings um Kamin, Blumenrabatten und Schwimmbecken endlose Diskussionen unter Nachtschwärmern emporgerankt. Man traf Gefeierte und Anfänger, die ihre Auftritte wie Bühnenproben inszenierten. Jeder schien bereit, mit jedem zu spielen. Es wurden viele Feuilletons verfaßt und belacht. Manchmal behauptete sich in den Gesprächen auch ein leidenschaftlicher Gedanke, der alle betraf. Eine Zeitlang hatte Erika mit ihrem zentrifugalen Temperament Kulturprominenz gesammelt wie Zuchtperlen, die sie sich um den Hals legte.

»Gut, daß ihr kommt«, sagte sie, holte Wein und breitete dann ihren großen weichen Körper im dunklen Hauskleid im Sessel uns gegenüber aus, indem sie die Arme auf der Lehne ausstreckte. Sie hatte immer diese beinahe überfließende Unmittelbarkeit besessen, versprudelte Teilnahme an unterschiedlichsten Ereignissen, ging mit sich keineswegs zimperlich um, nannte sich ein betroffenes Muttertier, wenn von den Kindern die Rede war. Auch jetzt verfügte sie über lauter Erkundigungen, die den Anfang überbrückten. Wir hatten einander lange nicht gesehen. Während meine Frau und ich noch damit zu tun hatten, die künstliche Unbefangenheit zu überwinden, die zwischen uns herumlärmte, verstummte unsere Gastgeberin auf einmal und saß da vor uns, den Oberkörper vorgeneigt, das Glas in der Hand, als wollte sie es wärmen. Sie blickte uns mit einer genauen Zuhörbereitschaft an und schien umkapselt von widerstreitenden Überlegungen, während sie unsere Gesten und unseren Text wie aus einem Soufflierkasten verfolgte, immer bereit, unserem Gedächtnis einzuhelfen, wenn es um ihren Sohn ging.

»Man macht merkwürdige Erfahrungen in unserer Lage«, berichtete sie. »Menschen, die man für Freunde hielt, lassen nichts mehr von sich hören. Fremde schreiben Briefe, einige wunderbare sind darunter. Ein Nachbar, den man nie besonders beachtet hat, bietet einem sein Telefon in der Annahme an, daß es nicht überwacht ist.«

»Wir fragen uns, ob wir etwas tun können«, sagte Marlen.

»Wenn es vielleicht von Bonn aus etwas zu erkunden gibt.«
Erika antwortete: »Wir müssen abwarten, was sie in Köln mit ihm machen. Mit Begreifen hat das alles für mich schon lange nichts mehr zu tun.«
Es war still geworden in dem einstmals menschenreichen Haus. Christoph Wackernagel, der siebenundzwanzigjährige Sohn, war vor wenigen Tagen von Holland an die Justiz der Bundesrepublik ausgeliefert worden. Scharf bewacht und isoliert wartete er in Kölner Untersuchungshaft auf seinen Terroristenprozeß, an dessen Ende das Urteil über fünfzehn Jahre stehen sollte. Damals aber war noch alles offen. So oft sie die Erlaubnis erhielten und er es zuließ, hatten sie ihn in letzter Zeit besucht, die Mutter, die verheiratete Schwester, auch eine Schauspielerin, und Heiner, der zweite Vater. Jeder versuchte auf seine Weise, mit ihm zu sprechen. Sie waren eine Familie, in die der Blitz eingeschlagen hatte.
Wir hatten ein Stück miterlebt, wie Christoph in diesem Haus aufgewachsen war, umsorgt im Bannkreis der Mutter. Sein Vater, ein bekannter Schauspieler und Regisseur, war früh gestorben. Heiner, Erikas zweiter Mann, hatte sich auf seine schweigsame Art in dem Freundeskreis durchgesetzt. In seiner Jugend hatte er zu den Mitwissern um die »Weiße Rose« der Geschwister Scholl gehört und war anders als der Kern dieser studentischen Widerstandsgruppe vor dem Volksgerichtshof von Freisler nicht zum Tode, sondern zu einer Gefängnisstrafe verurteilt worden. Zufällig hatte der noch nicht Zwanzigjährige überlebt. Christoph war mir neben diesen Eltern als ein filigranhaft sensibles Kind erschienen.
Schon als Schüler erlebte er Filmruhm als Hauptdarsteller in Johannes Schaafs »Tätowierung«. An die Schlußszene habe ich später, als man sein Foto auf den Fahndungsplakaten fand, immer wieder denken müssen. In dieser Szene rannte Christoph mit der Verzweiflung eines Sechzehnjährigen

durch Berlin, die irre Stadt, und ballerte mit seiner Pistole gegen die Welt an. Es war der Ausbruch aus der Überforderung des Gefühls und des Verstands durch die jähe Einsicht in alle Unwahrhaftigkeit. Es war der Aufstand gegen die Übereinkunft der Erwachsenen in der Kapitalerwerbsgesellschaft namens Bundesrepublik, gegen die Hohlheit der öffentlichen Beteuerungen von Gerechtigkeit und Freiheit. Es war das Angewidertsein von den Leichenbittermienen ölig dreinredender Vorgesetzter und Lehrer im Termitenbau der obrigkeitlichen Ordnung. Es war nicht zuletzt die Wut auf das eigene automatenhafte Reagieren auf die Massenabfertigung von lauter einzelnen, auf diese ganze vermarktete Computersteuerung zwischen Halbwüchsigkeit, Rolltreppenlebenslauf und bleiernem Ende. Wozu sollte das lohnen? Hinschmeißen. Aus. Es war nichts gewesen. Gelächter.
Seine Mutter hatte es immer abgelehnt, eine Beeinflussung durch den Film auf die Wirklichkeit gelten zu lassen. Solche Vorstellungen waren für sie Geschwätz von Laien oder Ausdruck der Schäbigsten: der voyeurhaften Neugier der Sensationspresse, die für Profit auch über Leichen geht.
»Das ist doch Unsinn«, sagte sie. »Natürlich hat das eine mit dem anderen nichts zu tun. Damals bei den ersten Filmaufnahmen hat man sich menschlich ungeheuer um ihn gekümmert. Es war später, daß er unter unheimlichen Einfluß kam und wir ihn nicht mehr erreichen konnten. Da war er schon bei uns ausgezogen.«
Jedenfalls hatte Christoph Wackernagel seitdem Rollenangebote von Film und Fernsehen erhalten. Sie hielten an, bis er untertauchte. Das war irgendwann im Sommer 1977. Lange vorher war er in die Drogenszene geraten. Als er, Schüler des Münchner Maxgymnasiums, begabt und von vielen beneidet, mit Michael Verhoeven in Schwabing filmte und ziemlich viel Geld in die Hand bekam, besorgte er sich Hasch. Dann fanden sich Leute, die ihm härteren Stoff an-

drehten. Er lebte in einer Kommune, in der man sich gegenseitig zu stützen versuchte, aber er ging unter. Eine Zeitlang war er aus dem Blickfeld der Eltern verschwunden. Erst später tauchte er manchmal wieder zu Hause auf, als er die Klinik und den Entzug schon hinter sich hatte. Meist begleitete ihn irgendein Mädchen mit Kind, sie lebten in einer abgerissenen Zärtlichkeit ohne Hoffnung.

»Er war so idealistisch«, sagte seine Mutter jetzt da vor uns. »Er wollte nie etwas machen, was übel ist. Mein Gott, er war ein Kind. Neulich, als ich in Stuttgart meine Serie beim Südfunk drehte, kam die Garderobiere zu mir. Sie konnte sich nicht genug erinnern und erzählte: ›Das letzte Mal, als er hier bei uns zu tun hatte, da hatte der Christoph nur eine zerrissene Hose an, die hab ich ihm gestopft. Zum Dank hat er mir von den Außenaufnahmen einen Korb Walderdbeeren mitgebracht, die hatte er nur für mich gesammelt – so ein guter Junge, wie der war.‹ Sie hat beinahe geheult.«

Die Wahrheit war, daß wir alle schwer von Begriff waren, daß wir mit einer Verzögerung reagierten und lange brauchten, bis wir einsahen, daß da einer wie wenige andere alle Beziehungen zwischen sich und uns zerrissen hatte. Daß er ausgestiegen war aus jeder Erreichbarkeit. Aber immer noch, als er sich längst abgemeldet hatte und nur noch im Untergrund seinem fanatischen Ziel nachjagte, telefonierten einzelne Fernsehredakteure mit seinen Eltern in München, fragten: Wo steckt er denn? und boten ihm Verträge mit der Wirklichkeit der Massenmedien an.

Bis zu einem bestimmten Punkt hatte Christoph Wackernagel einen dieser scheinbar behüteten Lebensläufe gelebt wie nicht wenige der jungen Intelligenzterroristen, die Bürgerkinder waren. Er war groß geworden in diesem Bürger-Künstler-Elternhaus, mit allen Bildungschancen, in einer liberalen Umgebung, in der man nichts dringlicher ablehnte als Gewalt, Krieg und totalitäre Regime. Früh hatte er gelernt, daß die Älteren in dieser Umwelt alles relativieren, weil sie sich mehr oder weniger damit zufrieden geben, daß auch die abgebrochene Demokratie, in der man lebt, etwas Großartiges bedeutet gegenüber Diktatur und verbrecherischer Politik in ihrer Jugend.

So redete man verschiedene Sprachen und bemerkte das erst spät. Es war die Zeit, in der viele Mütter und Väter glaubten, ihren heranwachsenden Kindern keine Autorität mehr zumuten zu können. Allenfalls wagten sie den Versuch, ihren Nachkommen die Genauigkeit des eigenen Zweifels als Ersatz für jene Autorität ihrer Väter anzubieten, auf die sie sich nicht mehr verstanden. Sie kannten ihre Schwächen und mißtrauten sich. Zu Vorbildern hielten sie sich am wenigsten geeignet. Viele übersahen, daß Kinder nicht nur Kumpel brauchen, sondern auch Orientierung. Manche setzten sich mit ihren Halbwüchsigen auf den Teppich und rauchten Hasch.

Für nicht wenige wurde es auch die Zeit einer neuen Begeisterung. Denn sie erlebten die schöne Täuschung, Eltern, Töchter und Söhne könnten sich im Protest vereinen, im gemeinsamen Aufbegehren gegen Karriereneurosen und Speckschwarten, betonierte Podeste und die neuen Mitläufer in der Konsumtotale. War es nicht gut, sich endlich wieder aufzulehnen eingedenk der verschütteten Herkunft? Wo waren die Vorsätze der Nachkriegszeit geblieben und das Verlangen nach einer Demokratie unter Deutschen? Angesichts der Jugendrevolte wurde vielen Älteren ihr Gewissen von damals wieder bewußt. Mittvierziger entdeckten ihre zweite Jugend und klammerten sich unter in den Reihen der Außerparlamentarischen Opposition. So fanden zwischen den Lebensaltern Verwechslungen statt. Nicht die Zahl der Jahre setzte den Maßstab, sondern wie einer dachte und was zu erleben er fähig war. Es war eine Zeit, in der die Vorstellung, daß jedes intensive Leben seine eigene Anarchie besitzt, viele von uns neu erfaßte und der Widerspruch gegen Anpassung nicht nur unter immer schon kritischen Bürgern vom Persönlichen auf das Politische übersprang.

Eine Zeitlang spürten wir nicht einmal, wieviel eigene Ungereimtheiten, wieviel Unfähigkeit zum Ältersein, ja Anbiederung sich in dem scheinbar ehrlichen Bemühen um die Jüngeren ausdrückte. Jahrgänge, die lange jung geblieben waren, arbeiteten erst allmählich ihre Verspätung auf. Es dauerte lange, bis manche Eltern einsahen, daß es auch einmal ihre Aufgabe sein konnte, den Jungen eine klare Konfrontation zu bieten, und daß das nichts mit jenem reaktionären Verhalten zu tun haben mußte, in das man keinesfalls hineingeraten wollte – ja man fürchtete es wie das Ende der eigenen Hoffnung.

Schließlich brach, ohne daß wir darauf vorbereitet waren, ein Generationskonflikt der undeutlichen Linien aus, den viele noch heute ignorieren. Als die Diskussion um Gewalt gegen Sachen ohne entscheidenden Widerstand der Nachdenklichen in der mittleren Generation vonstatten ging, war es nicht mehr weit bis zu dem Punkt, an dem die Verzweiflung einiger Versprengter aus dem außerparlamentarischen Protest auch in Gewalt gegen Menschen umschlug. Von da an warf zersprungener Idealismus, verkehrt bis ins Äußerste zur Aggression gegen alles Bestehende, Bomben gegen die Demokratie.

Oft hatten wir darüber gesprochen, daß es beinahe ein Zufall war, wenn die eigene Familie vom Schwersten verschont blieb. Wer die Gesichter mancher Zwanzigjähriger unter den Terroristen beobachtete, konnte etwas von der Physiognomie der eigenen Herkunft darin entdecken. War es ausgeschlossen, daß einer unserer Söhne jetzt an Stelle von Christoph in Untersuchungshaft saß? Wann war das Entscheidende geschehen, das den Absturz ins Aberwitzige in ihrem Fall verhindert hatte? Eben weil zu Anfang nachweisbar eine radikale Moral die äußerste Regelverletzung einleitete – eben wegen dieser eine Zeitlang kaum wahrnehmbaren Grenze zwischen Radikalität und Kriminalität, grundsätzlicher Verantwortung und absoluter Verantwortungslosigkeit, konnte sich fortan die politische Reaktion über alle Differenzierungen hermachen und unter anderem die Denunziation vom angeblichen Sympathisantensumpf erfinden. Es war für Demagogen ein leichtes, den berechtigten Zorn der Bevölkerung über die Morde der Terroristen zu einer allgemeinen Hetzkampagne gegen Kritiker des bestehenden Zustands zu mißbrauchen.

»Das möchte ich wissen: Wer steuert das alles?« hörte ich jetzt Christophs Mutter in meine Gedanken hinein sagen. Sie saß zurückgelehnt im Sessel und hatte ein Bein über das andere geschlagen. Sie sprach ohne Vorbehalt von ihrem Sohn. Sie versuchte zu ergründen, was wirklich geschehen war. Sie war einsam. Wie sie da saß, war sie eingeschlossen in alle Ratlosigkeit der Wochen und Monate, die hinter ihr und vor ihr lagen, von allen Stunden, die sie allein in diesem Raum verbracht hatte, in der Ohnmacht gegen diese ungeheure Amputation, das Herausreißen eines Menschen, ihres Kindes, aus ihrem Begreifen, aber niemals aus ihrem verzweifelten Wunsch, Christoph zu schützen.

Sie berichtete genau und langsam, was wir ungefähr schon wußten: Demnach war Christoph eines Tages nach Stuttgart gegangen, um einen neuen Anfang zu versuchen. Zunächst hatte er als Anlernarbeiter in einer Bibeldruckerei gearbeitet. Dann waren die alten Freunde aus der Münchner Kommune wohl teilweise nachgekommen. Jedenfalls hatten sie mit einem Kreis von Gleichgesinnten eine eigene Druckerei eröffnet, die sie »Phantasia« nannten. Durch Aufträge kamen sie immer enger mit dem Anwaltsbüro Croissant zusammen.

»Aber daß der in ihren Augen alte Mann der eigentlich führende Kopf war«, sagte Erika, »daß alles von ihm gesteuert

wurde, kann ich mir kaum vorstellen. Bestimmt übte er großen Einfluß auf die jungen Leute aus. Zum Beispiel als er Christoph einmal mit offizieller Erlaubnis in den Stammheimer Prozeß mithineingenommen hat. Er bekam die Aufgabe, Tonbandaufnahmen zu machen. Auf einmal sah er sie vor sich und konnte ihnen zuhören, Ulrike, Andreas, Gudrun. Sie waren ja beinahe seine Heiligen. Dieser Augenblick muß ihn ungeheuer beeindruckt haben. Vielleicht ist damals in ihm etwas Unumstößliches geschehen. Croissant, wenn er auch eine Vaterfigur für Christoph gewesen sein mag, kann das alles nicht allein bewirkt haben. Ich weiß nur, daß Christoph und die anderen unter seinem irrsinnigen Druck gestanden haben müssen und wohl auch heute noch darunter stehen. Sie waren fanatisch unter diesem Erfüllungszwang. Ich bezweifle, daß er damals noch unabhängig denken konnte. Ich glaube, er war nicht mehr er selbst.«
Sie sprach von der erbarmungslosen Rivalität, die zwischen Ulrike Meinhof und Gudrun Ensslin zuletzt im Gefängnis geherrscht haben muß. Wer von ihnen hatte wen härter in den Wahnsinn und schließlich in den Tod getrieben? Ging es noch um Andreas Baader, auch um Jan-Carl Raspe oder ging es für jeden von diesen vieren nach der Erstürmung der Lufthansa-Maschine »Landshut« in Mogadischu, als ihre Freipressung militärisch vereitelt war, nur noch um die Selbstvernichtung in einem letzten, gleichzeitigen Akt der Aggression auf die Welt?
Erika Wackernagel erzählte auch, was sie vom Sommerfest des Kanzlers wußte, auf dem Christoph als Jungfilmer mit einer Videokamera Aufnahmen gemacht hatte. Er hatte sie sogar später einmal zu Hause vorgeführt. Als Titel für einen eigenen Film, zu dem er die Schnappschüsse verwenden wollte, schwebte ihm vor: »Der Vietnamkrieg in der Bundesrepublik ist noch nicht zu Ende«.
»Wir haben damals darüber gelacht«, sagte seine Mutter.

»Die Aufnahmen waren wirklich komisch. Christoph nahm das alles sehr wichtig. Er wollte damit Galionsfiguren entlarven und politische Arbeit machen.«
Bei dieser Gelegenheit hatte er auch Hanns-Martin Schleyer ins Bild bekommen. Ob er, wie öffentlich behauptet wurde, später tatsächlich an Videoaufnahmen von Erklärungen Schleyers als Geisel der Terroristen beteiligt war, stand noch nicht fest. Alles in uns sträubte sich gegen diese Vorstellung, die dennoch nicht unausdenkbar war.
Irgend etwas drängte seine Mutter, auch aus dem Schwersten noch den Ansatz zu etwas Erträglicherem herauszuholen. Jedenfalls erwähnte sie, daß sie mit Polizisten gar keine so miserablen Erfahrungen gemacht hatte. Vielmehr hatten sich die Beamten bei verschiedenen Hausdurchsuchungen überraschend verständnisvoll verhalten. Sie kamen nicht öfter als nötig und benahmen sich wie Menschen, die es nicht für ausgeschlossen halten, mit der eigenen Familie einmal in eine entsetzliche Lage zu kommen.
Dann begann Erika, Briefe herauszukramen. Sie hatte viele gesammelt und las daraus Stellen vor. Es waren Trostbriefe, Vertrauensbeweise, Ermutigungen, die nicht umsonst geschrieben waren, sondern von der Empfängerin vorgezeigt wurden. Einer von einem jungen Redakteur war darunter, der eine tiefe Betroffenheit ausdrückte, fast eine Identifikation mit Christoph, Direktheit an Sohnes Statt. Erika ließ den anonymen Unflat, die Anpöbelungen und Drohungen, denen sie und ihr Mann ständig ausgesetzt waren, mit einem einzigen Entschluß beiseite.
Vor wenigen Wochen hatte sie ihren Sohn in Holland besucht und eine Stunde mit ihm sprechen können. Nach dem Hungerstreik, bei dem er bis auf siebenunddreißig Kilo abgemagert war, hatte er sich äußerlich einigermaßen wieder erholt. Vor den Bewachern, die schweigend in den Ecken saßen, redeten sie von der Familie, vom Gefangenentageslauf.

Aber Christoph hatte auch alles aus sich herausspeien müssen, was zum RAF-Programm gehörte, alle Besessenheit, den ganzen Haß auf den Staat und seine Repräsentanten. Es war, als probe er für seinen Prozeß den letzten öffentlichen Auftritt vor dem Strafvollzug.

»Sie sind Faschisten«, sagte seine Mutter plötzlich hart.

»Vor allem sind sie unglaublich unsozial«, hörte ich mich sagen. »Sie kämpfen ihren aberwitzigen Kampf mit elitärem Zynismus gegen eine Schicht, die alles besitzt, und es kümmert sie nicht, wie sehr sie die Demokratie der kleinen Leute zerstören. Sie bomben den Staat aus Stahl und Eisen herbei.«

Vor mir tauchte Christophs Gesicht auf, wie es jungenhaft, das Haar in die Stirn gekämmt, ein Auge zielend zugekniffen und den Mundwinkel darunter hochgezogen, auf einem Standfoto aus dem Film »Tätowierung« festgehalten war. Das Bild hatte lange in Schaukästen neben dem Eingang der Kinos gehangen. Gerade diese Aufnahme hatte sich mir darum eingeprägt. Auf einmal wechselte das Gesicht, und ein anderes trat darunter hervor, das mädchenhaft war und so jung, daß es noch wenig persönliche Kontur besaß, eher wirkte es austauschbar wie in einer Schulklasse, wo hübsch und jung ein Gesicht mit dem anderen zu verschwimmen scheint und nur ab und zu ein unverwechselbarer Ausdruck hervortritt. Es handelte sich um den Kopf einer jungen Frau, von der ich die gleiche Verachtung für den gegenwärtigen westdeutschen Staat und alles, was ihn offiziell verkörpert, massiv aufgetischt erhalten hatte. Es waren dieselben Worte, die gleiche Empörung, nur hatte sie den eigenen Absturz längst vor ihm gebremst.

Eines Tages hatte Irmgard mir ans Bundestagsbüro geschrieben. Anlaß war mein Votum gegen das Kontaktsperregesetz. Sie bedankte sich für das Abstimmungsverhalten und schilderte mir, wie sie in der Vollzugsanstalt Memmingen in mei nem Betreuungswahlkreis vorübergehend von der Kontaktsperre betroffen gewesen war, die man nach Schleyers Entführung über eine Anzahl von Untersuchungshäftlingen oder Strafgefangenen, die man dem Terrorismus zurechnete, verhängt hatte. Daraus entspann sich eine Korrespondenz. Es kam der Tag, an dem ich sie im Gefängnis besuchte und mit Sondererlaubnis ohne Trennscheibe mit ihr sprechen konnte.

Die Zweiundzwanzigjährige verbüßte nach einem Urteil der Jugendkammer des Landgerichts München I vom Mai 1977 eine Jugendstrafe von vier Jahren und sechs Monaten. »Wegen«, so hieß es in der Begründung, »eines Vergehens der fahrlässigen Herbeiführung einer Sprengstoffexplosion in Tateinheit mit einem gemeinschaftlich begangenen Vergehen des unerlaubten Umgangs mit explosivgefährlichen Stoffen, in Tatenmehrheit mit einem Vergehen der Urkundenfälschung und einem Verbrechen des gemeinschaftlichen schweren Raubes.«

Hinter der gefrorenen Juristensprache stand dies: Irmgard war mit acht Geschwistern in der Familie eines Müllwerkers aufgewachsen. Sie besaß eine meßbare außerordentliche Intelligenz, die angeblich einen Quotienten von einhundertsiebenundvierzig erreichte und nach vorliegenden Urteilen von Sachverständigen entsprechende Gefährdungen bedingte. Sie hatte eine schwere Jugend gehabt und lieblose Härte erfahren. Die Fakten: Unter Drogeneinfluß geriet sie in Beziehungen, die dazu führten, daß sie sich mit siebzehneinhalb Jahren an einem Banküberfall beteiligte, bei dem sie eine Spielzeugpistole benutzte. Gefaßt, verurteilt zu einer Jugendstrafe und inhaftiert, hatte sie sich zumindest in der Weise von Terroristinnen wie Ulrike Meinhof und Gudrun Ensslin fasziniert gezeigt, daß sie Stammheimer Hungerstreiks nachvollzog. Sie hatte mehrere ernsthafte Selbstmordversuche unternommen und wurde erst nach längerer

Zeit durch das Bemühen ihrer Betreuer und eigene Motivation so weit stabilisiert, daß sie im Fernunterricht das Abitur anstrebte und nach der Entlassung Medizin studieren wollte. Dafür dachte sie an ein westliches Nachbarland, weil sie sich mit ihrer Vergangenheit kaum eine Chance ausrechnete, den Numerus clausus zu überwinden.

Irmgard befürchtete, die politischen Mehrheiten in der Bundesrepublik könnten sich so verändern, daß Sicherungsverwahrung schon nach der ersten Verurteilung und in bestimmten Fällen unbegrenzt gelten sollte. Einen deutschen Staat, in dem eine parlamentarische Demokratie tatsächlich den Anspruch des Grundgesetzes erfüllt, konnte sie sich nicht vorstellen. Für die meisten politisch aktuellen Vorgänge und Verantwortlichkeiten brachte sie nur Verachtung auf. Zugleich aber setzte sie sich das ideal gedachte Ziel, unter den Ärmsten der Welt in einem Entwicklungsland als Ärztin zu arbeiten. Angesprochen, ob sie sich durch ihre Intelligenz und Ausnahmesituation gegenüber den Mitinhaftierten als bevorzugt empfand, berichtete sie vor allem, wie unbegreiflich es den anderen blieb, daß sie relativ gut allein sein konnte. Im Umgang mit ihnen gab sie sich häufig dümmer, als sie war. Mein Eindruck war, daß sie die Beamten in der Vollzugsanstalt durch ihr außergewöhnliches Verhalten, durch das Pochen auf alle erreichbaren Rechte – Korrespondenz, Besuche, Bibliothek, Radio, Zeitungsabonnements, beschlagene Anwälte – in eine Art Angst versetzte, weil alle sich fragten: Was fällt ihr jetzt wieder ein? Sie schrieb erstaunliche Briefe, die Unerschrockenheit und die Neigung zu radikaldemokratischer Übersteigerung erkennen ließen. Laieneindruck: dieser junge Mensch gab sich noch eine Chance.

Nach der notwendigen Vorbereitung durch Kontakte mit dem evangelischen Anstaltspfarrer und einem betreuenden Arzt hatte ich also mit Genehmigung des zuständigen Ober-

staatsanwalts ein sehr langes Gespräch mit ihr geführt. Ich darf und will hier nicht Vertrauen mißbrauchen. Die Privatsphäre muß respektiert bleiben. Aber es gibt an diesem Fall, scheint mir, einiges exemplarisch Bemerkenswerte.
Butz Stürmer, mein Freund, ein Sozialdemokrat und Arzt, der in Memmingen Praxis und Wohnung in dem prächtigen Fuggerbau besitzt, in dem einst Wallenstein gewaltsam Quartier genommen hat – Butz erzählte mir viel von ihr. Er war ihr ehrenamtlicher Betreuer und hatte in letzter Zeit Schwierigkeiten, zu ihr vorzudringen. Eines Tages hatte er ihr einen der Informationsrundbriefe in die Hand gedrückt, die ich regelmäßig an einige hundert Delegierte und Mandatsträger im Allgäu als Tätigkeitsbericht und zur Hintergrundinformation aus Bonn verschickte. Darauf hatte sie mir in einem langen Schreiben geantwortet, in dem sie sich zur Gewaltlosigkeit bekannte.
»sagt es nicht schon genug über dieses system und das bewußtsein des volkes (der herrschenden!) aus«, schrieb sie, sie benutzte nie große Buchstaben, »wenn zum beispiel in der zeitung vom neuerlichen absturz eines starfighters berichtet, dabei aber lediglich in einem kurzen nebensatz beiläufig erwähnt wird, daß der pilot dabei starb, während der rest des artikels der trauer um den starfighter gewidmet ist (›wieder hat die bundeswehr einen starfighter verloren‹ – so wörtlich). müßte es nicht heißen: wieder hat ein mensch sein leben verloren, wieder hat eine frau ihren mann verloren, kinder ihren vater, freunde einen freund?«
Sie schrieb auch: »es tut mir leid um jeden toten und verletzten, ohne hierbei irgendwelche unterschiede zu machen, also auch um herrn von drenkmann, buback, ponto, schleyer und seine begleiter usw. (auch wenn sie mir das wegen des etiketts, unter dem ich geführt werde, nicht glauben sollten). trotzdem finde ich es widerlich, wie die herrschenden selbst den tod noch ausschlachten, je nachdem hochspielen bis zum

gehtnichtmehr oder verschweigen – wie mans eben grad zum aufbau eines (verlogenen) images und bei der durchsetzung der eigenen interessen gebrauchen kann . . . deswegen weiß ich auch nicht, weshalb sich überhaupt irgendjemand darüber wundern kann, daß es heute einen sogenannten ›terrorismus‹ gibt. der terrorismus richtet sich nicht gegen die demokratische lebensform – wie sie schreiben –, sondern gegen das, was sich hinter dem deckmantel der demokratie befindet: gegen die ausbeutung und unterdrückung von menschen und die zerstörung ihrer materiellen und ideellen lebensgrundlagen. gäbe es hier wirklich demokratie, so gäbe es mit einiger sicherheit keinen ›terrorismus‹. – obwohl ich das eigentliche ziel dieses kampfes durchaus unterstütze, distanziere ich mich von den taten derer, die nur noch zerstören, töten und sprengen. ich kann ihr schreckliches verhalten verstehen, aber weder akzeptieren noch gar gutheißen. ich will damit nichts zu tun haben und bin äußerst entrüstet darüber, wie man mich mit diesen leuten (wie z. B. bei der kontaktsperre) in einen topf wirft.«
Der Brief war mit blassem Farbband während mehrerer Tage geschrieben. Er lag auf meinem Schreibtisch im Bundestag im sechsten Stock des Alten Hochhauses als das Zeugnis eines jungen Menschen, das für Tausende von Gleichaltrigen sprach. Eine Elterngeneration, die das nicht erkennt, verhält sich ignorant.
Als ich Irmgard dann kennenlernte, im Sprechraum der Vollzugsanstalt (sie schrieb immer: knast, gaswerkstraße) auf sie wartete und sie von einem schlüsselbewehrten Beamten hereingeführt wurde, klein, zierlich, Jeans und Pullover, ein sehr weißes, von kurzem braunem Haar umrahmtes Gesicht, das mir beinahe noch kindlich, zugleich aber mit etwas spöttischen Augenwinkeln und sehr kritischem Blick entgegensah, stotterten wir uns hinein in das Gespräch. Die Entfernung war zu groß. Zwei Stunden reichten nicht aus, sie

genügend zu verringern. Wohl aber fanden Überbrückungen statt.

So hatte ich ihr mit einigem Zögern Thornton Wilders Roman »Der achte Schöpfungstag« mitgebracht. Ich hatte das Buch gerade gelesen. Ob sie es je getan hat? Die Gefangenschaft, von der es unter anderem handelt, war eine andere, aber unvergleichbar erschien sie mir nicht. Natürlich erwartete ich mir unter diesen Umständen nichts Außerordentliches von einem Buch.

Ich sagte nur: »Vielleicht lesen Sie es doch einmal.« Gleich stellte sich heraus, daß ich das Exemplar abgeben mußte, weil sie immer nur wenige Bücher in ihrer Zelle haben durfte und diese aus der kleinen Bibliothek auswechselte, die sich in einem anderen Raum des Gefängnisses inzwischen für sie angesammelt hatte. Es traf zu, daß sie und vergleichbare Gefangene im Strafvollzug mehr Vorteile für sich herausholten als die meisten anderen. Das geschah aber nicht, weil sie etwa wirklich bevorzugt wurden, wie das der reaktionäre Teil der Presse immer wieder behauptet hat, um Haß zu schüren. Fast jeder andere hätte dieselben Rechte beanspruchen und durchsetzen können, vorausgesetzt, er hätte sich mit der gleichen Energie und Ausdauer darum bemüht. Es war auch eine Frage der Informationen, die einer besaß und wie man damit umging. Nicht zuletzt bewies das Verhalten der einen wie der anderen den Unterschied zwischen Intelligenz und Abgestumpftheit.

Nach Irmgard wurde in der Memminger Haftanstalt mehr gefragt, mehr Besucher meldeten sich an, sie fand mehr Interesse als die meisten übrigen Insassen. Zugleich aber wurde draußen von bestimmten Gruppen mit den Reizworten »Isolationsfolter« und »Vernichtungshaft« wirkungsvoll agitiert. Wie Peter-Paul Zahl, Werner Schlegel und andere, mit denen ich eine schwierige Korrespondenz bestritten habe, empfand Irmgard jede Haftverschärfung, die durch Ereignisse des Terrorismus ausgelöst wurde, als subjektiv unerträglich bis zum Wahnsinn. Beides stimmte: daß Kontaktsperre, Trennscheibe und Isolation für sie qualvoll waren und sie fast umbrachten, daß aber auf der anderen Seite die Haftbedingungen im Strafvollzug in der Bundesrepublik bis auf grausam entmenschlichte Ausnahmen relativ humaner waren als je zuvor in Deutschland und in den meisten Ländern der Welt.

Außerdem war es unendlich leicht, in der Bevölkerung Aufregung wegen der Millionen Kosten des Stammheimer Prozesses zu verursachen, aber die sehr viel höheren Kosten etwa der Prozesse um Auschwitz und Majdanek zu unterschlagen. Das öffentliche Unrechtsempfinden reagiert, wie seit je in Deutschland, schief zwischen rechts und dem, was als links galt – auch ohne es zu sein. Denn was hat der Umschlag im Verhalten ursprünglich radikaldemokratischer junger Menschen, die an der Ungerechtigkeit im eigenen Land verzweifelten und am Ende wie Michael Kohlhaas bei Kleist die Welt durch Verbrechen verbessern wollten – was hat diese äußerste Aggression auf das Bestehende, fast ein indirekter Selbstmord, mit dem Humanitätsverlangen und der konkreten Arbeit linker Demokraten für mehr soziale Gerechtigkeit zu tun? Verfälschungen überall.

Eben die völlige Unfähigkeit oder der fanatische Unwille, zu relativieren, kennzeichnen die Randfiguren des Terrorismus und einige so zufällig wie ungerechtfertigt Dahineingeratene beinahe ebenso wie den harten Kern der Roten-Armee-Fraktion. Sie kennen nur noch die Haßspirale. Nahezu alles an der vorhandenen Gesellschaft wie an deren Obrigkeit widert sie an. Dennoch waren viele von ihnen zu Anfang idealdemokratisch und manche ausgesprochen christlich motiviert. Von einem bestimmten Augenblick an begannen sie aber, die Vorstellung der Demokratie nach dem Wortlaut des Grundgesetzes zu verabsolutieren. Gemessen an diesem Anspruch mußte ihnen nahezu jede gesellschaftliche Wirklichkeit als Verfassungsbruch erscheinen. So hatte gerade Christoph Wackernagel seinem stellvertretenden Vater immer wieder einzureden versucht, die Zustände in der Bundesrepublik seien auch nicht anders als damals in Nazi-Deutschland, als Freisler ihn verurteilte. Es war offener Wahnsinn. Zugleich aber blieb niemand davon unberührt, der durch Veranlagung und Beruf je ein Stück Anarchie in sich erfahren hatte. Die Trennung zwischen radikalem, also grundsätzlichem Engagement für die Demokratie und dem Extremismus blieb unscharf. Deswegen konnte die bürgerliche Rechte so nachhaltig mit der Denunziation vom angeblichen »Sympathisantensumpf« agitieren.

»Als wenn es noch eines Beweises bedurft hätte, was man aus Menschen machen kann«, sagte Erika Wackernagel jetzt dort in dem Münchner Architektenhaus. Sie hatte schon lange den Blick auf Marlen gerichtet, die unverändert intensiv an dem Gespräch beteiligt war. Die Verständigung fand ohne mein Zutun zwischen den beiden Frauen und Müttern statt. Gewiß dachte Marlen jetzt an Till, unseren zweiten Sohn. Immer wurde für sie alles wirklicher, wenn sie es auf sich und auf uns bezog. Sie brachte es fertig, sich mit Situationen zu identifizieren, bis sie völlig darin aufging oder manchmal auch unterging. Jedenfalls sah ich meine Frau da sitzen in einer Haltung, die ich gut an ihr kannte: den Kopf geneigt, alles nach innen genommen, was sie beschäftigte, schmerzlich bewegt und zugleich orientiert an einer großen Nüchternheit. Wenn sie Angst hat, steht sie manchmal besonders fest mit beiden Beinen auf der Erde. Sie rauchte an diesem Abend mehr als sonst und hörte zu wie in einem Sog. Allmählich kehrte ich mit meinen Gedanken aus Memmingen in diese Gegenwart zurück.

»Das Gerede von der faschistoiden Fratze der Gesellschaft, die man entlarven müsse«, sagte Christophs Mutter. »Damit fing es an. Kein Gedanke daran, daß in der Wirklichkeit immer alles nebeneinander liegt. Seien wir doch froh, wenn es uns gelingt, zwischen den Zeiten wie Menschen zu leben.«

Bevor wir aufbrachen, zeigte sie uns das Haus in seinem umgebauten Zustand. Sie hatten sich aufs Vermieten eingerichtet und waren zusammengerückt. Auch das Geldverdienen war schwierig geworden. Christophs Zimmer erinnerte an eine Kindheit, in der niemand Vorzeichen gesehen hatte, nur Begabung, Verletzlichkeit, auch Glück.

Einer steigt aus

Auf dem Jour fixe der Wählerinitiative, wo Karsten Voigt die »Initiative für Frieden, internationalen Ausgleich und Sicherheit« vorstellte, traf ich Hansmartin Simpfendörfer, den 1934 geborenen Oberstudienrat a. D. aus dem württembergischen Weikersheim, der losgelöst vom Tagesdruck und etwas tapsig mit seiner raumverdrängenden Gestalt zwischen Tür und Angel lehnte und ein Glas Wein im Gedränge mit beiden Händen beschützte. Er schaute mich über den Brillenrand an wie einer, der mit bittendem Blick einer Frage zuvorkommt: Du nicht auch noch. Es hatte sich herumgesprochen, daß er sich bereits entschieden hatte, 1980 nicht wieder zum Bundestag zu kandidieren. Als ich das hörte, war ich betroffen. Wir waren beide seit 1972 im Parlament.

»Wie kommst du mit deiner Entscheidung zurecht?« fragte ich ihn nun doch, indem ich seine kaum verhüllten Abwehrversuche überging. Er befreite die eine Hand vom Glas und wischte sich durchs Gesicht, als wolle er ein Insekt verscheuchen. Wir hatten nie besonders nahe miteinander zu tun gehabt, doch einer den anderen im Leverkusener Kreis wie im

Verhalten in der Fraktion geschätzt. Also fragte ich noch: »Ich möchte wirklich etwas davon wissen. Wie reagieren die Leute in deinem Wahlkreis?«

»In einer Beziehung war ich ein Esel«, antwortete er, indem er sich mit dem Oberkörper noch etwas zurücklehnte und zwischen uns auf den Boden herabsah, auf dem unsere Schuhe einander wie kleine Schleppboote gegenüberstanden. »Ich habe nämlich geglaubt, wenn ich es so früh sage, kann ich noch mit dafür sorgen, daß der Wechsel in Ruhe vor sich geht. Ich wollte darauf einwirken, wer das Mandat bekommt, das heißt zunächst einmal die Kandidatur und damit einige Aussichten auf einen sicheren Platz auf der Landesliste.«

»Soviel Vernunft bei einer so rabiaten Prozedur?« wandte ich ein. »Das würde mich aber überraschen.«

»Recht hast du«, sagte er und schwenkte das Glas, bis der Weißwein fast über den Rand schwappte. »Natürlich läuft jetzt in der Partei schon eine Menge an mir vorbei. Mit einem Mal halten sich alle möglichen Leute für geeignet. Wenn das so weitergeht, kandidiert unter den Ehrgeizigen jeder gegen jeden, und es gibt einen Riesenschlamassel.«

Um uns wogte die Politparty wie immer nach den Diskussionen, zu denen die Sozialdemokratische Wählerinitiative sozialliberale Bundestagsmitglieder, Mitarbeiter aus Parlament und Ministerien, aus der Baracke und Journalistenbüros ins Souterrain des Patrizierhauses Kurt-Schumacher-Straße Nummer 1 gegenüber dem Langen Eugen einlud. Hier waltete als Gastgeberin Heinke Jaedicke, noch von Günter Grass hierhergeholt, doch längst von seiner suppekochenden patriarchalischen Protektion emanzipiert. Sie war ein Single Mitte der Vierzig mit einer Ehe hinter sich und zwei erwachsenen Söhnen, ein Phänomen an Kommunikationsenergie, das kenntnisreich und kettenbehangen, im Wechsel ihrer langen Kleider und ihrer langen Liste von Menschen, die ihre

Freunde waren, hier in den immer etwas feuchten Kellerräumen ihre Integrationskunst ausübte. Von Willy Brandt bis zu Thaddäus Troll, von Walter Jens bis zur dreidutzendköpfigen Fraktionslinken, von Horst-Eberhard Richter über Otto-Herbert Hajek bis zu Helmut Ruge, Hans-Dieter Hüsch und Dieter Hildebrandt stellte sie haltbare Verknüpfungen aus lauter Alternativen zum offiziellen Gehabe politischer Repräsentanz her. Kein Zweifel, Heinke wurde von vielen geachtet und beinahe geliebt.

Hansmartin Simpfendörfers Gesicht mit dem radiergummigepolsterten Kinn und den traurigen Jungenaugen, diesen Warnlichtern der sonst so schwäbisch erwachsenen Person, war ganz dicht vor mir. Er ging auf meine Fragen ein.

»Ich bin jetzt vierundvierzig«, sagte er. »Wenn ich das hier noch eine Legislaturperiode länger mache, kann ich nie mehr zurück. Deswegen meine ich: zwei sind allemal genug.«

»Was sagt deine Frau?«

»Die Mathilde freut sich.« Er lachte und schnitt plötzlich ein Gesicht, als sollte er seinen Heiratsantrag erneuern. »Zwar hat sie, als wir noch darüber diskutierten, eine Zeitlang gemeint, dann gäbe sie lieber ihren Beruf auf und ginge mit nach Bonn. Aber das wäre für uns keine Lösung gewesen. Jetzt freut sie sich wirklich und hat wohl nur etwas Angst, mir könnte das hinterher leid tun, ich könnte den ganzen Trubel vermissen und irgendwie unausgefüllt sein.«

Ich holte uns eine neue Flasche Wein und füllte die Gläser in der Runde. Wir fanden eine Ecke, in der wir uns setzen konnten. Die anderen um uns herum hörten jetzt dem Gespräch zu, sie interessierten sich ebenso für die Gründe, denn daß einer, der die Stufen des angeblich hohen Hauses in jahrelanger Arbeit erklommen hatte, einfach aufhörte, ohne dazu gezwungen zu sein, richtete bei Freunden wie Gegnern einige Verwirrung an. Simpfendörfers Wiederaufstellung galt jedenfalls bis zu seiner Entscheidung als sicher. Im

Gegenteil, in seinem Wahlkreis gab es heftiges Bedauern und alle möglichen Versuche, ihn umzustimmen.

»Ich unterrichte Geschichte und Englisch«, setzte er nun bereitwillig seine Auskunft fort. »Schon nach zwei Legislaturperioden werde ich allerlei Zeit brauchen und mich gewaltig anstrengen müssen, um das aufzuholen, was ich inzwischen versäumt habe. An der Schule hat sich in der Zeit eine Menge getan.«

»Habt ihr Kinder?« fragte ich.

»Einen Sohn, der ist neunzehn und kommt bald allein zurecht.«

»Und wie siehst du deine Rolle hier in Bonn so abschließend?« wollte eine etwas glühende Jungsozialistin, Mitarbeiterin in einem Abgeordnetenbüro, wissen. »Ich meine, was hast du konkret erreicht?«

»Na hör mal«, antwortete er. »Noch ist nicht Schluß. Wir sind ja erst in der Hälfte der vier Jahre. Außerdem, einiges gibt es da schon ...«

»Das muß ich dir einmal sagen«, mischte sich Herta Däubler-Gmelin ein, die dazugetreten war. »Ich finde es beschissen, daß du aufhörst.«

Mit ihrem Kraftspruch erntete sie Zustimmung. Sie selber, Rechtsanwältin aus Backnang, bemühte sich inzwischen um den Tübinger Wahlkreis, nachdem Wehner-Vize Friedrich Schäfer dort nicht wieder antreten wollte, sondern sich aufs politische Altenteil zurückzog, um zu schreiben und in der Kommunalpolitik als Senior ratgebend mitzuwirken.

Simpfendörfer erklärte ganz ruhig: »Natürlich mache ich mir nichts mehr vor. Ich halte mich für total ersetzbar. Was ich hier mache, kann ein anderer ebenso tun. Das ist anders für die Voigts und Roths, die eines Tages ins Kabinett wollen und sich ihr Leben ohne Politik nicht vorstellen können. Die muß es natürlich auch geben. Ohne sie brächtest du gar keine Regierung zusammen. Aber wir übrigen sind doch nur dazu

da, um dieser Regierung regelmäßig die Mehrheit zu beschaffen. Was du wirklich politisch einmal wolltest und was deine Basis von dir erwartet, danach kräht hier kein Hahn und kein Wehner.«
Wie im Chor vertraten wir ringsum die Gegenmeinung, daß er sich nämlich unterschätzte und sogar etwas damit kokettierte.
»Wenn das nicht mehr möglich ist«, sagte Ria aus Stuttgart, die dort für Peter Conradi Wahlkreisarbeit machte und gerade mit einer Besuchergruppe angereist war, »wenn das nicht mehr geht, daß Leute wie du, die ein bißchen Unabhängigkeit mitbringen und etwas zu sagen haben, daß die für mehrere Legislaturperioden hier eine unverwechselbare Arbeit voranbringen und zugleich in ihrem Wahlkreis als Personen glaubwürdig bleiben, dann können wir einpacken.«
Das Thema hatte alle erfaßt.
»Acht Jahre sind genug«, sagte Hansmartin Simpfendörfer. »Wenigstens für mich.« Er stand auf. Als er sich verabschiedete, wandte er sich noch einmal an mich: »Bei dir ist das etwas anderes. Du sitzt zwischen der Fraktion und einer Bezugsgruppe draußen an einer Gelenkstelle.«
Saß ich? Offenbar hatte er mich in Verdacht.

Kristallnacht

Neuisenburg ist ein Vorort von Frankfurt, eine alte Hugenottensiedlung, flach ausgestreckt. In der Hugenottenhalle fand dort zur Erinnerung an den Auftakt zur unverhüllten Judenverfolgung vor vierzig Jahren eine Podiumsdiskussion mit dem Thema »Antisemitismus – damals, heute« statt. Reinhart Hoffmeister vom ZDF, der Historiker Hans-Ulrich Schoeps aus Düsseldorf und ich, angereist aus drei Richtungen und mit vielen Fragestellungen, besprachen die Rollenverteilung zuvor im italienischen Restaurant neben dem Kulturhaus. Hoffmeister hatte ich während zehn Jahren immer wieder getroffen, vor Publikum und vor der Kamera. Gegen publizistische Glätte, die sich überall einschleift, wehrte er sich durch Betroffenheit. Was er anpackte, wurde zu seiner persönlichen Sache, erst recht die niemals zu bewältigende Vergangenheit des Dritten Reiches.

Wir erwarteten nicht viele Teilnehmer bei diesem Thema, das die Deutschen meiden. Der kleine Saal war dann doch gefüllt, alte und junge Leute – die mittlere Generation fehlte.

Hoffmeister leitete das Gespräch mit den Daten der Silbermann-Studie von 1975 ein, die besagt, daß zwanzig Prozent der Bevölkerung der Bundesrepublik noch immer hart antisemitisch und weitere dreißig Prozent latent antisemitisch eingestellt seien.

Schoeps, Sohn des »Preußen«-Autors, 1942 in der Emigration in Stockholm geboren, begann seinen Part: »Ich bin in erster Linie Jude und besitze in zweiter Linie zufällig einen deutschen Paß.« Er entwickelte seine Auffassung der drei Wurzeln der Judenverfolgung, nämlich des religiösen Antijudaismus, der ökonomischen Judenfeindschaft und der militanten Rassenvorurteile.

9. November 1938: Reichskristallnacht – welch ein Wort! Was denn zerbrach damals an kristallener Herrlichkeit? Der Traum von deutscher Humanität. In statistischen Ziffern bedeutete dieser erste Tiefpunkt des Entsetzens: Sachschäden in Höhe von mehreren Millionen Mark. Mindestens 7500 Geschäfte zerstört, allein Fensterglasschäden für sechs Millionen Mark. Zerstört: mindestens 267 Synagogen. Verhaftet: 9845 jüdische Mitbürger wurden ins Konzentrationslager Buchenwald verschleppt, 5000 bis 10 000 nach Sachsenhausen. Ermordet: feststellbar 91 Bürger. Verletzte und Selbstmorde: unbekannt.

Propagandaminister Goebbels gab am folgenden Morgen bekannt: »Die berechtigte und verständliche Empörung des deutschen Volkes über den feigen jüdischen Meuchelmord an einem deutschen Diplomaten in Paris hat sich in der vergangenen Nacht in umfangreichem Maß Luft verschafft. In zahlreichen Orten und Städten des Reichs wurden Vergeltungsaktionen gegen jüdische Geschäfte und Gebäude vorgenommen . . .«
Herschel Grünspan, der damals aus nie völlig geklärten Motiven den Botschaftsangehörigen vom Rath erschoß, überlebte das Jahr 1945 in deutscher Gefangenschaft und tauchte später unter. Er wurde nur als Auslöser für das lange vorbereitete Pogrom benutzt.
Ich war damals zwölf Jahre alt. Wir lebten in Hannover. Für immer sind Blitzlichter des Geschehens in mein Bewußtsein eingebrannt. Während jetzt in der Hugenottenhalle Daten genannt wurden, Todeszahlen aus dem Deutschland der Barbarei, während mancher Ältere eigene Erlebnisse aussprach und die Jungen nur schweigen konnten, bedrängten mich Bilder kindlicher Erinnerung.
Kristallnacht, das war meine Sprachlosigkeit auf dem Schulweg vor zerschmetterten Ladenfenstern und geplünderten Auslagen. Das geduckte Beiseiteschauen verstörter Menschen, bewacht von Polizisten mit Tschakohelmen. Das Gegeifer mancher Lehrer und die Wortlosigkeit anderer. Mein bester Freund war, was man damals Vierteljude nannte. Ich wußte, daß Kurt vieles nicht durfte, zum Beispiel nicht am Jungvolkdienst teilnehmen, zu dem wir uns schneidig versammelten. Seine halbjüdische Mutter und seine Großmutter gingen immer stummer und bedrückter durch sein Elternhaus in der Blumenhagenstraße. Aber der Vater war Professor an der Technischen Hochschule, ein Spezialist für Baustoffe, die auch zum Festungsbau gebraucht wurden. Er konnte seine Familie schützen. Kurt war ein blasser Junge,

der Fahrscheine sammelte. Er bewahrte sie in Dutzenden von Zigarrenkisten auf. In anderen hütete er die Schokolade von Ostern im Vorjahr oder Weihnachtssüßigkeiten, die Staub angesetzt hatten. Später durfte sich Kurt für den Staat, der ihn zurücksetzte, an der Ostfront ein Bein abschießen lassen. Aus ihm wurde ein sorgfältiger und nachdenklicher Beamter der zweiten Republik.

Damals in Hannover, im Frühjahr 1939, als mein Vater reaktiviert und der Krieg absehbar wurde, lernte ich meinen ersten leidenschaftlichen Antinationalsozialisten kennen. Er arbeitete als Pfleger in einem christlichen Hospital. Ich hatte mir beim Turnen den linken Arm im Ellenbogengelenk gebrochen. Als man den Gips aufschnitt und den spindeldürren Arm nur noch in eine schwarze Stoffschlinge legte, war er zunächst steif und wurde nun von dem Pfleger in stundenlangem Gezerre in einem Heizkasten wieder zurechtgebogen. Dabei erzählte mir der Mann von einem SS-Offizier, der dieselbe Behandlung erhielt, aber vor Schmerzen ständig jammerte. Natürlich biß ich um so mehr die Zähne zusammen.

»Was das für Leute sind, das wirst du noch merken«, sagte der Pfleger und schnaufte durch die Nase, daß es über meinen wehen Arm fächerte. »Was die schon für Lieder haben. Hör dir das nur an. Die Fahne hoch, singen die. Aber genau an der Stelle geht die Melodie bergab. So wird es mit ihnen selber gehen. Aber vorher, mein Junge, werden sie eine Menge anrichten.«

Ich pendelte zwischen dem Spital, in dem ich immer mehr zum Eingeweihten des Pflegers wurde, und der Blumenhagenstraße, wo ich bis zum Versetzungszeugnis zur Quarta bei meinem Freund wohnte. Die übrige Familie war schon nach Braunschweig übergesiedelt. Dort hatte mein Vater eine Batterie schwerer Artillerie übernommen. Er hatte jetzt einen Burschen, der zum Stiefelputzen in unsere Wohnung kam und immer Haltung annahm, wenn der Hauptmann, der mein Vater war, im Kübelwagen zur Kaserne abgeholt wurde. Der Bursche begleitete ihn in den Krieg und mußte bei allen Beförderungen umlernen.

Es war die erste Wohnung, die wir mit einem fremden Menschen teilen mußten. Es handelte sich um Fräulein Pfeifer, eine NS-Zellenleiterin mit Damenbart, politischem Unverstand und einem weichen Herzen. Sie wurde meine Klavierlehrerin.

Es kann nicht lange nach meinem Wechsel zum Braunschweiger Wilhelmgymnasium gewesen sein, daß meine Mutter eines Tages mit mir auf dem Balkon stand, während Hitler-Jugend drunten im Marschtritt vorüberzog mit dem Lied auf den Lippen: » . . . wenn alles in Scherben fällt. Denn heute gehört uns Deutschland und morgen die ganze Welt.« Meine Mutter nahm mich ins Zimmer und sagte in den Raum hinein, in dem nur wir beide standen und die zusammengedrängten Möbel: »Du mußt wissen, daß du in einem Land lebst, in dem es Lager gibt, in denen Menschen umgebracht werden.«

Ich erschrak für immer. Für meinen Vater aber war Hitler ein hergelaufener Gefreiter. »Erst muß die Wehrmacht den Krieg gewinnen«, sagte er später, wenn er auf Urlaub kam und von meiner Mutter mit der Wahrheit bedrängt wurde. »Du wirst sehen, dann schicken wir ihn nach Hause, diesen Herrn Niemand. Aber laß mich mit den schrecklichen Gerüchten in Ruhe. Wie soll ich sonst meinen Mann stehen an der Front?« Meine Mutter weinte.

Manchmal zog sich mein Vater dann mit der Geige zurück und spielte sich seine Empfindungen vom Leibe. Wir waren eine typische deutsche Bürgerfamilie, die seit Generationen Beamte gestellt hatte, Offiziere, Richter, Pastoren, ein paar selbständige Kaufleute darunter, einen antisemitischen Reichstagsabgeordneten, meinen Großvater. In der mütterli-

chen Linie dilettierte man künstlerisch, malte, musizierte oder dichtete, wie es sich gehörte.
Fräulein Pfeifer aber verlor ihre Jugendfreundin, die eines Tages nach Warschau abtransportiert wurde. Den ganzen Krieg über schickte die NS-Zellenleiterin, die gutmütig in der Nachbarschaft Spenden und Beiträge für die Partei einsammelte, Lebensmittel und Liebesgaben an eine Adresse, die sicherlich längst eine Todesanschrift war. Es gab unzählige Pfeifers in Deutschland. Sie konnten nicht fassen, was sie ahnten. Auch später sind die meisten nie damit fertig geworden. Der Nationalsozialismus war für sie ein Schicksalsschlag, von oben hereingebrochen, befohlen. Sie gehorchten wie immer. Aber das Dritte Reich war kein Geheimvorgang. Wer begreifen wollte, konnte begreifen.
Hier in Neuisenburg, vierzig Jahre danach, begriffen jung und alt, was so wenige Politiker heute wahrhaben wollen: die erschreckende Parallele der immer vorhandenen Bereitschaft großer Bevölkerungsgruppen zur Ächtung von Minderheiten, wie sie sich in der Bundesrepublik zum Beispiel durch die Besessenheit ausdrückt, mit der man den Extremistenbeschluß handhabt und eine Unzahl von Personen geheimdienstlich überwacht. Die verdeckt immer vorhandene Brutalität im Aburteilen von Mitmenschen mit anderer Meinung oder Herkunft kann in zugespitzten Situationen, etwa unter dem Druck einer wirklich schweren Energiekrise mit weltwirtschaftlichen Folgen, die tief in die Besitzstände einschneiden, von neuem katastrophal werden.
Zwischen Antisemitismus und dem massenhaften Haß auf Andersdenkende und Andersglaubende, auf Ausländer, Sinti, Nichtangepaßte und andere Minderheitengruppen gibt es einschließlich der militanten Kommunistenfahndung kaum grundsätzliche Unterschiede. Sobald irgendwo ein neuer Weltfeind Nummer eins ausgerufen wird, setzen Fanatiker die Vernunft außer kraft.

Deswegen steht auch fest: Wer anders als zögernd und mit ruhelosem Gewissen über Menschenrechte spricht, kann Glaubwürdigkeit für sich nicht beanspruchen. Die geistige Dürftigkeit der meisten politischen Moralforderungen läßt sich nicht verheimlichen. Die Praxis der Menschenrechte beginnt immer beim einzelnen, beim Verhalten der eigenen Gruppe, Organisation oder Partei und ihrer staatlichen Zugehörigkeit.

Wer Tafeln für Menschenrechte aufrichtet, muß zuerst sich meinen und dann erst die anderen. Zwar geschehen die schlimmsten Greuel auf der Welt gegenwärtig nicht in unserer unmittelbaren Reichweite. Aber es gibt bei uns eine verbreitete Haltung, die so tut, als sei die Welt in freie und unfreie, in gute und böse Ordnungen und Unordnungen geteilt. Der Westen beansprucht dabei für sich in der Regel die Attribute der Freizügigkeit und Liberalität.

Es gibt auch eine Haltung, die sich unter der Forderung von Menschenrechten im Antikommunismus erschöpft. Ihre Anhänger gefallen sich in einseitigen Schuldzuweisungen. Die eigene unbewältigte Vergangenheit haben sie so perfekt verdrängt, daß sie in ihren Augen gar nicht mehr vorhanden ist.

Aber Mitläufer hat es nicht nur unter dem Nationalsozialismus gegeben. Sie sind im Tabugehege der Bundesrepublik nachgewachsen und rühren die Hände überall auf ihre Art. Die Anpassungsakrobatik in öffentlichen Berufen etwa hat in Bundesländern mit traditioneller Unionsmehrheit ihre Entsprechung zu denselben Mechanismen mit anderen Vorzeichen in Stammrevieren der Sozialdemokraten. Die Unterschiede schmelzen bis auf einige prinzipielle Gegensätze, die jedes Lager unbedingt verteidigt, bis zur Unkenntlichkeit zusammen.

Das alles gehörte zum Thema dort in Neuisenburg, wo sich eine zusammengewürfelte Schar von Bundesrepublikanern um die Zerbrechlichkeit des angeblich Stabilen sorgte. Doch man war, wie so oft, unter Gleichgesinnten. Andersdenkende lassen sich aus solchem Anlaß meist gar nicht erst blicken. So fand die Auseinandersetzung über verschiedene Auffassungen, was aus der Vergangenheit für die Gegenwart folgen mußte, keineswegs statt.

Viele waren sich darin einig: Es sei eine realistische Vorstellung, daß im Ernstfall die Republik nicht erneut durch extreme Randgruppen am stärksten gefährdet würde, sondern durch das unerschöpfliche Anpassungsbedürfnis der Mehrheit, durch ihre nahezu zyklisch ausbrechende Unterwerfungsbereitschaft und ihre Manipulierbarkeit durch Demagogie vieler Lesarten in Politik und Medien.

Diese Lehre ist hierzulande aus der Weimarer Republik niemals konsequent gezogen worden. Noch immer wird kolportiert, die erste deutsche Demokratie sei daran zugrunde gegangen, daß politische Extreme sich gegenseitig hochgeschaukelt haben. Es gehört nicht zur Schulbuchweisheit der Bundesrepublik, daß Weimar tatsächlich an der Demokratieschwäche der bürgerlichen Mitte scheiterte, an der Gleichgültigkeit großer Bevölkerungsgruppen gegenüber republikanischen Grundrechten und am Ordnungsfanatismus, mit dem die Obrigkeit in Militär, Justiz, Beamtenschaft und Kirchen das demokratische System großenteils ablehnte.

Dieselben Staatsdiener, die nach dem Republikschutzgesetz und dem Beamtenrecht dazu verpflichtet waren, die Demokratie vor jedem Übergriff zu schützen, dienten nach der Ermächtigung Hitlers durch die bürgerlichen Parteien, die dafür den Ausschlag gaben, zu neunzig Prozent der Diktatur. Seltsam, wie man in Deutschland nach dieser historischen Erfahrung heute wieder erwarten kann, menschliche Unterwürfigkeit sei durch Paragraphen zu verhindern. Das erfordert mindestens die allgemeine Erziehung zur Zivilcourage als der ersten Tugend und Bürgerpflicht.

Gebraucht wird das Ende der Angst vor der Freiheit.

Die Partei will es wissen

Die große Maschine hat gearbeitet. Ausgestoßen wurden das Europaprogramm und die Revision des Extremistenbeschlusses – ein Auftrag an Bundesregierung und sozialdemokratisch regierte Länder. Der Außerordentliche SPD-Bundesparteitag war in Köln für den 9. und 10. Dezember 1978 im Messe-Kongreß-Zentrum Ost zusammengetreten. Der nächste ordentliche Parteitag mit fünftägiger Dauer fand im Dezember 1979 in Berlin, der Wahlparteitag 1980 im Juni in Essen statt.

Programmatische Parteitage waren Schlüsselstationen der Sozialdemokratie auf ihrem Weg von Gotha über Erfurt, Görlitz und Heidelberg bis zum Godesberger Grundsatzprogramm von 1959. Keineswegs alle waren historische Ereignisse, doch jedesmal, wenn nach langem Ringen um Orientierungsdaten auf einem Parteitag Konzeptionen gebündelt entschieden werden mußten, ergriff die Delegierten die feierliche Vorstellung von etwas Unvergänglichem.

In den letzten Jahren sind diese geballten Demonstrationen bei allen Parteien immer aufwendiger und künstlicher geworden. In Köln zog schon der äußere Rahmen in Zweifel, ob wir lebendig waren. Eingeweckt in den Betonklotzbau mit Rolltreppen und viel zu weiten Wegen saßen wir unter Neonlicht und atmeten künstlich hereingepreßte Luft. Um ein Bier, eine Tasse Kaffee oder eines dieser labbrigen Sandwiches zu ergattern, die sich wie Gebißabdruckmasse anfühlen, mußte jeder drei Stockwerke hinab in den Orkus fahren und wieder hinauf in den Tagungssaal. Beim Einlaß, wo wir Namenschilder ausgehändigt erhielten, überreichte man uns kunstlederne Aktenmappen. Sie stanken nach einer Chemiefabrik und enthielten neben vielerlei Informationsmaterial auch das Antragsbuch mit Aufträgen, die von überallher aus der Bundesrepublik an den Parteitag gerichtet waren.

Rund zehntausend Ortsvereine, zusammengefaßt in etwa zweihundertfünfzig Unterbezirken und zweiundzwanzig Bezirken, waren antragsberechtigt für nahezu eine Million Mitglieder. Wer sich vorstellte, in wievielen verrauchten Kneipen und Parteilokalen erbittert um Formulierungen gekämpft worden war, die nachher unter Umständen einem einzigen Diagonallesen der Antragskommission zum Opfer fielen, weil andere Anträge ähnlich lauteten und Zusammenfassungen unumgänglich waren oder weil die Kommission andere Prioritäten empfahl, der empfand die Vergeblichkeit solchen Tuns. Überall ereigneten sich Reibungsverluste, Turbulenzen.

Im Kongreßsaal waren vierhundert direkt gewählte Delegierte stimmberechtigt, dazu die sechsunddreißig Mitglieder des Parteivorstands und mit beratender Stimme die Delegierten aus Parteirat und Bundestagsfraktion. Gemeinsam mit Hunderten von Journalisten, Gästen und Beobachtern aus aller Welt waren wir tausendköpfige Besatzung Sessel an Sessel gegeneinander gepreßt. Kein Wunder, daß viele Gesichter innerhalb weniger Stunden verfielen und als Foto auf Antirauschgiftplakaten hätten Schrecken einflößen können.

Das oberste Gremium der Volkspartei tat sich diesen Tort an. Die Medien hielten mit. Scheinwerfer übersättigten das Kunstlicht. Vom Saal stieg ein Gemurmel auf, das sich manchmal zum Dröhnen steigerte. Unterbrochen wurde es nur, wenn ein allen bekannter Redner das Wort nahm oder einer namenlosen Delegierten plötzlich eine verblüffende Äußerung gelang. Dann prasselte Beifall. Der Lärm floß durch die Gänge und geöffneten Türen ab, er strudelte bis ins Untergeschoß.

Ein Teil der Delegierten wandelte auf den Fluren und erörterte Abstimmungstechnik und Leitanträge. Zweifellos waren wir die diskussionsfreudigste Partei. Viele kannten einander seit langem, sie tauschten Erinnerungen aus, redeten

in Gruppen über diesmal, das vorige und das nächste Mal. Ich war überrascht, wieviele auch ich vorher schon auf Referatspilgerfahrt und in Wahlkämpfen von Freiburg bis Flensburg und Aachen bis Berlin getroffen hatte. Die Gesichter fielen mir rascher wieder ein als die Namen.
Unentwegte sammelten draußen Unterschriften für Initiativanträge, die später auch im Saal kursierten und schließlich dem Präsidium hinaufgereicht wurden, das sie an die Antragskommission weitergab. Es bleibt ein Gerücht, daß die SPD eine gut organisierte Partei ist, doch auf Parteitage versteht sie sich.
Es gab keine Gruppierung, die für Strömungen in der Partei repräsentativ war und nicht im voraus ihre Taktik festgelegt und ihre Delegierten eingeschworen hatte. So hatte am Vorabend die Parteilinke auf Einladung von Harry Ristock im Rathaussaal in Beuel getagt, während zur selben Zeit die Kanalarbeiter im Bundesjustizministerium ihre überlegenen Kräfte sammelten und Delegierte einer mittleren Position mal Bündnisse mit der einen Gruppe, mal mit den anderen ersannen.
»Auf deutschem Boden«, heißt es im Godesberger Programm, »sammeln sich die Sozialisten in der Sozialdemokratischen Partei Deutschlands, die jeden in ihren Reihen willkommen heißt, der sich zu den Grundwerten und Grundforderungen des demokratischen Sozialismus bekennt.« Eine immer wieder in der Öffentlichkeit umstrittene These des Programms erhebt auch den Anspruch: »Sozialismus wird durch Demokratie verwirklicht, die Demokratie durch den Sozialismus erfüllt.« Im übrigen gehen die Begriffe Sozialismus und soziale Demokratie im Godesberger Programm so willkürlich durcheinander, daß sich in der Tat Mißdeutungen daran entzünden konnten, zumal in einem Land, in dem die Sozialismus-Diskussion, außer sie verlief wissenschaftlich, im Verständnis der Bürger historisch mißraten ist. Von

der Paulskirche über den Wilhelminischen Abscheu bis zur Weimarer Demokratieschwäche war es damit, obwohl die Sozialdemokraten im Reichstag schon 1912 die stärkste Fraktion stellten, nie etwas Rechtes geworden. Seit es die Bundesrepublik gibt, ist der Begriff von Leuten, die es besser wissen, noch dadurch zusätzlich verfälscht worden, daß sie den Westdeutschen die DDR, das zentralistische Staatshandelsland mit der Einparteienherrschaft, als Abschreckungsbeispiel für angeblichen Sozialismus vorhalten.
Seit einhundertfünfzig Jahren, längst bevor Lasalle 1863 den Allgemeinen Deutschen Arbeiterverein und Bebel gemeinsam mit Liebknecht 1869 die Sozialdemokratische Arbeiterpartei gründeten, widerstritten unter ihren Vorläufern wie später unter den Nachfolgern die revolutionäre Theorie mit der reformpolitischen Praxis. Der Widerspruch wurde nie aufgelöst. So konnten konservative Gegner ihn ausnutzen.
Heute zerfällt im Grunde jeder der im Bundestag vertretenen Parteien in zwei schwer vereinbare Richtungen: Bei der FDP ist es der alte Kontrast zwischen den Fortschrittsliberalen und dem konservativen Wirtschaftsliberalismus. Bei den Sozialdemokraten finden sich auf der einen Seite sozialistische und radikaldemokratische Positionen, auf der anderen die verhältnismäßig konservativen Ziele der sozialen Demokraten – sie setzen sich immer wieder durch und haben sich in den siebziger Jahren einzig im Bündnis mit den Liberalen als mehrheitsfähig erwiesen. Bei der CDU und CSU gibt es je nördlicher um so deutlicher die modernen und aufgeklärten Konservativen, ohne die keine Demokratie denkbar ist. Es gibt aber auch die alte nationalkonservative Rechte, die offenbar nach 1968 die Mehrzahl der 7,9 Prozent NPD-Wähler in Hessen, in Bayern 7,4 Prozent und in Baden-Württemberg sogar 9,8 Prozent, die in Landtagswahlen für die NPD gestimmt hatten, ziemlich mühelos auf ihrem rechten Flügel untergebracht hat. Dort irrlichtern das »Deutschland-Maga-

zin«, die »neue bildpost« und ähnliche Pamphlete wie vor Erfindung der Demokratie.
In der politischen Wirklichkeit der Bundesrepublik gibt es um die Wende zu den achtziger Jahren mit Blick auf den Bundestag nur die Wahl zwischen gemäßigt konservativ auf soziallliberale Weise und dem erheblich konservativeren Prinzip der CDU, die von rechts unter dem Druck der CSU steht, der an Weimar erinnernden Neuauflage der Bayerischen Volkspartei – wobei man deren gelegentlich liberalere Töne etwa in Schwaben und Franken nicht unterschlagen darf.
Die Grünen mit ihrer alternativen Bewegung haben zwar einiges erstmals angestoßen und selbst in konventionell denkenden Politikerköpfen mancherlei ausgelöst, aber sie besitzen noch wenig Durchsetzungskraft und zerren auf Bundesebene an der Kette unter der Fünf-Prozent-Klausel. Die zweiundvierzig Prozent Delegiertenstimmen, die auf dem Berliner Parteitag im Dezember 1979 gegen den Leitantrag des Parteivorstands zur Kernenergie gestanden haben, verheißen unter Umständen bei den Sozialdemokraten mehr mögliche Erneuerung als bisher alle grünen Versuche, mit einer Bundespartei Wähler zu überzeugen.
Nicht angeblich drohende extreme Veränderungen, vielmehr die Unverrückbarkeit des bestehenden Zustands mit seinen wachsenden Gefahren – das ist das Problem.
Natürlich schlägt sich das Wissen um diese öffentliche Stimmungslage, die zur Arbeitsvoraussetzung der Parlamentarier gehört, bei einer regierenden Partei auf jeden Parteitag nieder. Sie wird bei uns Sozialdemokraten von einer Minderheit als bedrückend empfunden, so damals in Köln.
Auch Minderheit zu sein ist ein Beruf. In genauen und fintenreichen Beratungen, die sich über viele Wochen hinzogen, hatte eine Arbeitsgruppe der Bundestagsfraktion, an der sich beteiligen konnte, wer wollte, alle Vorschläge diskutiert, die

aus der Partei vorgelegt worden waren, um endlich vom Extremistenbeschluß loszukommen. Einzelne Fraktionsmitglieder hatten das Thema immer wieder bohrend aufgebracht. Es war hohe Zeit, denn die Partei war in ihrer Substanz durch die Extremistenpsychose unglaubwürdig geworden – das spürte jeder, der sich nicht blind stellte, auf seinen Versammlungen quer durch die lieblose Republik.

Am gründlichsten hatten wir uns in der Arbeitsgruppe mit dem sogenannten Koschnick-Papier befaßt. Es trug die Überschrift: »Grundsätze zur Feststellung der Verfassungstreue«. Schon diese Formulierung machte klar, daß die Fraktion sich in einer Abwehrstellung befand. Die Überlegungen des Bremers Hans Koschnick, der damals noch stellvertretender Parteivorsitzender war, wollten uns da heraushelfen. Ferner konnten wir von der Länderseite auf Hans Ulrich Klose aus Hamburg und Peter Glotz aus Berlin rechnen. Hans-Jochen Vogel steuerte als Bundesjustizminister jede denkbare Hilfe, aber auch die Warnung bei, wie sehr uns das Urteil des Bundesverfassungsgerichts die Hände band.

Überhaupt war mittlerweile durch einander widersprechende Urteile auf unterschiedlichen Ebenen für beinahe jede Meinung in der Extremistenfrage der juristische Schein gewahrt. Wieder einmal hatten die Verfassungsrichter – wie bei der Zivildienstgesetzgebung, bei der Reform des Paragraphen 218, bei Mitbestimmung und Eherecht, beim Grundlagenvertrag und in vielen weiteren Fällen – den Handlungsspielraum für das Parlament außerordentlich eng gezogen. Die Verrechtlichung der Politik setzte sich fort. In dem Karlsruher Urteil, das einer Anweisung für den Gesetzgeber gleichkam, zeigte sich, wie sehr das Denken von der Gewährbieteklausel beherrscht war. Sie forderte, daß Beamte jederzeit für die freiheitliche Grundordnung eintreten sollten. Nur wie das in der Realität vor sich gehen sollte, darüber schwiegen sich die Richter aus.

Es handelte sich zwar um Rechtssprechung höchster Instanz auf entsprechendem theoretischem Niveau. Dennoch war sie widersinnig, wie sich in der Praxis herausstellte. Denn wie konnte irgend jemand, geschweige denn der Staat, vorbeugend die Gesinnung unzähliger Menschen prüfen, ja sogar etwas so Schwieriges wie Treue, im Notfall, zur Verfassung der Demokratie?
Was einer, wenn es darauf ankommt, tatsächlich für den Bestand des freiheitlichen Gemeinwesens zu erdulden bereit ist, das stellt sich doch wohl nicht auf dem Papier, sondern immer erst in der Krise der Demokratie heraus. Haben wir denn gar nichts aus der Gewährbieteklausel der Weimarer Republik gelernt? Haben nicht Millionen abhängiger Menschen, darunter die überwältigende Mehrzahl derer im öffentlichen Dienst, die Weimarer Verfassung der Hitlerdiktatur preisgegeben und sind also nicht »jederzeit« für die freiheitliche Grundordnung auch unter Opfer von Leib und Gut eingetreten? Die bisherige Erfahrung lehrt: Es wächst in Deutschland allemal mehr Gehorsam als Bereitschaft zur Zivilcourage nach. Auch heute produziert unser Erziehungssystem viele, die sich bereitwillig an das Bestehende anpassen und wahrscheinlich, wenn es einmal hart auf hart käme, auch an jede andere Staatsgewalt, nicht anders als Mitläufer früherer Generationen. Gegen menschliche Eigenschaften ist mit Paragraphen schwer anzukommen.
Jedenfalls kann in einer Schönwetterdemokratie jeder alles mögliche zugunsten des Staates und zu seinen Gunsten erklären. Da sind Beteuerungen beinahe wohlfeil. Wird hier nicht juristisch etwas im voraus gefordert, das allenfalls im nachhinein justitiabel wird? Auch scheint es unlogisch, bei Gegnern der verfaßten Demokratie vor allem an winzige Minderheitsparteien zu denken. Denn wer wirklich die Verfassung untergraben will, tarnt sich wirkungsvoller auf Jahre in einer der großen Volksparteien. Ist nicht Guillaume in die

SPD eingetreten, und wo gibt es unentdeckte seinesgleichen, die in anderen Parteien ganz anderen als den vorgeblichen Zielen nachjagen? Überall kann es Fanatiker auf Tauchstation geben. Viele Konservative, sonst so skeptisch in der Beurteilung von Menschen, trauen auf einmal dem zur Schau gestellten Wohlverhalten eine nachgerade verfassungsmäßige Beweiskraft zu. Das wirkt absurd.

So generelle Kritik am Extremistenbeschluß wurde in der Arbeitsgruppe allerdings nur von einigen geübt. Hauptsächlich verglichen wir immer wieder den Spruch aus Karlsruhe vom 22. Mai 1975 mit unserem Antrag für den Parteitag. Wir machten vier Schritte vor, wenn wir unter uns waren, und drei wieder zurück, wenn Rechtsexperten aus dem Ministerium und der Fraktion auf unanfechtbare Formulierungen drängten. Wieviel Spielraum uns blieb, hatte Willfried Penner, Staatsanwalt a. D., als Vorsitzender des innenpolitisch mitverantwortlichen Arbeitskreises gleich zu Anfang so ausgedrückt: »Meine Meinung steht seit einem halben Jahr fest, und dabei bleibe ich auch. Da ist überhaupt nichts drin, da könnt ihr machen, was ihr wollt. Trotzdem sitze ich hier und leite die Diskussion.« Er thronte da walroßhäutig und stocherte in seinem Desillusionismus herum.

Hugo Brandt, Manfred Coppik, Erich Meinike, Harald Schäfer, unterstützt diesmal durch die stellvertretenden Fraktionsvorsitzenden Karl Liedtke und Friedrich Schäfer – kurz, unser Häuflein grübelte verzweifelt über einen Ausweg nach. Kein Wunder, daß Sätze wie diese das Klima wiedergeben:

»Alles, was wir hier bekommen, ist eine schöne Diskussion, aber kein Ergebnis.«

»Da wird immer mit der NPD argumentiert, aber die DKP gemeint.«

»Ich will das auch nicht, aber ich kann es nicht ändern. Das Bundesverfassungsgericht hat das so entschieden.«

»Eine politische Lösung bekämen wir nur über eine Rechtsänderung, gerade das können wir nicht.«
Es ging um jenen Runderlaß der Ministerpräsidenten und aller Landesminister vom 18. Februar 1972, der in elf Bundesländern verkündete, was Bundeskanzler Willy Brandt drei Wochen zuvor an Grundsätzen mit den Länderchefs vereinbart hatte. Das war von seiner Seite offenbar arglos und in bester Absicht geschehen. In dem kurzen Text fanden sich unter anderem folgende Vorschriften:

Nach den Beamtengesetzen in Bund und Ländern
- darf in das Beamtenverhältnis nur berufen werden, wer die Gewähr dafür bietet, daß er jederzeit für die freiheitliche demokratische Grundordnung im Sinn des Grundgesetzes eintritt,
  sind Beamte verpflichtet, sich aktiv innerhalb und außerhalb des Dienstes für die Erhaltung dieser Grundordnung einzusetzen.
- Jeder Einzelfall muß für sich geprüft und entschieden werden.
- Gehört ein Bewerber einer Organisation an, die verfassungsfeindliche Ziele verfolgt, so begründet diese Mitgliedschaft Zweifel daran, ob er jederzeit für die freiheitliche demokratische Grundordnung eintreten wird. Diese Zweifel rechtfertigen in der Regel eine Ablehnung des Einstellungsantrags.
- Für Arbeiter und Angestellte im öffentlichen Dienst gelten entsprechend den jeweiligen tarifvertraglichen Bestimmungen dieselben Grundsätze.

Als verheerend erwiesen sich an diesem Beschluß fortan die Einzelfallprüfung und der Begriff »verfassungsfeindlich«, den das Grundgesetz nicht kennt. Das Bundesverfassungsgericht aber hatte ihn in sein Urteil zur Extremistenfrage aufgenommen. Die Verpflichtung, jeden Einzelfall zu prüfen, sollte nach einer wohlmeinenden, aber naiven Vorstellung, wie sie von Sozialdemokraten unter Berufung auf einen Parteitagsbeschluß aus Hannover vertreten wurde, dem einzelnen mehr Gerechtigkeit garantieren. In der Praxis aber, in der ausschweifende Hüter der Obrigkeit den Erlaß alles andere als naiv handhabten, wurden jetzt Hunderttausende junger Bewerber zum öffentlichen Dienst nach den Kategorien des Verfassungsschutzes überprüft.

Seitdem hatte der Extremistenbeschluß in der Ministerialbürokratie wie vor Gericht, in öffentlichen Kampagnen wie in der Reaktion der Medien die unsinnigsten Auslegungen erfahren. Die Opposition sprach meist vom Radikalenerlaß, als bedeute es etwas Gesetzwidriges, radikal und also von Grund auf für eine Überzeugung engagiert zu sein. Jedenfalls wurde die Verordnung zum Gradmesser für eine Psychose, die in der Bundesrepublik kaum anders wütete als im Amerika der fünfziger Jahre die antikommunistische Verfolgungswelle, die sich gegen Regierungsangestellte und Intellektuelle richtete.

Bislang vernünftige Bürger begannen einander zu bespitzeln. An Schulen, Universitäten, ja in Krankenhäusern, in Finanzämtern, Ministerialbürokratien und Anstalten des öffentlichen Rechts, bei Bahn und Post, bei der Bundeswehr wie in unzähligen Behörden breitete sich jene Epidemie aus, durch die diejenigen, die darin saßen, die Gesinnung derjenigen prüften, die noch draußen saßen, und unter dem Vorwand, die Verfassung zu schützen, eben diese Verfassung beschädigt wurde. Die ältere Generation, die ihrerseits die Jugend in der schlimmsten Diktatur deutscher Geschichte verbracht hatte, wehrte die kritischen Geister aus der neuen Generation ab, die in die zweite deutsche Demokratie hineingebrochen war. Denn daß es weniger um die verschwindende Zahl tatsächlicher Verfassungsgegner ging als vielmehr um die Unterwerfung der Unangepaßten unter den

nachrückenden Jahrgängen, das bewiesen Inhalte und Namen immer neuer Prozesse vor Verwaltungsgerichten.
Als hätten Deutsche nicht ein für allemal genug des Irrsinns geleistet, als sie Menschen um ihrer Rasse oder anderen Meinung willen zugrunde richteten, fanden irrationale Schuldzuweisungen statt. Die lieblose Republik reglementierte ihre Kinder. In der Bevölkerung erschütterte das nur diejenigen, die ohnehin durch staatliche Übergriffe und überall verschärfte Gehorsamkeitsriten alarmiert waren. Sie mußten sich von den Unempfindlicheren entgegenhalten lassen, daß sie angeblich ihre Nervosität übertrieben.
Die Partei aber wollte es jetzt in Köln wissen, ob sie die Kraft besaß, das Aberwitzige zu überwinden. Zu den Schwierigkeiten gehörte, wie so oft in der Realpolitik, daß man einer großen Zuhörerschaft die juristischen Voraussetzungen schwerlich erklären konnte.
Jedenfalls hatten wir in der vorbereitenden Arbeitsgruppe zwischen materiell rechtlichen Notwendigkeiten und Verfahrensfragen unterscheiden müssen. Das Urteil des Bundesverfassungsgerichts hatte unter anderem dies erzwungen:

- Die Verfassungstreue mußte bei Bewerbern für die Beamtenlaufbahn auf Lebenszeit in jedem Fall geprüft werden, aber nicht grundsätzlich durch Anfrage beim Verfassungsschutz.
- Die Mitgliedschaft in einer bestimmten Partei konnte »ein Stück« der Beurteilung sein, doch selbst über die einfache Zugehörigkeit hinausgehende Aktivitäten in der Partei mußten keineswegs unbedingt zur Ablehnung führen.
- Funktionelles Differenzieren zwischen Arbeitern, Angestellten und Beamten war bei Bewerbern für den öffentlichen Dienst vertretbar. Die Beurteilung allein nach dem dienstlichen Verhalten während der Vorbereitungszeit reichte jedoch nicht aus.

– Der Bund hatte die Sorgepflicht dafür, daß alle Länder in der Einstellungspraxis die Verfassungsmäßigkeit wahrten. Ein Land konnte also den Bund verklagen, wenn nach seiner Auffassung ein anderes Land durch Liberalisierung der Einstellungspraxis wider die Verfassung handelte. Nicht nur die CSU hatte das für Bayern angedroht.

Für juristische Laien mochte manches davon pervers klingen, für uns Mitglieder der gesetzgebenden Versammlung war es oberstes Gebot. Immer häufiger erlebten wir, daß zweimal acht Senatoren des Bundesverfassungsgerichts bis in die einzelnen Formulierungen hinein mehr gesetzgebende Macht ausübten als die parlamentarische Mehrheit der vierhundertsechsundneunzig gewählten und vollstimmberechtigten Bundestagsabgeordneten. Wenn man sich dazu ansah, wie diese sechzehn Richter gewählt worden waren, nämlich für zwölf Jahre je zur Hälfte durch die Parteien im Bundestag und im Bundesrat, also seit Bestehen der Bundesrepublik mehrheitlich meist konservativ, stellte das die Idee ihrer Unabhängigkeit zumindest in Frage.
Zwei Tatsachen aber gilt es zur Kenntnis zu nehmen: Die Karlsruher Entscheidungen sind für die Verfassungsorgane des Bundes und der Länder verbindlich. In den Fällen der Normenkontrolle besitzen sie unmittelbar Gesetzeskraft. Außerdem glaubt ein Teil der Bevölkerung hierzulande trotz bitterster Erfahrungen mit der politischen Justiz in der Kaiserzeit, der Weimarer Republik und dem Nationalsozialismus immer noch eher an die Unantastbarkeit der Entscheidungen des obersten Gerichts als derjenigen des obersten Parlaments.
Gewiß trifft es zu, daß in der obersten Justiz wie auf allen Ebenen in Verwaltungsgerichten, Zivilrecht, Arbeitsrecht und Strafrecht in vielen Gerichten immer auch ein angestrengtes Bemühen um den Vorrang der Demokratie exi-

stiert. Vor allem gibt es auch eine ruhmreiche Tradition tatsächlich unantastbarer demokratischer Persönlichkeiten in der Justiz. Aber je höher man in der Rangordnung kommt und je politischer die Befugnisse sich auswirken, um so wahrscheinlicher wird es, daß sie eine Minderheit ausmachen. Das hehre Eigenbild des Richterstandes steht nicht in einem realistischen Verhältnis zu seiner Geschichte. Wie links ist der Rechtsstaat? Überhaupt nicht.

Jedenfalls hat mich ein britischer Unterhauskollege einmal ziemlich fassungslos gefragt, wie denn das angehen könne, daß das Bundesverfassungsgericht praktisch mit der Mehrheit eines Senats, also fünf Richtern, den Bundestag überstimmen könne. Nun, in England gibt es nicht einmal eine geschriebene Verfassung, aber eine sehr viel ältere Demokratie.

Im Fall des Extremistenverfahrens konnten wir unter den beiden Ungeheuerlichkeiten, die nach unserer Überzeugung aus den Bürokratien von Bund und Ländern verbannt werden mußten, gegenwärtig nur eine und auch die nur vielleicht abschaffen. Beseitigen konnten wir, vorausgesetzt daß Bundesregierung und sozialdemokratisch regierte Länder uns folgten – was sie später unzureichend taten –, die Regelüberprüfung durch die Verfassungsschutzämter. Was wir nicht verhindern konnten, war die vorbeugende Beobachtung, das Sammeln von Verfassungsschutzdaten über unzählige Bürger durch die Ämter. Orwells Vision ist längst Wirklichkeit geworden. Die Computer machen es möglich, und was technisch möglich ist, tut der Mensch in seiner Besessenheit.

Am Vortag des Kölner Parteitags hatten Parteivorstand und Parteirat auf ihren Sitzungen in Bonn den Initiativantrag zur Abschaffung der Regelanfrage einstimmig gebilligt und damit den Delegierten zur Annahme empfohlen. Darin hieß es: »Der Staat geht grundsätzlich von der Vermutung aus, daß der einzelne Bewerber für den öffentlichen Dienst die Gewähr der Verfassungstreue bietet. Eine Routineanfrage beim Verfassungsschutz findet daher nicht statt.«

Als der Antrag dann in der brodelnden Kongreßhalle aufgerufen wurde, ergriff Herbert Wehner das Wort. Er, der gerade noch einen anderen Initiativantrag, nämlich die Forderung nach dem gesetzlichen Aussperrungsverbot in der Bundesrepublik, niedergepaukt hatte, und zwar aus keinem anderen Grund, als daß sich eine solche Politik angesichts der tatsächlichen Machtverhältnisse weder mit dem Koalitionspartner noch überhaupt in absehbarer Zeit im Bundestag durchsetzen ließ, schlug jetzt einen anderen Ton an. Eben noch hatte er die große Orgel aufgedreht. Wie beim Fortissimo der Bässe den Gläubigen in der Kirche ein Schauer über den Rücken läuft, waren viele Delegierte zusammengezuckt, als der alte Ingrimm den Parteitag anbrüllte.

Wie sehr Wehner auch anders kann (sonst wäre er nicht da, wo er ist), bewies er, indem er sich aus dem Aussperrungs-Donnerwetter wieder in einen milden Onkel Herbert verwandelte. Er senkte die Stimme, bis sich Ruhe einstellte. Dann sagte er langsam, als denke er einen persönlichen Gedanken nun erst zu Ende und ließe die anderen daran teilnehmen: »Ich gehe nur sehr zögernd an dieses Pult . . . Ich bin etwas betrübt . . . Politik ist doch das, was tatsächlich geschieht, und nicht das, worüber geredet wird.«

Letzteres stimmte zwar nicht, denn gerade Wehner gehört zu jenen Politikern, die ihre öffentliche Rede unglaublich variantenreich einsetzen, um das Geschehen zu beeinflussen. Aber deutlich wurde, daß er der jetzt bevorstehenden Abstimmung mehr Nuancen entgegenbrachte als dem vorangegangenen Streit.

Der Antrag wurde breit diskutiert. Als das Ende greifbar war und sich unter den Delegierten Ungeduld bemerkbar machte, nahm Bruno Friedrich, Vorsitzender des starken Bezirks Franken, noch einmal für die Antragskommission das Wort. Die Linke hatte einen Abänderungsantrag eingebracht, der eine weitgehende Liberalisierung durchsetzen wollte, doch angesichts der Karlsruher Rechtssprechung den Unionsparteien vielleicht die Gelegenheit geboten hätte, erneut das Verfassungsgericht anzurufen.

Friedrich erklärte vor dem Parteitag dazu: »Die Antragskommission hat einstimmig Ablehnung befohlen.« Bei denen, die genau zugehört hatten, gab es Gelächter. Aber die meisten hatten die Freudsche Fehlleistung gar nicht bemerkt. Das Protokoll verzeichnete natürlich »empfohlen«, doch für Kenner blieb der Versprecher eine unübertroffene Zustandsbeschreibung der geölten Abstimmungsmaschine, die von den Delegierten lärmumdröhnt bedient wurde. Sie waren von überallher angereist und waren das Rückgrat der Partei. Sie wurden angeschnauzt und am Abend durch Vorsitzende zum Anfassen bei Laune gehalten. Mal umbuhlt, mal als Stimmvieh behandelt, hockten sie im Stallgeruch und erhielten das Kongreßzentrum übergestülpt.

Alle Geräusche hämmerten unterm Flutlicht auf sie ein. Sie waren stimmberechtigt, sie wurden gebraucht. Von früh bis spät waren sie eingebunden, waren rollende Steine im Fluten und Zurückebben der Gruppenmechanismen, die das Parteileben bestimmen. Keine Ratio wird mehrheitsfähig ohne Emotion.

Die Delegierten vertraten, was bei Sozialdemokraten mit viel Pathos gerühmt und ebenso oft übergangen wird: die Basis. Sie kehrten zurück in die Provinz und wurden als Berichterstatter zu Hause ein bißchen bewundert und viel gescholten für mangelnden Mut, es den Genossen da droben einmal ordentlich gesagt zu haben.

Kurz, sie wurden hin und her gerissen, dazu künstlich beleuchtet, getränkt und ernährt. Wahrhaftig, zum Schluß sahen sie aus wie Larven in einem Termitenbau.

Erpressung

Seit zehn Tagen war die Entscheidung angeheizt. Die Prozedur wiederholte sich, doch die Zwänge eskalierten. Zum Schluß war es wie ein Orgasmus. Im Tosen des gefüllten Plenums, in den Blutgefäßen des Parlaments, rangen sich einzelne Abgeordnete, vom Gewissen gepeinigt, Erklärungen zum Überleben ab. Wenn die Stimmen gefallen waren, wie die Macht es befahl, beruhigte sich die Szene. Die Bundestagsmitglieder liefen auseinander. Ein paar Stunden noch ebbte das Beben in Gängen und Büros nach. Die Dünung erstreckte sich bis auf die Abendmedien und die Presse des nächsten Tags. Dann war alles vorüber.

Ich werde jenen 14. Dezember 1978 nicht vergessen.

Für die Koalition war seit der Sondersitzung der FDP-Fraktion am Mittag, im Grunde schon seit dem Vorabend, alles gelaufen. Es war ein Donnerstag, der vorletzte Sitzungstag vor der Weihnachtspause. Der Vorgang war exemplarisch für das immer rauher werdende Klima der achten Legislaturperiode. Er sollte Folgen haben.

Die fünf mächtigsten Liberalen hatten zu dem bisher drastischsten Disziplinierungsmittel gegriffen. Der Parteivorsitzende Genscher, Lambsdorff als Bundeswirtschaftsminister, der Fraktionsvorsitzende Mischnick und auch die Minister Baum und Ertl zwangen sechs junge FDP-Abgeordnete, ihr Abstimmungsverhalten zu ändern. Die sechs hatten sich öffentlich festgelegt, im Bundestagsplenum gegen den Entschließungsantrag der Koalition für den Weiterbau des Schnellen Brüters in Kalkar zu stimmen. Nach tagelangem Ringen hatten die vier Kabinettsmitglieder und Mischnick sie mit dem gemeinsamen Rücktritt bedroht. Erst darauf hatten die sechs erklärt, auf ihre Nein-Stimmen zu verzichten.

Es war ein Entscheidungsprozeß, in dem sich das Irrationale immer höher schraubte. Angebliche Sachzwänge entlarvten

sich öffentlich – ohne letzte sachliche Erfordernisse, ohne Not.
Das war nicht liberal, sondern eine Erpressung.
Klaus Gärtner, damals 33 Jahre alt, Helmut Hausmann (35), Friedrich-Wilhelm Hölscher (43), Ingrid Matthäus-Maier (33), Helga Schuchardt (39) und Manfred Vohrer (37) stimmten gegen ihre Überzeugung und gegen ihr Gewissen mit Enthaltung. Das Ergebnis: zweihundertsiebenunddreißig Stimmen für den Koalitionsantrag, zweihundertfünfundzwanzig dagegen. Hätten sich die sechs Liberalen bis zum Schluß nicht umstimmen lassen, wäre der Antrag also bei Stimmengleichheit gescheitert. Die Opposition war für den Weiterbau des Brüters, sie stimmte aber gegen den Antrag, um die sechs möglichst in die Falle laufen zu lassen. Sie hätte, was legitim war, die Koalition gern ohne Mehrheit vorgeführt.
Die parlamentarische Demokratie erlitt durch den Pyrrhussieg der Koalition in Wahrheit eine Niederlage. Allzu offensichtlich trat militärischer Gehorsam an die Stelle der Gewissensfreiheit der Abgeordneten. Artikel 38 des Grundgesetzes galt an einem entscheidenden Punkt nicht mehr. Es paßte in die Szene, daß ohnehin immer mehr Experten wie der ehemalige Verfassungsrichter Leibholz diesen Artikel uminterpretierten, als rechtfertige er Fraktionszwang. Alles ließ sich relativieren. Nur war der Preis für die scheinbare Einigkeit zu hoch.
So offenkundig waren Koalitionsabgeordnete nie zuvor zur Mehrheitsbeschaffung für die Regierung gezwungen worden. Wen konnte es da noch wundern, daß kritische Bürger und vor allem ein Teil der jungen Generation das Bonner Gemenge nicht mehr gutheißen mochten. Macht euren Scheiß alleine, dachten viele der Jungen und lebten in Alternativen oder hielten sich sonst beiseite, unerreichbar für das Kabinett.

Die Kalkar-Abstimmung war eine Zäsur. Jedenfalls hat sie in der Folgezeit viel dazu beigetragen, junge Leute politikverdrossen zu machen. Darüber sollten sich die verantwortlichsten Politiker also nicht bei der Jugend, sondern bei sich beschweren. Die Frage, ob das denn so sein muß, wird durch Wachstumsideologie als Ersatz für Staatsreligion nicht beantwortet.

Dabei ging es an jenem 14. Dezember nicht einmal – wie vorher bei den Eskalationen um die sogenannten Anti-Terrorismus-Gesetze – um die eigentliche Aufgabe der Legislative, also nicht um Gesetzgebung. Nein, es ging einzig um eine sachlich nicht unbedingt erforderliche Empfehlung des Bundestags an das Land Nordrhein-Westfalen, den auf seinem Gebiet liegenden Brüter SNR 300 am Niederrhein, jenes geplante Großmodell eines natriumgekühlten Brutreaktors, mit Bundesmitteln einen Abschnitt weiterzubauen.

Den Beschluß über die letzte Baustufe behielt sich das Parlament ebenso vor wie die Verfügung, ob der Brüter eines Tages regulär in Betrieb genommen werden sollte. Diese und weitere Entscheidungen auf dem Energiesektor sollte die »Enquete-Kommission zukünftige Kernenergiepolitik«, die der Bundestag gleichzeitig einsetzte, wissenschaftlich prüfen und politisch vorbereiten, nicht ohne Alternativen zu berechnen. Ihr Vorsitzender wurde der Sozialdemokrat Reinhard Ueberhorst, damals dreißig Jahre alt, er war als wissenschaftlicher Planer und Organisationsfachmann in den Bundestag gekommen.

Zunächst aber wurden durch den Antrag der Koalition die Weichen, wenn auch zögernd, weiter in eine Richtung gestellt, aus der auch viele Informierte, die schnell aufgeregte öffentliche Emotionen nicht mitmachten, unermeßliche Gefahren für das Leben der Menschen heraufkommen sahen. Kein Abgeordneter konnte es sich leisten, nichts davon zu verstehen.

Dann kam der Augenblick, in dem Klaus Gärtner mit bebender Stimme, beherrscht, aber innerlich aufgewühlt, im Plenum erklärte, warum die sechs Mitglieder der FDP-Fraktion anders stimmten, als sie ursprünglich wollten. Das ließ an Deutlichkeit nichts zu wünschen übrig. Im Geprassel der Zurufe aus der Opposition, die ihn und seine Freunde des Schlimmsten verdächtigten, nämlich der Attacke auf das geheiligte Wirtschaftssystem, stand er da mit seiner gedrungenen Gestalt, dem gestutzten Vollbart und der Hornbrille und rief seinen Widerspruch in die parlamentarische Menge, in der jetzt nicht nur ein Meinungsunterschied, sondern teilweise auch Haß kochte. Er machte eine glaubwürdige Figur.
Als er es überstanden hatte, ging ich zu seinem Platz hinüber und wollte ihm das sagen. Aber bevor ich seinen Sitz im Plenum erreichte, war er aufgestanden und lief hinaus. Ich zögerte und ging ihm dann nach. Draußen fand ich ihn allein in einem Nebenraum, mit dem Gesicht zur Wand. Er weinte. Es brach unaufhaltsam aus ihm heraus. Ich konnte nicht anders, halb umarmte ich ihn. Er wußte, daß ich in der SPD-Fraktion in all den Tagen versucht hatte, eine ähnliche, größere Gruppe zusammenzubringen, ergebnislos. Aus ihm strömte die ganze Verzweiflung, der ganze ohnmächtige Zorn eines jungen Abgeordneten, der für den Bundestag in langen Auseinandersetzungen kandidiert hatte, um Demokratie zu wagen, und der vom Glauben an die demokratische Funktion parlamentarischer Politik nicht lassen wollte. Er weinte wie nur ein Mensch.
Der Maßstab war gesetzt. Sollte für den Rest der Legislaturperiode nur Anpassung an die Mehrheit möglich sein? Oder kam es wirklich einmal zu einem Aufstand, der sich nach draußen auch verständlich machen konnte? Das war unwahrscheinlich. Die Öffentlichkeit war auch gar nicht darauf vorbereitet, daß es dabei um den Kern der freiheitlichen Grundordnung gehen konnte. In überwältigender Mehrzahl nahm

sie es hin, daß Abgeordnete wie die sechs Liberalen, die doch buchstäblich bis zum Umfallen Stehvermögen mit rationalen Argumenten bewiesen hatten, sprachlich verräterisch als »Abweichler«, als Dissidenten dargestellt wurden.

Die Väter des Grundgesetzes haben das nicht gewollt. Doch Helmut Schmidt, der gern vom Gehorsam gegenüber der Verfassung spricht, er meinte es kompromißlos ernst. Er ließ keinen Zweifel daran, daß er eher die Vertrauensfrage mit einer Abstimmung verbinden als in einer Sachfrage, die hochgereizt wurde wie diese, im Bundestag durch Stimmen aus der Koalition unterliegen wollte. Die meisten Bundesbürger gaben ihm recht. Ordnung, Obrigkeit und Gehorsam sind beliebter als der demokratische Umgang mit Minderheiten.

Ich hatte mich zwei Tage zuvor entscheiden müssen. Als ich in der Leverkusener Mittagsrunde, der Fraktionslinken, nicht einen fand, der bereit war, die Auseinandersetzung an diesem Punkt noch einmal in die Fraktion zu tragen, war klar, daß ein Alleingang politisch nahezu nirgendwo zu vermitteln gewesen wäre. Als endgültiger Außenseiter, als Phantast und Spinner hätte ich dagestanden, ohne jemals noch die Chance zu erhalten, mit anderen Vorhaben mehrheitsfähig zu werden. Denn zum drittenmal in wenig mehr als einem Jahr, diesmal allein und bei einem anderen Thema gegen die eigene Fraktion zu stehen, das hätte mir niemand außer ein paar Tagträumern abgenommen. Mit einem Schlag hätte ich mich aus allen politischen Zusammenhängen (auch im Wahlkreis), in die ich mich in langen Jahren hineingearbeitet hatte, hinauskatapultiert. Politik findet in Gruppen statt. Wer keine hinter sich bringt, muß neu ansetzen. Da Resignation unpolitisch ist, bewarb ich mich um Mitsprache in der Energiekommission beim Landesvorstand der bayerischen SPD, wurde gewählt und konnte daraufhin über einen Landesparteitag auf jenen Beschluß des Berliner Parteitags

im Dezember 1979 Einfluß ausüben, mit dem zweiundvierzig Prozent der Delegierten eine kritischere Position bezogen als Parteivorstand und Bundesregierung. In der Kommission arbeitete ich übrigens mit meiner späteren Nachfolgerin als Bundestagsabgeordnete für das Allgäu, der Diplomvolkswirtin Sigrid Skarpelis-Sperk zusammen.
Weltweit werden gegenwärtig etwa zweihundert Atomkraftwerke betrieben, und weltweit gibt es keine funktionierende Entsorgung – schon das Wort ist Trug. Die Grenzen des Wachstums sind in vieler Munde, doch das Schlagwort bewirkt wenig, wenn man der Situation nicht auf den Grund geht und die Öffentlichkeit beteiligt. Wer nicht weiterhin auf Kosten kommender Generationen und der Benachteiligten in der heutigen Welt leben will, muß dafür arbeiten, das Gleichgewicht zwischen dem Energieverbrauch und dem Vorrat an Energien durch Sparmaßnahmen sowie durch die Erforschung neuer Techniken und Verfahren herzustellen. Das wichtigste für uns war damals, zu verhindern, daß Machtinteressen, die nicht das Gemeinwohl im Sinn hatten, uns eine Energiewirtschaft aufzwangen, die unberechenbare Risiken einging. Die Auseinandersetzung darum war in vollem Gang, auch im Bundestag. Deswegen schlugen die Wogen so hoch.
Eine Weile setzte ich mich im Plenum neben Herbert Gruhl. Wir sprachen manchmal miteinander. Er war seit seinem Austritt aus der CDU/CSU-Fraktion sehr isoliert. Jetzt saß er auf der letzten Bank und hantierte mit seinen immer genau erarbeiteten Unterlagen. In ihm verbinden sich, wenn ich mich nicht täusche, die schlesische Schwermut seiner Herkunft mit einer niedersächsischen Dachgiebelsteife aus seiner Zeit in der Landwirtschaft.
»Wie geht es Ihnen?« fragte er. »Ich habe mich gleich zu Anfang der Debatte beim Präsidenten zu Wort gemeldet, aber als Fraktionsloser muß man lange warten.«

Als er endlich zum Reden kam, kenntnisreich, ohne rhetorischen Glanz, klatschten ihm stumm ein paar Sozialdemokraten Beifall. »Der Brüter ist irrational«, erklärte Gruhl. »Ich kann hier die unzähligen Risiken nicht in fünfzehn Minuten abhandeln . . . Hier bestimmt die Atomindustrie den Kurs, nicht die Regierung oder das Parlament.« Er war ein Rufer im Überfluß.

Aus der SPD-Fraktion aber erlebte Reinhard Ueberhorst an diesem Tag eine Sternstunde. Die Fraktionsführung hatte ihn und Harald Schäfer, die beiden kritischsten Fachleute der Sozialdemokraten im Parlament, erst in die Entscheidung einbinden können, als die Enquete-Kommission mit ihren Vorbehalten zugesagt worden war. Jetzt redete Ueberhorst für das Gewissen der Fraktion. Er wirkte überzeugend, weil er glaubte, was er sagte. Er sprach sich frei, vergaß die Zeit, aber nicht den Ort. Dem Elmshorner Abgeordneten, er war einer der Jüngsten im Bundestag, gelang es tatsächlich, an der Grenze des Möglichen die Zukunft zu streifen und in der Gegenwart die Linie des Abwägens zwischen Pro und Contra zu behaupten, auf der sich die Fraktion zusammenraufen konnte.

Plötzlich wurde er von der Gemeinschaft getragen, deren Zweifel er artikulierte. Die Fraktion war nicht mehr unschuldig gegenüber dem Thema Kernenergie. Zu genau war der Konflikt in unseren Beratungen sichtbar geworden. Da auch die Abgeordneten, die sich niemals mit Energiewirtschaft gründlich beschäftigt hatten, mit immer schwerwiegenderen Informationen konfrontiert wurden, breitete sich Betroffenheit aus. Die meisten wußten weder, was richtig, noch was falsch war. Sie waren verunsichert und wollten das nicht zugeben. Gorleben war überall. Was die Fraktion beherrschte, war das dumpfe Eingestehen, daß in diesem Bereich der Politik Entscheidendes geschehen mußte, zugleich aber, daß es erst geschehen konnte, wenn Gewerkschaften und Partei mehrheitlich nicht mehr nur in der Kernenergie, sondern in alternativen Energien, vor allem in der technologischen Entwicklung umfassender Sparmaßnahmen und einer umweltschützenden Industrie sichere Arbeitsplätze sahen.

Ueberhorst wurde die Stimme dieses Meinungsprozesses. Er stand da aufrecht am Pult mit seinem runden Jungengesicht und schlenkerte mit den Armen. Er war ein guter Redner. Nie zuvor hatte er eine solche Suggestion zwischen sich und der Fraktion erfahren, die fast vollzählig im Plenum vertreten war. Die Geschäftsführer begriffen, was da ablief. Ein ums andere Mal verlängerten sie Ueberhorst, wenn die rote Lampe auf dem Podest aufleuchtete, die Redezeit. Es war ein euphorischer Augenblick, das teilte sich nicht nur den Zuhörern der eigenen Riege, sondern auch den Gegnern mit.

Später feierte ihn die Fraktion. In der Lobby traf ich Helga Timm, eine unserer Stützen in der parlamentarischen Geschäftsführung. Die Begeisterung stand ihr in den Augen. Sie sagte: »War er nicht großartig, unser Reinhard?«

Ich: »Er meinte, was er sagte. Aber was meinen die anderen? Glaubst du wirklich, daß die Menschen aus Vernunft lernen können oder doch nur aus Katastrophen?«

Darauf Helga triumphierend und ganz ernst gemeint: »Ich bin Historikerin. Die Menschen lernen aus Vernunft.«

Eineinhalb Jahre später, im Juni 1980, legte die Enquete-Kommission unter dem Vorsitz von Reinhard Ueberhorst einen überraschenden Zwischenbericht vor. Unter ihren fünfzehn Mitgliedern, davon sieben Parlamentarier und acht Wissenschaftler, die von den Fraktionen berufen waren, stimmten elf für ein breites Energiesparprogramm mit einundsechzig Empfehlungen, die äußerst bedenkenswert waren. Nur die Abgeordneten der Union waren dagegen, also auch gegen ihre eigenen Experten. Auf dem Gebiet der Wiederaufarbeitung abgebrannter Kernbrennstoffe empfahl die

Mehrheit der Kommission direkte Entlagerung und den vorsichtigen Bau einer Erprobungsanlage weit unterhalb eines Zehntels der Gorleben-Konzeption. Auf dem Gebiet des weiteren Ausbaus der Kernenergie wies sie in vier Modellen Wege in die Zukunft, darunter zwei, die den allmählichen Abbau und schließlichen Verzicht auf diese Energiequellen wissenschaftlich begründeten und politisch offenließen.
Das war nicht die Wende. Schon gar nicht angesichts einer Warnung wie der Erich Husers, der als Direktor des Instituts für Kernphysik an der Universität Münster an Bundespräsident Scheel geschrieben hatte: »Fast alles, was dem Volke über Kernenergie offiziell mitgeteilt wurde und wird, ist einfach nicht wahr. Schon im Normalbetrieb geben die Leichtwasserreaktoren in Abluft und Abwasser soviel radioaktive Stoffe ab, daß Ihre verehrte Gattin ihre Krebshilfe getrost einstellen kann.«
Aber der Bericht versachlichte die Diskussion. Er trug eine Menge Informationen in den Teil der Öffentlichkeit, der ernsthaft etwas davon wissen wollte. Das war die Minderheit. Die Kommission hat mehr geleistet, als zu erwarten war.

Druck-Sachen

Unbegreiflich ist, daß unsere Beobachter, die Fernsehjournalisten, noch nicht auf die Idee gekommen sind, den Bundestag als Wortfabrik darzustellen – anhand des Papiers. Vielleicht liegt es daran, daß sie nicht so früh aufstehen.
Die Parlamentsarbeit läßt sich kaum enthüllender darstellen als am Kreislauf von Drucksachen in des Wortes Doppelsinn. Morgens gegen 6.30 Uhr fahren vor den Eingängen des Langen Eugen, des Alten Hochhauses und der übrigen Parlamentsgebäude Lastkraftwagen vor. Bekittelte Angestellte,

die man später in den Uniformen der Saalbeschließer und Boten herumstehen sieht, schleppen den Abfall aus tausend Büros in Säcken auf die Straße. Geglättet, sortiert, gestapelt läuft das Papier bei den Abgeordneten ein und transportiert Informationen, von denen nur ein Bruchteil die Gehirne erreicht. Zerknüllt, zerrissen, mit Notizen versehen oder ungelesen werden die Drucksachen abends von Zugehfrauen flurweise aus den Papierkörben in die Säcke gestülpt. Eine Tätigkeit, die mit runden Armen daherkommt und schweißnassen Blusen. Aber auch mit Staubsaugern, die den Abgeordneten, die noch in ihren Büros sitzen um Stuhlbeine und Schuhe fahren, brummig und aufgeblasen. Überall stolpert man zur Stunde des Aufräumens über Kabel, Körbe, Eimer und eben Papier.

Niemand hat je ausgerechnet, wieviel gedruckte Wörter ein Bundestagsmitglied pro Arbeitswoche zugeliefert erhält. Lesen kann das keiner. Allein zum Sichten braucht man einen Mitarbeiter, der die Rolle des Vorkosters übernimmt. Die Drucksachen erreichen das MdB-Büro über die Postfächer beim Fraktionssaal, zirkulierende Boten und den Etagensekretär.

Tonnenweise wird bedrucktes, beschriebenes, durch Fotokopiermaschinen gejagtes Papier von den Ministerialbürokratien und der Bundestagsverwaltung zugestellt. Die Fraktionen sind wahre Papierspeier. Allein sie überhäufen ihre Mitglieder mit mehr Lesbarem, als das unverdorbene Auge faßt. Dieser Andrang konkurriert mit den Zuschriften, Informationsbroschüren, Buchpräsenten, Gutachten und Dokumentationen, die vielhundert Lobbyisten routinemäßig übersenden.

Die Papierbrandung quillt so ungehemmt über die Schreibtische, daß die Abgeordneten und ihre Mitarbeiter darin versacken müßten, würden sie nicht immer genialer im Wegwerfen und mit stromzerteilenden Händen gegen die Fluten anrudern. Einmal war ich versucht, das Märchen vom Hirsebrei auf den Papierbrei umzuschreiben. Dann fiel mir wieder ein, das Ganze war nicht spaßhaft gemeint.

Zu Anfang habe ich redlich gegen die Textinflation angelesen, habe Stunden um Stunden dabei abgesessen, oft von früh bis auf die Nacht. Frischgewählt glaubte ich noch, irgendwie müsse der Arbeitsablauf inmitten der Papierstapel sinnvoll geplant sein und ich begriffe es nur noch nicht. Ich las und las, bis ich nichts mehr verstand. Später habe ich eingesehen, daß es sich nur um Scheinrationalität handelt und das Irrationale durch alle Öffnungen, aber auch geschlossene Fenster in die Wortfabrik sickert, wo überall entleerte Bedeutungen silberklirrend um die Ecke laufen.

Im Telegrafenraum wuchern Fernschreibanlagen unter Frauenhänden und suchen den Verteiler. Ausrufe gongen durch die Hallen und pünktlich an Sitzungstagen morgens um halb neun Uhr das Glockenläuten, das die Abgeordneten zur Besinnung ruft. Doch vor dem Ausbruch von Textwahn oder Mitteilungsschlagfluß rettet den einzelnen nur die trainierte Bewegung, mit der er jedesmal, wenn er sein Büro betritt, die mittlerweile angeschwemmten Drucksachen nach diagonalem Herauszupfen seiner Prioritäten in die Abfalltrichter kippt.

Langjährige MdBs erfahren entsprechende Muskelausbildungen durch den immer rasanter zupackenden Schleudergriff. Ihr Zehnfingersystem arbeitet als Sortiermaschine, wobei ein magisch angestrengtes Auge die Originalpost heraussucht und das Unumgängliche, das einer auf seinen Fachgebieten wie für den Wahlkreis wirklich braucht. Sonst aber werden verwelkliche Informationen mißachtet. Kaum sind Aktenstöße, Hausmitteilungen, Gesetzentwürfe, Behauptungen und Berichtigungen, Gegenüberstellungen, Einladungen und Modenschauprospekte auf der einen Schreibtischkante gelandet, werden sie von überlebenswilligen Bun-

destagsmitgliedern über die andere Kante ins Jenseits der Arbeitskapazität gedrängt: ab in den Reißwolf!
Parlamentskreislauf: Was so geschniegelt und bürokratisch daherkommt, auseinandergefächerte Ballen bedruckten Papiers, millionenfaches Ergebnis von Sitzfleisch, Mitteilungsbedürfnis und Wichtigtuerei, nimmt den Abgang zur Verbrennungsanlage. Wetten, daß das meiste ungelesen geblieben ist! Da sich unter soviel Papierschlamassel natürlich auch »VS-Geheim«-Drucksachen befinden, hat der Bundestag seine besondere Müllabfuhr. Trau, schau wem!
Wenn die Fernsehjournalisten die Drucksachen über den Bildschirm rotieren ließen, würde der Bevölkerung vielleicht klarer, welchem Druck die Sachen im Bundestag unterworfen sind.

Laternen im Wasser

Der Rhein ist über die Ufer getreten. Seit Tagen war ihm der Kamm geschwollen. Jetzt stand das Ufergelände als überspülte Schiffsreling im Strom, der lehmig dahinschoß, besetzt mit Treibgut. Die Promenade war untergetaucht. Weit über die Uferstraße hinaus rieb sich der Fluß an den Mauern, Treppen und Gartenböschungen. Bänke waren fortgerissen, standen verquer. Die Laternen steckten tief im Wasser. Der Rhein floß durch die Papierkörbe, die in Griffhöhe angebracht waren.
Auf meinem Weg zum Bundeshaus fiel mir alles wieder ein. Ich schaute zum Siebengebirge hinüber. Plötzlich kam das Jubeln aus Kindertagen wieder in mir auf. Früher standen dort Gaslaternen im Hochwasser, noch nicht die Glühlampen und Neonlichter von heute. 1934, ich war acht Jahre alt, wohnten wir ein Jahr in Bonn. Ich ging in die Bürgerschule am Venusberg. Zweimal in der Woche lief ich nachmittags

mit Rollschuhen zur Klavierstunde. Meine Lehrerin hieß Frau Bleibtreu. Sie lebte in einer Villa in einem großen Garten über dem Rhein. Eines Tages im Frühjahr war der Strom über sein Becken geschwemmt. Er strömte, wie ich mir den Mississippi vorstellte, als endloser Fischstrom dem Meer zu. Wogen umbrandeten die Laternensockel.

Da entdeckte ich meine Begeisterung für das steigende Wasser. Jeden Tag lief ich hin mit den Rollschuhen und maß mit dem Blick den Fluß. Alle meine Wünsche vereinigten sich in dem Traum, das Wasser solle so hoch steigen, bis es die Laternen löschte. Mir war, als werde sich dadurch eine Welt verändern oder ich würde mit einem Schlag erwachsen sein. Als der Rhein zurückging, ohne daß er mein Traumziel erreicht hatte, war ich tieftraurig. Frau Bleibtreu ahnte nicht, warum ich an dem Tag so falsch spielte.

Nie ganz erwachsen zu werden ist auch eine Frage der Reife. Manchmal habe ich den Politiker mit dem Kind von damals verwechselt. Wenn ich daran dachte, war ich allein. Dann rauschte der schwarzstinkige Rhein für einen Augenblick wie der Strom, der Laternen löschen kann.

Aber, Herr Abgeordneter. Denken Sie lieber daran, wie es war, als der Rhein einmal bis an die Grenze zum Plenarsaal des Bundeshauses stieg und das Hohe Haus aus der Tiefe naß wurde. Mit Sandsäcken wurde das Gebäude beschützt. Trotzdem mußte Wasser herausgepumpt werden. Noch heute hat die Verwaltung des Bundestags Angst vor einer Wiederholung. Das wäre auch noch schöner, wenn den Deutschen ihr Parlament wegschwämme.

5

Bilder aus der lieblosen Republik

Als ich eines Abends spät ins Hotel kam, stand ein Ceylonese an der Rezeption. Er gab mir den Schlüssel für das Zimmer, das ich am Nachmittag mit meinem Koffer belegt hatte, bevor ich aufbrach, um einen Besuch zu machen. Meine Wohnung in der Joachimstraße hatte ich schon aufgegeben, ich wohnte reihum in Hotelzimmern.

An diesem Abend fand ich mein Zimmer besetzt. Eine schlafende Gestalt lag im Bett. Der Mensch hatte sich nicht ums Abschließen gekümmert. Mein Koffer stand nahe bei der Tür. Es fehlte, daß jemand ihn hinausgeworfen hätte.

»Was ist denn da los?« fragte ich an der Rezeption, den Koffer in der Hand. Der Ceylonese blätterte im Bestellbuch. Dort fanden wir meinen Namen ausgestrichen und dabei ein anderes Hotel vermerkt, das derselben Besitzergruppe gehörte.

»Der Chef hat das entschieden«, erklärte der Ceylonese und schaute mich aus seinen braunen Augen ruhig an. Er war ein junger Mann aus Sri Lanka in einem naturfarbenen Baumwollkittel, aus dem sehr schlanke Handgelenke dunkelhäutig hervorragten. Während er nach dem Telefon griff, um mir ein Taxi zu rufen, schimmerten die Monde seiner Fingernägel.

»Warten Sie«, sagte ich und wollte ein anderes Zimmer in diesem Hotel.
»Es ist alles besetzt«, beschied mich der Ceylonese. In erstaunlich gutem Deutsch setzte er mir auseinander, daß der Boß eine Reisegruppe, einen ganzen Bus, einquartiert und alle Buchungen durcheinandergebracht hatte. Als er bemerkte, wie ich das aufnahm, breitete er die Arme aus und schloß gleich darauf die Handflächen vor der Brust aneinander.
»Dieses Land ist verdorben durch Geld«, stellte er fest, es handelte sich um eine Tatsachenmitteilung. »Ich gehe wieder fort, denn ich will nicht verdorben werden durch Geld.«
In dem anderen Hotel traf ich auch einen Ceylonesen an. Das Zimmer, das er mir anwies, sah aus wie eine HiFi-Anlage. Überall Kabel, Boxen und Kunststoff. Aus der Toilette roch es nach Zitronenaroma. Die indirekte Belüftung drückte Straßenlärm herein. Aus dem Radio am Nachttisch dudelte Musik. Leise ratternd stellte sich das Aggregat des Kühlschranks ein. Im Aquariumlicht spiegelte der Schleiflack meine verrenkten Glieder. Ich klappte die festgezurrte Decke auf und schlief wie in einem Futteral für Orchideentransport.
Mit Kopfschmerzen wachte ich auf. Es paßte zu meiner Stimmung, daß ich beim Frückstücksei in der Magazinbeilage der Morgenzeitung das Inserat entdeckte: »Einmal im Leben sollte jeder erfolgreiche Mann einen Achttausender bezwingen.« Dabei war vermerkt, daß der Diamant-Solitär-Ring, um den es sich handelte, 8848 DM kostete. Eine andere Anzeige pries eine Kleinbildkamera auf diese Weise an: »Schön wie Marilyn, klug wie Einstein, technisch perfekt wie ein Bugatti und von mattem Schwarz wie knapp fünfzig Prozent unserer wahlberechtigten Bevölkerung.«
Wahrhaftig, die Leute hatten Witz. Und Zynismus. Jedenfalls bewiesen sie einmal mehr: Unser Wirtschaftssystem funktioniert nur noch deswegen so gut, weil die meisten von

uns ständig Sachen kaufen, die sie gar nicht zum Leben brauchen. Die Republik ist lieblos geworden. Nichts zählt mehr als Geld. Immer häufiger friert uns in geheizten Räumen.
Der erste Besucher, der nach meiner ersten Wahl zum Bundestag 1972 im Allgäuer Wahlkreis etwas von mir wollte, war ein Vertreter für Schweißbrenner. Er hatte das am Telefon nicht zu erkennen gegeben, sondern nur vage um einen Termin gebeten. Es handle sich um eine wichtige Sache. Wichtig für wen? fragte ich nicht. Damals dachte ich noch, es gehöre zur Aufgabe eines Abgeordneten, für jedermann dazusein.
»Ich habe Sie gewählt«, so hatte er sich angesagt. Nun forderte er mein Interesse. Als er dann mit dem Wagen vorfuhr und die Treppe heraufkam, entdeckte ich gleich die Klarsichtmappen. Er rumpelte herein und besetzte unseren zerbrechlichsten Stuhl mit seiner Stabilität. Ich sehe in meiner Erinnerung nur noch, daß er mir vor der Balkontür das Licht eines späten Nachmittags versperrte.
»Das ist so«, versicherte er. »Ich habe mit meiner Firmenleitung gesprochen. Wir produzieren hier diesen Schweißbrenner. Falls Sie nichts von den Dingern verstehen, das ist wirklich einer der besten, die auf dem Markt sind.«
Natürlich schwante mir inzwischen alles. Ich käme doch nun vielleicht in den Verteidigungsausschuß oder hätte Einfluß auf den Haushalt, meinte er. Jedenfalls werde ich in diesen Bereichen Freunde haben. Klipp und klar, wenn es mir gelänge, einen gehörigen Posten der Schweißbrenner bei der Bundeswehr unterzubringen, solle das mein Schade nicht sein.
Später erholte ich mich von der Verblüffung. Zunächst aber war ich zu verdutzt, um so zu reagieren, wie ich es mir gewünscht hätte. Als junger Verlagsfachmann hatte ich zwar erlebt, daß Druckereien mir für Aufträge Prozente anboten oder Geschenke zudachten, die auf Kleinigkeiten zu beschrän-

ken sogar Mühe machte. Aber ich dachte, aus solcher Einschätzung sei ich ein für allemal heraus. Es dauerte eine Weile, bis ich begriff, daß Wähler die Abgeordneten im Dutzend nehmen und einer wie der andere, ehe er sich zu unterscheiden beginnt, dem Image der meisten unterworfen wird.

Als ich den Schweißbrennerverkäufer damals zur Tür bugsierte, pumpte er sich auf und ließ mir im Hinausgehen die Frage zurück: »Was sind Sie denn für ein komischer Abgeordneter? Schließlich habe ich Ihnen ein ganz normales Angebot gemacht.«

In der Tat war das normal für ein Land, in dem nahezu alles am Materiellen gemessen wird und das *Haben* das *Sein* bestimmt. In all den Jahren erlebte ich, daß sich Bürger in der Mehrzahl aller Fälle aus finanziellem Interesse an ihre Abgeordneten wenden. Von einem Buchhalter erwarten sie auch nicht, daß er schöne Liebesbriefe schreibt. Im Kontakt der Bundestagsmitglieder mit der Bevölkerung im Wahlkreis geht es vor allem um Besoldungsgruppen und Beförderungen, um Subventionen und Grundstückspreise, um Sparprämien und Ausbildungsförderung, Rentenberechnung, Sozialhilfe und Agrarzuschüsse. Es geht um Abschreibungsparagraphen und Geschäftsgründungen, Einfuhrkontingente, Spenden und Steuern. Das ist legitim. Aber es ist nicht die ganze Politik.

In der lieblosen Republik gerät das in Vergessenheit. Da tritt die Wachstumsideologie als Ersatz für Staatsreligion auf. Verteilungskämpfe ums Geld werden immer rabiater. Lieber läßt der Staat geschehen, daß Unmengen von Dünnsäure ins Meer gekippt werden und Fische verwuchern, ehe er dem Wachstum der Chemiemultis Grenzen setzt. Wer einen Polizisten anschießt und dem Terrorismus zugerechnet wird, kann ein Urteil auf fünfzehn Jahre Strafhaft erwarten. Aber Landwirte und Lebensmittelhersteller brauchen nicht einmal nach dem Gesetz schwere Strafen zu befürchten, wenn sie

besessen vom Wachstum krebserregende Mittel spritzen und langfristig Menschen umbringen – nur weiß man das im einzelnen nicht so genau. Das eine wird als schwerer Angriff auf den Staat angesehen, das andere gilt immer noch als Betriebsunfall im System, an das trotz allem geglaubt wird.
Die meisten allerdings rechnen viel vordergründiger in die eigene Tasche. Ich erinnere mich einer Diskussion mit Metallarbeitern in der Wahlkreisgemeinde Blaichach, wo die meisten bei Bosch arbeiten. Sie produzieren Zündverteiler, Zündspulen, Glühstifte für Dieselmotoren und Teile für die elektrische Einspritzung. Die Belegschaft zählte nach der Entlassung von Hunderten in der Rezession vor sechs Jahren inzwischen wieder an die dreitausend Frauen und Männer. Es ist ein in mancher Weise mustergültiger Betrieb, der als Glied der Bosch-Gruppe aus Stuttgart nach strengen Erfolgsregeln gesteuert wird.
Die Metallarbeiter waren Sozialdemokraten und engagierte Gewerkschafter, denen ich einiges verdankte. Wir kamen mit festem Handschlag miteinander aus. Einmal hatten sie mir eine Allgäuer Kuhglocke gehämmert, die hing lange am Kupferbügel in meinem Bonner Büro. Die Blaichacher, dachte ich manchmal, waren meine schweren Jungen. Wenn mir jemand krumm käme, würde ich sie zu Hilfe holen. Jeder von ihnen war dreimal so stark wie ich. Außerdem hatten sie mir, als es mir in der Fraktion wegen meiner Nein-Stimmen nicht gut ging, buchstäblich die Treue gehalten. Wir waren also in guten und schwierigen Zeiten miteinander verbunden.
Diesmal aber verfinsterten sich ihre Mienen. Ich hatte im »Grünen Baum« über den Haushalt und Steuerfragen referiert. In der anschließenden Aussprache hatten einige von ihnen gefordert, endlich solle die Bemessung der Bausparprämien und allgemeinen Sparprämien den gestiegenen Löhnen angepaßt werden.

»Das ist eine Sauerei«, sagte einer. »Jahrelang hat sich da nichts geändert. Wir sind aus der Prämie raus.« Sein Bier schwappte, so kräftig setzte er das Glas hin. Einige in der Runde tranken Wein.

»Halt mal«, erwiderte ich. »Die Prämie kommt denen zugute, die als Alleinstehende bis 24 000 Mark oder als Verheiratete bis 48 000 Mark im Jahr verdienen.«

Unerschütterlich kam die Antwort: »Da sind wir drüber, jedenfalls manche von uns.« Sie gehörten zu den gutbezahlten Facharbeitern im mittleren Alter, deren Frauen mitarbeiteten. Sie fuhren Mittelklassewagen, einige wohnten in Eigenheimen, sie hatten erwachsene Kinder mit eigenem Einkommen und machten Urlaubsreisen in alle Welt. Gut so. Aber sie wollten die Sparförderung auch weiterhin beanspruchen.

»Also, Dieter. Da gibt es nichts. Da mußt du ran«, sagte einer der Strammsten. Sie ließen sich von mir zwar daran erinnern, daß die Prämie einst für schwachverdienende Bevölkerungsgruppen, für junge Familien und Existenzgründungen eingerichtet worden war, aber sie meinten, alles sei anders geworden, jedenfalls solle es sie keinen Vorteil kosten, daß sie aufgerückt waren. Als ich ihnen nicht nach dem Mund redete, wurden einige aggressiv.

Kleinigkeiten. Aber einprägsam. Viel lebhafter erinnere ich mich allerdings an eine andere Szene nicht weit von diesem Ort. Sie ereignete sich in der Zeit, als im Bundestag vier Gesetzentwürfe zur Reform des Paragraphen 218 erörtert wurden. Wenn ich als politischer Landpfarrer von Dorf zu Dorf ging, erklärte ich immer alle vier. Ich vertrat also nicht nur den Mehrheitsantrag der Sozialdemokraten und der FDP, der die Fristenregelung anstrebte und vom Bundesverfassungsgericht eingegrenzt wurde. Ich erklärte auch den Minderheitenantrag der CDU/CSU, der die Indikation am schärfsten beschränkte – für ihn trat mein Wahlkreisgegenüber, der Abgeordnete Ignaz Kiechle von der CSU, Vater von vier Kindern, mit Überzeugung ein.

In dem Dorfkrug, in dem ich bei einer dieser Gelegenheiten sprach, waren vielleicht dreißig Leute versammelt, zur Hälfte Frauen. Eine Zusammensetzung, in der Wähler der Sozialdemokraten, soweit ich es übersehen konnte, kaum vertreten waren. Aber sie waren gekommen, um den Abgeordneten anzuhören, der da behauptete, er wolle nicht nur für eine Partei sprechen.

Es war ein grauer Spätnachmittag, Melkzeit vorüber. Die Bauerngesichter in der Runde verschlossen sich, als ein Kaplan aus der Nachbarstadt auftauchte. Er trug ein Weckglas mit einem Embryo in der Hand, hielt es empor wie eine Monstranz und bedeutete den Mädchen von der katholischen Landfrauenjugend, so etwas wolle die SPD umbringen. Zwischen dem Kaplan und mir entspann sich ein Disput, der von allen übrigen mit Schweigen quittiert, aber auch mit Spannung verfolgt wurde. Sie alle wußten, wo die österreichische Grenze lag, hinter der die Fristenregelung galt. Sie alle kannten den Weg nach Holland. Jeder einzelne war sich auch klar darüber, was einer von ihnen tun würde, wenn seine vierzehnjährige Tochter in die Lage käme und der Junge, der das verursacht hatte, noch nicht erwachsen genug war, um nach dem Verursacherprinzip zu handeln. Aber sie schwiegen über den Unterschied zwischen dem, was in der Realität galt, und dem, was fromm beteuert wurde.

Als ich erwähnte, daß im Jahr 1591 Papst Gregor XIV. entschieden hatte, das Strafgesetz gelte nur für eine Schwangerschaftsunterbrechung nach Eintritt der Geistbeseelung, nach damaliger Einstellung also etwa drei Monate nach der Befruchtung, und daß diese Regelung in der katholischen Kirche bis 1679 in Kraft war, setzte der Kaplan sich zur Wehr, indem er behauptete, das sei zu lange her, um daraus noch etwas für das Verhalten der Kirche von heute abzuleiten. Im

Gegenteil, auch die Kirche entwickle sich weiter und komme zu besseren Einsichten. Plötzlich redete er nicht von Unfehlbarkeit. Sicherlich besaß er den Segen seines Augsburger Bischofs. Mit Stumpf und Stimpfle wollte ein Teil des Klerus zurück ins Mittelalter.

Dem Kaplan, der immer aufstand, wenn er sprach, war nicht beizukommen. Wie er da eiferte und sich an die Bevölkerung, nicht an mich wandte, wollte er von der Szene Besitz ergreifen, dazu war er hergekommen. So änderte sich an der Fruchtlosigkeit unserer Rede und Gegenrede nicht das geringste, bis er sich unvermittelt zu gehen entschloß. Mit einem letzten warnenden Blick und dem Wehen seines schwarzen Rocks verschwand er aus dem Kreis, ein noch ziemlich junger Mann, der sich der Gefahr aussetzte, auf dem Gebiet dieser menschlichen Grunderfahrung als nicht ganz zuständig empfunden zu werden. Als er gegangen war, erhoben sich allmählich Fragen. Es war jetzt wie sonst: Mit den Allgäuern konnte man über beinahe alles reden, wenn man sich ihren Sorgen öffnete und sich durch vorherrschende Abhängigkeiten nichts vormachen ließ.

Eine Menge ist äußerlich. Gerade im kirchlichen Leben ist nicht alles Weihrauch, was da räuchert. Die Gläubigkeit besitzt immer noch eine heidnische Unterströmung. Auch beim Kirchgang kann niemand Gedanken lesen. Manchmal wird die Anpassung so unumwunden zugegeben wie von der Frau eines Landwirts im Nebenerwerb, die zum Schluß der Veranstaltung auf mich zukam. »Machen Sie nur so weiter, Herr Abgeordneter«, sagte sie. »Sie machen es schon recht so. Manche von uns finden das. Aber glauben Sie doch nicht, mein Mann könnte sich offen zu Ihnen bekennen, solange der Kaplan da ist. Das kann er gar nicht. Der ist nämlich der einzige Schreiner hier in der Gegend. Wenn der sich zu einem Sozi bekennt, darf er nie mehr das Kirchgestühl richten, wenn mal was zu reparieren ist.«

Kaum anders erklärt sich die Tatsache, daß mehr als die Hälfte der Arbeiter in der Region die Partei mit dem C wählen. Vielleicht handelt es sich um einen Kardinalfehler.
Im übrigen ist die Arbeitswelt an diesem Endpunkt der Republik zuweilen besonders hart. Davon sollte ich mich einmal mehr überzeugen, als ich zu einem meiner Arbeitsbesuche nach Füssen kam und einen mittelständischen Betrieb besichtigte. Die Stadt zwischen Tegelberg, Säuling und Gimpel, an der Einmündung des Lechs in den Forggensee gelegen, gehörte zum Nachbarwahlkreis, den ich mit zu betreuen hatte. Wie immer begleiteten mich Sozialdemokraten aus dem Ort, nämlich der Vorsitzende, ein Polizeibeamter, und sein Stellvertreter, Hauptfeldwebel bei der Gebirgsartillerie.
Die Firmeninhaberin empfing uns in Hohenschwangau im Hotel Müller zum Wildessen. Sie wirkte so vertraut mit dem Personal, als sei sie die Hausherrin, aber sie war nur Stammgast und Lieferant. Zunächst gab es Springbock und Auskünfte.
Die Chefin, die ihren Mann vertrat und damit keine Mühe hatte, wirkte auf mich wie ein ungemein bayerisches Weltkind. Mit ihrem Ammergauer Gesicht, der weißen Bluse, den zupackenden Armen und dem adeligen Hintergrund paßte sie auf jede Votivtafel. Sie war gesprächig, ungeübt im Umgang mit einem sozialdemokratischen Politiker und etwas erstaunt, daß ich tatsächlich Einzelheiten über das Geschäft mit Wild und Wildgeflügel wissen wollte.
»Als wir mit den Springböcken anfingen«, erzählte sie auf meine Frage, »dachten mein Mann und ich: das wird ein Experiment. Aber die Ware hat wunderbar eingeschlagen. Heute können wir gar nicht genug davon herbringen. Lassen Sie es sich schmecken.«
In der Tat war das Fleisch vorzüglich, mild, ohne strengen Wildgeschmack. Während uns das Springbockfilet mit leich-

ten Gemüsen und Pilzsauce zu einem roten Württemberger vorgelegt wurde, erklärte die Chefin: »Man schießt sie nur nachts bei Scheinwerferlicht und zielt ausschließlich auf den Kopf. Die Tiere werden sofort ausgeblutet und ausgenommen. Der Kühlwagen steht daneben. An Ort und Stelle werden die Springböcke da in Südafrika eingefroren und kommen per Schiffsfracht nach Deutschland.«

Die Firma ist die Gründung eines gelernten Schlachters aus Hohenschwangau und inzwischen eineinhalb Jahrzehnte alt. Heute beschäftigt das Unternehmen in der Saison siebzig, in der übrigen Zeit über fünfzig Mitarbeiter, zumeist Türken, ein paar deutsche Vorarbeiter und nur drei Frauen.

»Unser Hauptproblem sind die Arbeitskräfte«, sagte die Chefin. »Wir bringen einfach nicht genügend Leute her. Beim Arbeitsamt bekommen Sie ja keine. Wenn ich die Arbeitslosenzahlen in der Zeitung lese, bekomme ich einen Zorn. Dabei geben wir uns wirklich Mühe, die Arbeit möglichst geruchsfrei und sauber einzurichten.« Was sie berichtete, machte deutlich: Sie engagierte sich unternehmerisch autoritär, aber nach ihrem Verständnis sozial. Sie kannte es nicht anders, und Unrecht war das nach der herrschenden Regel nicht.

Gab es einen Betriebsrat? Wie stand es mit dem Tarif der Gewerkschaft? »Mit den Gewerkschaften«, antwortete sie, »habe ich nichts im Sinn, aber natürlich haben wir einen Betriebsrat – nun, der ist sehr angenehm.« Sie lachte, als sei es eine Kleinigkeit, Menschen zu behandeln. »Jeden Monat machen wir eine Betriebsversammlung und reden über alle Probleme, die aufkommen. Das ist eine gute Einrichtung. Da können die Leute so richtig Dampf ablassen.« Sie war umwerfend lebenspraktisch.

Die Leute sahen wir anschließend in dem Füssener Betrieb. Sie waren gerade dabei, Wildschweinfleisch auszulösen. Es war kalt und naß in dem ebenerdigen Fabrikationsraum, dem

ehemaligen Schlachthof der Stadt. Die Männer, meist kleine blasse Gestalten mit Schnurrbärten, trugen Schutzhandschuhe, denn Schnitte, in die Wildschweiß eindringt, heilen manchmal über Wochen nicht. Die Arbeiter machten so stumme Gesichter, als wüßten sie, daß wir nicht nur kein Türkisch verstanden, sondern überhaupt nichts von ihnen. Sie wohnten am Stadtrand in Quartieren, die kein Deutscher für menschenwürdig hielt.
Wir besichtigten die Kühlräume und Verarbeitungshallen. An Deckenbalken waren hundert Elche, frisch aus Polen eingetroffen, zum Auftauen, das vier Tage dauert, aufgehängt. Die zottigen, kopflosen Leiber mit den aufgeschnittenen und ausgenommenen Bäuchen sahen auch hier noch wie eine Urweltherde aus, sie verbreiteten einen scharfen Geruch. In einem angrenzenden Lager waren Wildsauen und Keiler übereinander geschichtet. In einem Kühlraum lagen über zweihundert Rehe, sperrig wie Gehölz. Das Erstaunlichste waren zwei tiefgefrorene Tiger. Voll im Fell, wie im Sprung erstarrt durch den Schuß aus einer Eiskanone, lagen sie neben zwei Bären und drei etwas angegrauten Löwen. Die Tiger streckten die Tatzen mit grifflosen Krallen in die Luft. Sie waren bei vierzig Grad Kälte fast geruchlos.
»Löwenschinken ist eine begehrte Delikatesse«, erläuterte der Geschäftsführer, dem die Chefin die Führung überlassen hatte. »Das Kilo zu fünfundsechzig Mark im Fachgeschäft. Tigerschinken und Bärenschinken kostet bis zu hundertdreißig Mark. Die Preise spielen kaum eine Rolle. Die Leute wollen etwas Besonderes. Neulich rief ein Hobbykoch an, der wollte für seine Frau zum Hochzeitstag ein Löwenherz zubereiten.«
»Ganz schön verrückt«, meinte unser Ortsvorsitzender.
Zum Abschluß bekamen wir Löwenschinken zu essen. Er schmeckte wie Bündner Fleisch. Und jeder erhielt am Ausgang eine Hirschdauerwurst Marke »Wildschütz Jenner-

wein«. Die Chefin war wieder aufgetaucht. »Für die schlanke Linie«, rief sie uns nach.
Von Füssen aus fuhr ich direkt nach München, um nach Bonn umzusteigen, vom Wagen ins Flugzeug. Als ich in Schwabing vor unserer Garage parkte, um die Koffer auszuwechseln und mit meiner Frau noch ein Stück durch den Englischen Garten zu gehen, entdeckte ich an einem Lichtmast einen Zettel, auf dem geschrieben stand: »Wir sind eine Gruppe von jungen Leuten mit einem Mädchen dabei, das ein Kind erwartet. Wir haben uns entschieden, zusammen zu leben und möchten, daß das Kind liebevoll in unserer Mitte aufwächst. Wir haben noch keine Bleibe. Können Sie uns helfen?«

Aktuelle Stunde

Wenn im Bundestag die Fragestunde in eine Aktuelle Stunde übergeht, ist es, als wechsle ein Septett mit einem Sinfonieorchester, das sich aufs Atonale versteht.
Bis dahin haben nur wenige Abgeordnete im Plenum, das allen Platz freihält, das Ritual erfüllt. Auf der Besuchertribüne zeigt sich immer das gleiche Bild: Sehleute, Bonner Publikum, darunter einige Nimmermüde, Wahlkreisgruppen aus der Provinz, Abordnungen gesellschaftlicher Gliederungen und auch Bundeswehr. Eine alte Dame mit weißem Haarbusch nahm dort jahrelang neben der Kameraempore ihren Stammplatz ein. Sie schien ihre Hörfähigkeit zu erproben und wurde, ein anämisches Gesichtsrund in der Totale, bei Saalbetreuern und Abgeordneten zur Instanz.
Gespannt betreten die Besucher die Galerie über dem Schauplatz des Parlamentsgeschehens. Sie rücken in Schlangen ein, blicken sich um und begreifen die Leere nicht, die sich ihnen auftut. Wieso das? Wofür haben sie ihre Abgeordneten

gewählt? Am Eingang sind sie belehrt worden, daß sie sich jeder Äußerung zu enthalten haben. Nun sitzen sie da, vergewissern sich ihres Platzes und schauen herab auf das bißchen Parlamentarierpräsenz. Dann allmählich, denn man läßt ihnen eine Stunde Zeit, beginnen sie sich auf den Wortwechsel einzuhören, der drunten zwischen einem Parlamentarischen Staatssekretär und vereinzelten Bundestagsmitgliedern hin und her läuft. Die Worte tönen leer im Saal.

In jeder Sitzungswoche werden bis zu drei Fragestunden abgehalten. Jedes Bundestagsmitglied ist berechtigt, dazu zwei mündliche Fragen an die Bundesregierung beizusteuern. Jeweils einige Dutzend tun das auch. Die Bezeichnung *mündlich* wird dadurch widerlegt, daß die Fragen am Freitag der Vorwoche bis 11 Uhr schriftlich siebenfach eingereicht werden müssen. Das geschieht über die Geschäftsführung der Fraktion, die sie auf Verfänglichkeiten abklopft und nicht selten Einwände erhebt. Wenn der Inhalt einem Geschäftsführer nicht opportun erscheint, wehrt er die Frage mit formalen Bedenken ab. Manche Abgeordnete erblicken eine Genugtuung darin, das Spiel ums Durchsetzen der Fragen zu variieren. Jedenfalls schreibt die Geschäftsordnung vor, daß die Fragen *keine Feststellung oder Wertung enthalten* und nur der Zuständigkeit der Bundesregierung gelten dürfen.

Zu Anfang jeder Sitzungswoche liegen die Fragen dann gebündelt als Bundestagsdrucksache vor. Die Antworten werden von Ministerialbeamten ebenfalls schriftlich vorbereitet. Der Staatssekretär liest sie aus seiner Mappe ab. Befindet sich der Abgeordnete, was häufig vorkommt, nicht im Saal, werden sie ihm durch Hauspost zugestellt. Spontan werden höchstens die beiden Zusatzfragen gestellt, die der Abgeordnete im Plenum an die Beantwortung anschließen kann. Aber auch sie sind vielfach vorformuliert und bei Abgeordneten der Koalition oft mit dem Staatssekretär abgesprochen. Das gibt dem Vorgang die immense Künstlichkeit.

Die Szene belebt sich etwas, wenn der Präsident von seinem Recht Gebrauch macht und anderen Abgeordneten das Wort für Zusatzfragen erteilt. Dann entbrennt ein Match mit der Opposition. Überhaupt sind Fragestunde und Aktuelle Stunde wie auch Kleine und Große Anfragen der Fraktionen an die Bundesregierung das klassische Instrument der Opposition. Da wirkt alles weniger bestellt.
Das Protokoll weist aus, daß sich in der siebten und achten Legislaturperiode niemand der Fragestunde penetranter bedient hat als die Sprecher der Heimatvertriebenen, der Sudetendeutschen und Schlesischen Landsmannschaften, das Triumvirat Czaja, Hupka und Becher. Wie oft haben sie und ihresgleichen sich angestrengt, mit Worten wiederzuerobern, was der größte Feldherr aller Zeiten ein Menschenleben zuvor durch Taten verloren hatte. Aber es gab auch andere Spezialisten der Fragestunde, die im Plenum gern mit Worten Autoskooter fuhren.
Vom Geplänkel mit verbalen Ärmelschonern oder kaum verhüllter Aggression, vom Zusatzfragenspiel ganzer Abgeordnetenensembles und dem Walten des Präsidenten begreift die schweigende Mehrheit auf der Tribüne ohnehin nur, daß da eine Handlung für Eingeweihte abläuft. Wen außer den Beteiligten interessiert das? Es sei denn, es liegt Zündstoff in der Luft.
Das ist der Fall, wenn etwa eine Gruppe von Koalitionsabgeordneten die Bundesregierung mit Datenschutzfragen rupft und vorher verständigte Kameraleute sowie der Beobachter vom Dienst aus der Bonner Redaktion der »Frankfurter Rundschau« die Szene einkassieren nach der Devise: mal sehen, was dabei herauskommt.
Einmal fragte Peter Conradi, ob die Bundesregierung bereit sei, den Journalisten Hans-Georg Faust zu rehabilitieren, nachdem das Bonner Landgericht es abgelehnt hatte, das Hauptverfahren gegen ihn überhaupt zu eröffnen. Es ging

um nichts Geringeres als um die Beendigung des Falles Klaus Traube. Der Physiker war, wie erinnerlich, mit nachträglicher Billigung durch den Bundesinnenminister, damals noch Werner Maihofer, unter dem Verdacht des Verrats von Atomgeheimnissen vom Verfassungsschutz abgehört worden. Die Enthüllung des Lauschangriffs wurde zum Skandal, über den Maihofer schließlich stürzte. Am Ende stellte sich heraus, daß Traube gar keinen Zugang zu atomaren Geheimnissen hatte. Die Abhöraktion war nicht nur ein Rechtsbruch, sie war obendrein auch noch widersinnig.
Es war eine schmähliche Geschichte. Faust, der herausgefunden hatte, daß einem Mitbürger insgeheim Lauschmikrophone, »Wanzen«, in die Wohnung gebastelt worden waren, brachte den Übergriff der Staatsorgane in die Medien und wurde daraufhin prompt zum Saboteur erklärt, damit der Geheimdienst jetzt auch ihn abhören konnte. Er und sein Mittelsmann, Regierungsrat Dirnhofer, wurden verhaftet und erst nach Wochen unter scharfen Anklagen wieder freigelassen.
Das Ganze fand mit Zustimmung des liberalen Ministers statt, der längst im Parlament seine Beteuerungen widerlegt hatte und mit dem Rücken an der Wand kämpfte. Er berief sich auf Artikel 10 der Verfassung, obwohl er wissen mußte, daß der Vorwurf der »verfassungsfeindlichen Sabotage« und »geheimdienstlichen Agententätigkeit« gegen Faust haltlos war. Dann hatte das Bonner Landgericht entschieden, daß die angeblichen Beweise gegen den Journalisten und den Regierungsrat nicht verwendet werden durften, weil sie auf verfassungswidrige Weise beschafft worden waren. Eine denkwürdige Begründung.
Conradi wollte wissen, ob es damit nun ein Ende habe. Wie üblich hatte er vorher ein paar Fraktionskollegen gebeten, ihn im Plenum durch Zusatzfragen zu unterstützen. Also fragten wir Staatssekretär von Schoeler, der den Bundesin-

nenminister vertrat, ob es der Bundesregierung etwa darauf ankomme, Journalisten abzuschrecken, bis sich überhaupt keiner mehr mit den Methoden der Geheimdienste und des zuständigen Bundesressorts auseinandersetzte.

Ob Faust, fragten wir nach, nicht in Wahrheit Verdienste um die Bundesrepublik habe, weil er in einem wichtigen öffentlichen Interesse handelte. Doch alles lief damals an der glatten Wiederholung ein und derselben Stellungnahme des Parlamentarischen Staatssekretärs ab: Für die Bundesregierung sei das Verfahren gegen Faust nicht abgeschlossen, deswegen könne die Auskunft der Regierung auch nicht in ein solches Verfahren eingreifen. Formal war das korrekt. Die Obrigkeit behielt, wenn schon nicht recht, so doch die Zügel in der Hand. Ein halbes dutzend Abgeordnete verließ unverrichteter Sache die Walstatt. Was zu demonstrieren war.

Daß der Mann auch noch Faust heißt! Mephisto sitzt im Geheimdienst. Verfassungsschutz durch Verfassungsbruch? Nur in Diktaturen herrscht Ruhe im Land. Dort hat der Staat das Monopol auf Gewalt, ja Terrorismus. Eine Demokratie ist immer in Bewegung.

Jedenfalls ist die Fragestunde beides: eine langweilige Veranstaltung und eine Quelle für Überraschungen. Wenn wir an einem Dienstag die Fragen für Mittwoch und Donnerstag durchsahen, wußten wir meist schon, was die Opposition im Schilde führte. Häuften sich Fragen in einem Bereich oder waren Dringlichkeitsfragen kurzfristig eingebracht, konnten wir mit einer Aktuellen Stunde rechnen.

Mit einem Schlag wandelte sich dann die Szene. Nach eineinhalb Stunden gequälter Fragerei trat etwa, während seine Mannen hereinströmten, ein Sprecher der Opposition ans Pult. Er erklärte in beinahe glaubwürdiger Entrüstung, daß die Bundesregierung auf alle Fragen der CDU/CSU etwa zum Schießbefehl an der Berliner Mauer keine ausreichende Antwort gegeben habe und deswegen auf der Stelle weiter-

geforscht werden müsse, was es mit dem Versteckspiel auf sich habe. Daran bestehe ein dringendes öffentliches Interesse. Darum beantrage seine Fraktion eine Aktuelle Stunde.
Sofort war die Hölle los. Wortpyromanen setzten das Plenum in Brand. Zwölfmal fünf Minuten Kurzbeiträge. Das ist eine der raren Gelegenheiten, bei denen Parlamentarier ihren Beruf unverfälscht ausüben, nämlich in freier Rede argumentieren, wieviel Polemik dabei auch immer aufgeboten wird. Von der einen Seite, der Opposition, wird kräftig gezündelt, von der anderen, den Regierungsfraktionen, eifrig gelöscht. Nicht an Verstandesschärfe, aber an Gebrodel ähnelt die Inszenierung tatsächlich einem Feuerwerk.
Ich erinnere mich an eine Aktuelle Stunde, in der die Union schrill eine Äußerung des Kanzlers monierte. Gezielt auf den Wahlkampf in Berlin hatte Helmut Schmidt mit Adenauerscher Schroffheit die CDU herabgesetzt. Kein Wunder, daß Christdemokraten ähnlich erbost reagierten wie weiland Sozialdemokraten, als der erste Kanzler dieser Republik in Wahlkämpfen durchs Land zog und eiskalt die SPD als »Untergang Deutschlands« ausgab.
Der Bundeskanzler also hatte in der ehemaligen Hauptstadt in Neukölln vor zwölfhundert Betriebsräten gesprochen und über den Spitzenkandidaten der CDU, Richard von Weizsäcker, ein Wort fallen lassen, das später eine lange Bitterkeit zurückließ: Die westlichen Schutzmächte, so Schmidt, könnten durch einen Wahlsieg der CDU und damit Weizsäckers »irritiert« sein. Darob brodelte nun der Bundestag. Adenauer war mit seiner Opposition noch ruppiger umgesprungen. Aber die Konservativen waren auch rascher empört, denn sie fühlten sich immer noch zu Unrecht aus der Macht vertrieben.
Als Peter Männing, Westberliner, das Seine vom Plenumskatheder heruntergepaukt hatte, merkte Rudi Schöfberger, Rechtsanwalt aus München, neben mir fachmännisch an:

»Die Preußen haben das Maul voller Wörter, und sie spucken sie heraus wie Zwetschgenkerne.« Das Ludwig-Thoma-Zitat war am rechten Platz.

Wahlwogen brandeten aus den vorderen Reihen hinauf zur Zuschauertribüne und zurück zur Regierungsbank. Niemand versteht es prächtiger als Berufspolitiker, sich bei Bedarf auf der Stelle zu erregen, als bräche gleich eine Welt zusammen. Puter laufen vergleichbar rot an. Der Zankapfel Berlin wurde in den sechzig Minuten plus Regierungsredezeit, die eine Aktuelle Stunde ausmachen, gevierteilt. Zum Vorschein kam der alte Streit.

Von Adenauers früher Weichenstellung durch einstige Westorientierung über die US-Luftbrücke bis zum 17. Juni 1953, vom Mauerbau bis zur Öffnung der Brandtschen Verständigungspolitik nach Osten brachen alle Gegensätze wieder auf. Bahr und Ehmke, Marx und Amrehn traten als Matadore eines Schaukampfs auf, in dem Zerrissenheit alles bestimmte.

Das Plenum als Börse: Kurse werden herausgeschrien, Gewinne mitgenommen, Verluste verzeichnet. Fraktionsgeschäftsführer pokern um die Reihenfolge der Redner. Damals drängten Berliner zur Kasse, an der unterm Wortgeklingel viel Falschgeld gewechselt wurde. Aber es meldete sich auch Betroffenheit zu Wort.

Zerredet wurde Berlin, die geteilte Stadt, die keine Macht der Welt so bald wiedervereinigt. Die Beschimpfung zwischen den Fraktionen verrückt zwischen Ost und West nicht einen Stein.

Razziengesetze

Über den Mechanismus, den Nein-Stimmen gegen die eigene Fraktion im Plenum des Bundestags ausgelöst haben, ist viel publiziert worden. Wer wollte, konnte diese Vorgänge in den Medien verfolgen. Weniger bekannt sind die Reaktionen, die jene »Abweichler« innerhalb der Fraktion, der Partei und vor allem der nichtveröffentlichten Meinung hervorgerufen haben. Deswegen will ich dazu etwas nachtragen.
Es geht um Erfahrungen rings um die Razziengesetze. So nenne ich hier zusammenfassend all jene besonders umstrittenen Strafrechtsänderungen und Verschärfungen der Strafprozeßordnung, die von der Mehrheit der Bundestagsmitglieder verabschiedet wurden, um den Terrorismus zu bekämpfen. Daß sie zum Teil ganz andere Wirkungen mit sich brachten, darüber wird bis heute gestritten.
Jedenfalls verloren Abgeordnete, die auf die eine oder andere Weise diese Konflikte personifizierten, gerade dadurch, daß sie sich eine Zeitlang so sichtbar aus der Menge hervorhoben, an persönlichem Umriß. Sie wurden getragen oder geschmäht in dem widerspruchsvollen Prozeß eines öffentlichen Strudels. Gefeiert von Anhängern, von Gegnern als Staatsfeinde angeprangert, ereignete sich mit ihnen immer auch eine Übertreibung, die ihre Rolle verfälschte und vom Profil des einzelnen manchmal nur eine Grimasse übrigließ. Obendrein galt auch hier das Gesetz der Wiederholung. Einmal nein, wieder nein. Befürworter wie Kritiker glaubten bald ein Anrecht auf ein bestimmtes Verhalten bestimmter Abgeordneter zu haben. So forderte der öffentliche Mechanismus, der sich mehrfach derselben Namen bediente, seinen Tribut an Entpersönlichung. Mancher, der todernst angefangen hatte, wurde auf diese Weise beinahe zur Witzfigur. Hinter vorgeschobenen Aktionen spielten sich politische Überlebenskämpfe ab.

In Sonthofen, wo Strauß die berüchtigte Rede nicht gehalten hat, er hielt sie nämlich im Hotel »Sonnenalp« in der Teilgemeinde Schweineberg (Gemeinde Ofterschwang, Verwaltungsgemeinschaft Hörnergruppe, zu der Fischen, aber nicht Sonthofen gehört), doch das war den Medienleuten zu umständlich, und so machten sie die Sonthofener Rede daraus, die wie so manche Irreführung wohl in die Geschichte eingehen wird – in Sonthofen fand auf belastetem Boden zweieinhalb Monate, nachdem ich als Sprecher der Vierer-Gruppe das zweite Nein gegen Razziengesetze im Bundestagsplenum begründet hatte, eine exemplarische Auseinandersetzung statt: Die Delegierten der Bundeswahlkreiskonferenz des Allgäuer Unterbezirks verlangten und erhielten Rechenschaft von ihrem Abgeordneten, der medienumwittert längst auch im Wahlkreis Empörung oder Vertrauenserklärungen auf sich zog. An mir schieden sich die Geister. Nach einer wogenden Debatte sprachen die Delegierten mich schließlich mit großer Mehrheit frei zur weiteren Verwendung als MdB einschließlich der erneuten, dann dritten Kandidatur zum Bundestag. Das klingt ironisch, trifft aber den Ernst der damaligen Situation. Immerhin hatte Willy Brandt uns Vieren auf einer Sitzung des Fraktionsvorstands, zu der wir extra anreisen mußten, seinerzeit nach dem ersten Nein gegen das Kontaktsperregesetz für den Wiederholungsfall als letzten Ausweg aus dem Konflikt bedeutet, das Mandat niederzulegen.

Was im Allgäu vor sich ging, schnitt tief in eine Kommunalwahl ein, in der die CSU es sich nicht nehmen ließ, mich als unzuverlässigen Parlamentarier hinzustellen, während einige Bürgermeisterkandidaten der eigenen Partei sich durch mein Verhalten in ihren Aussichten beeinträchtigt fanden. Sie schwankten zwischen Irritation und Wut. Jedenfalls waren hochnotpeinliche Erörterungen schriftlich, mündlich, telefonisch, geradeheraus oder hintenherum in teils irrationaler

Eskalation vorausgegangen, ehe wir uns in Sonthofen versammelten. Natürlich hatte ich eine ausführliche Begründung gleich nach der Abstimmung an alle Ortsvereine im Wahlkreis verschickt und von Ort zu Ort Aussprachen mit den Bürgern und Mitgliedern angeboten, von denen in den folgenden Wochen auch viele stattfanden. Aber manche örtlichen Vorsitzenden und ihre Vorstandsrunde wollten mich lieber für eine Weile in der Versenkung verschwinden lassen. Von ihnen wurde ich ausgeladen, andere luden mich ein. Das Ganze wurde zu einer Zerreißprobe, bei der es am allerwenigsten auf eigene Wehleidigkeit ankam, wohl aber auf Glaubwürdigkeit. Sie stand äußerst angespannt auf der Probe, wie ich es nie vorher erlebt hatte. Vor allem ging es auch darum, bei denen verlorenes Vertrauen wiederherzustellen, die meinten, meine Haltung sei unerklärlich, ich sei ihnen als Allgäuer Sozialdemokraten in ihrer ohnehin immer schwierigen Minderheitensituation durchaus persönlich in den Rükken gefallen.

Andere schickten Blumen. Ein Grafiker gab ein Bild mit Widmung an der Wohnungstür in Eckarts ab. Ununterbrochen kamen Anrufe dafür und dawider. Jungsozialisten und ihre Freunde, auch mancher gestandene Altsozialist und Gewerkschafter, andere Jugendgruppen, Schüler, ganze Ortsvereine und viele Delegierte, Teile der Arbeitsgemeinschaft sozialdemokratischer Frauen faßten im Wahlkreis demonstrative Beschlüsse und unterstützten mich. Längst ging es nicht mehr in erster Linie um mein Verhalten, sondern um eine bestimmte Art von Engagement, für die ich stand. Es ging um die demokratische Funktion von Widerspruch gegen Konformismus. Bis in leidenschaftliche Auseinandersetzungen von lauter Einzelpersonen hinein entzündete sich im Pro und Contra um den Allgäuer Abgeordneten der SPD ein grundsätzlicher Meinungsstreit.

Bei einem solchen Anlaß kommt immer auch Unflat aus dem

zeitgenössischen Abgrund hoch. Für manchen Anonymus war meine Frau eine Hure. Einer drohte mir auf einer Karte den Galgen an. Ein anderer schrieb: »Sie können mir nur noch leid tun. Scheren Sie sich gefälligst aus dem schönen Allgäu.« Doch es gab auch manch überraschende Zustimmung von Allgäuern, die ich als konservativ kannte, bis hin zu jenem anerkennenden Zuprosten im Wirtshaus, das bei mir den Eindruck erweckte, als übe ich nun eine Art Räuber-Kneißl-Effekt aus. Denn Leute, die quer liegen, Wilderer und andere, finden in Bayern allemal einen gewissen Respekt. Aber das bleibt je nach Gemütslage schwankend. Alles in allem war es eine Erfahrung, die in die Breite ging wie nur ein politisches Geschehen.

Zu den Pflichten eines Sozialdemokraten in dieser Lage gehörte auch, sich im voraus mit dem Konflikt den Gliederungen der Partei zu stellen, wo immer sich das zeitlich einrichten ließ. So kündigte ich die Nein-Stimme auf einer Delegiertenkonferenz des Bezirks Südbayern im Münchner Olympia-Pressezentrum an und erhielt dafür Beifall. Anders verhielt sich der Landesvorstand, dem ich seit fünf Jahren angehörte. Als ich dort dasselbe erklärte, meinte einer: »Des wennst' di traust und stimmst dagegen, dann derschlagn mr di.« Hernach wollte es niemand so ruppig gemeint haben. Dennoch zog ich die Konsequenz und kandidierte auf der nächsten Landesversammlung nicht wieder für dieses Gremium. Die Entscheidung überraschte niemanden, am wenigsten Helmut Rothemund. Resignation war das nicht, vielmehr Positionswechsel. Ich hielt es mit Rudolf Schöfberger, der gesagt hatte: »Der Genosse Frust ist kein Politiker.«

Aber noch etwas anderes ereignete sich in jenen Monaten: Überall, wo einer auftauchte, der zu der Vierer-Gruppe gehörte, gab es spontane Reaktionen. In der Münchner U-Bahn wurde ich angesprochen und vom Fleck weg zu einer Diskussion in der Studentenstadt eingeladen. Wie oft hielt mich einer auf der Straße an, um sein Ja oder Nein abzuladen. Versammlungen waren brechend voll. Es gab schräge Blitzlichter, manch falsche Beleuchtung, aber ebenso eine Direktheit, die uns wirklich ermutigen wollte und das auch tat. Ein Mitarbeiter eines Brillengeschäfts sagte, nachdem er mir neue Gläser verpaßt hatte, nun wolle er sich als Bürger bei einem Abgeordneten bedanken, der in seinem Sinn gehandelt habe. Aber es kam auch vor, daß mir jemand nachspuckte. Es gab Drohungen bis in die Privatsphäre. Jedenfalls bat ich meine Frau, eine Zeitlang mit dem Türöffnen vorsichtig zu sein und nachts nicht ans Telefon zu gehen.

Insgesamt erhielten Manfred Coppik, Karl-Heinz Hansen, Erich Meinike und ich damals Hunderte von Telegrammen und Briefen von Organisationen und von einzelnen, oft trugen die Schreiben mehr als ein Dutzend Unterschriften.

Der Tenor der Zustimmung, die achtzig Prozent ausmachte, lautete: »Dank für kompromißloses Verhalten.« »Ein Grund, in der Partei zu bleiben.« »Die Versammlung steht hinter Eurer Entscheidung.« »Durchhalten!« »Bei allen Pressionen, denen Ihr vermutlich in Bonn ausgesetzt seid – Ihr sollt wissen, daß zahlreiche Mitglieder unserer Gewerkschaft Eure Haltung billigen.« »Wir glauben, daß gerade Abgeordnete wie Sie die Rechtsstaatlichkeit und die freiheitliche demokratische Grundordnung verteidigen.« Es schrieben Menschen aus allen Berufen, besonders oft Anwälte, Pfarrer, Arbeiter und viele Frauen.

Der Tenor der Ablehnung lautete: »Ihnen dürfte nicht ganz klar sein, daß die Mehrheit der Wähler SPD und FDP den Auftrag erteilt hat, die Regierung zu bilden und entsprechend Gesetze durchzubringen.« »Sie sind Anti-Terror-Gegner und somit auch gegen Gesetze. Sie gehören einmal von Verbrechern acht Tage gefesselt, der Mund verklebt und die Augen verbunden, in einen Kofferraum gesperrt. Und dies möglichst bei fünf Grad Kälte. Erst dann wären Sie

berechtigt, elftausend Mark monatlich einzustecken. Pfui.« »Ihre Abstimmung hat viele Ihrer Anhänger enttäuscht. Die Bundespolitik ist viel sensibler.« »Mit Ihrem Nein haben Sie und die anderen drei Abgeordneten der deutschen Politik Schaden zugefügt.« »So fordern wir Dich auf, Dein Mandat niederzulegen und an die Partei zurückzugeben.« »Ich bin fünfzig Jahre in der Partei. Ich begreife Euch nicht.«
Innerhalb der Fraktion verlief die Auseinandersetzung wieder auf einer anderen Ebene. Da rissen manche Gespräche ab. Einige hörten überhaupt auf, mit uns zu reden. Aber ich bin dankbar dafür, daß ich von Fraktionskollegen kaum persönliche Mißdeutung erfahren habe. Im Gegenteil, es gab die Haltung, die sich darauf einigte, daß man in dieser Sache verschiedener Meinung war, in anderen aber nicht. Eine eigene Schwierigkeit blieb auf der Fraktionslinken, bei den Leverkusenern, das Tauziehen zwischen den Neindenkern, die sich doch überwanden, voller Skrupel mit Ja zu stimmen, und jedem einzelnen von uns. Das lief auf eine Rivalität im Umgang mit der Basis hinaus, und zwar dort, wo sie mehrheitlich links stand. In den Augen mancher im Grunde Gleichgesinnter kassierten wir einen ungerechtfertigten, wenn auch vorübergehenden Glanz ein.
Was in den brennendsten Augenblicken niemand mit genügend Abstand einschätzte, war die Tatsache, daß sich selbst diese Turbulenzen im Kräfteverhältnis der politischen Öffentlichkeit rasch relativierten und oft schon nach kurzer Zeit, erst recht nach Jahr und Tag, kaum noch einer die Aufregung von damals begriff.
Das möchte ich mit zwei Blicken in den Plenarsaal belegen: Deutscher Bundestag, 16. Januar 1976. Im Plenum wird der Gewaltparagraph 88a als Ergänzung zum Strafgesetzbuch verabschiedet. Der Saal kocht, alle Emotionen sind aufgeladen. In stundenlanger Debatte bezichtigt die Opposition die Bundesregierung, in der Terrorismusbekämpfung Entschei-

dendes zu versäumen. Sprecher der Koalition betonen, der neue Paragraph 88a, der Befürwortung von Gewalt in Schriften, die den verfassungsmäßigen Bestand der Bundesrepublik in Frage stellen, mit Strafe bedroht, werde der Abwehr des Terrorismus dienen. Im übrigen sei durch Paragraph 86,3 gesichert, daß Kunst, Wissenschaft und Literatur nicht in Mitleidenschaft gezogen würden: Der Geist bleibe frei.

In der sozialdemokratischen Fraktion gab es acht Abgeordnete, die bis zur vorletzten Stunde erklärt hatten, sie wollten gegen den Paragraphen 88a stimmen, weil sie durch die vorgesehene Regelung die Einschüchterung kritischer Bürger befürchteten. In letzter Stunde aber stimmten auch sie mit der Koalition für das Gesetz.

Was war geschehen? Zwei Tage vor der Auseinandersetzung im Bundestagsplenum war in Hannover die niedersächsische Landesregierung gestürzt worden, und zwar in geheimer Abstimmung durch drei Stimmen aus der sozialliberalen Koalition, die bis heute nicht bekannt geworden sind. SPD und FDP verloren die Mehrheit. Die Albrecht-Regierung begann. In Bonn löste das Ereignis einen massenpsychologischen Mechanismus aus. Jetzt – so hieß es – brauche der Kanzler alle Stimmen oder es drohe auch in der Bundeshauptstadt das Ende der Sozialliberalen.

In dieser Lage sprach einer gegen den Paragraphen 88a und stimmte dann unter Hinweis auf Hannover doch dafür. Eine Handlung von tiefer Gespaltenheit. Der eine war ich.

Deutscher Bundestag, 12. Juni 1980. In zweiter und dritter Lesung wird der Paragraph 88a ersatzlos gestrichen. Er sei belanglos. Man habe ihn gar nicht gebraucht. Einhundertelf Ermittlungen nach dem Paragraphen 88a hätten nur zu *einem* Urteil geführt. Der Paragraph sei zu einem »Negativsymbol für das Einschränken der Meinungsfreiheit« geworden, erklärt der Abgeordnete Jürgen Linde (SPD). Die Vorschrift

sei über das erforderliche Maß hinausgegangen, sie habe zu politisch ärgerlichen Durchsuchungen von Buchläden geführt.
Also hatten diejenigen recht, die in diesem Paragraphen von vornherein ein Instrument der Einschränkung des Grundgesetz-Artikels 5 sahen, der Zensur verbietet. Nach viereinhalb Jahren erlebten sie, daß der Gesetzgeber sich korrigierte und den Paragraphen widerrief. Aber wie viele nahmen das zur Kenntnis?
Anwesend waren dreißig Abgeordnete. Die Entscheidung fiel an einem Donnerstagabend mit achtzehn gegen zwölf Stimmen. Ein einziger Journalist beobachtete die Szene von der Pressetribüne aus. Niemand interessierte sich sonderlich für einen Gegenstand, der im Januar 1976 die Gemüter erhitzt hatte, als hinge Wohl oder Wehe der Republik von ihm ab. Auch der spätere Einspruch des Bundesrats, der die Gesetzgebung noch einmal verzögerte, so daß die Koalition im neunten Bundestag darauf zurückkommen mußte, regte die Öffentlichkeit nicht spürbar auf.
Merke: Wenn im Bundestag wieder einmal Aufpeitscher die Stimmung zum Überkochen bringen und auf die Mitglieder aller Fraktionen Druck ausüben, so oder so zu stimmen, dann möge man sich der Geschichte des Paragraphen 88a erinnern. Denn die oberste Regel der Demokratie heißt Gelassenheit. Was heute Bestürzung verursacht, kann morgen schon zur Bagatelle erklärt werden. Bonn ist nicht Weimar, aber soll es auch nicht werden.
Als ich damals im Plenum zu Wehner ging und ihm mitteilte: »Herbert, ich muß jetzt meine Rede reden«, schaute er von seinem Platz zu mir auf, sah mich durchdringend an und antwortete: »Dann tu, was du tun mußt.« Anschließend ging ich zum Bundeskanzler und erklärte dasselbe. Helmut Schmidt packte mich am Arm, er sagte: »Aber Politiker seid ihr alle noch nicht.«

In den folgenden Wochen, von Berlin bis Freiburg, scholl mir entgegen: »Wer hat uns verraten – Sozialdemokraten.« Es war eine Zeit, in der ich mich verleugnete und den sozialdemokratischen Standpunkt unentwegt verteidigte. Mein Solidaritätsbedürfnis kannte noch nicht die politische Emanzipation. Lieber ließ ich mich prügeln. Ich habe darunter gelitten und bitter gelernt. Aber ich beklage mich nicht, sondern informiere.

Erziehung zum Mut

Mit Sondererlaubnis des bayerischen Kultusministers bin ich als Bildungspolitiker wieder zur Schule gegangen. Dabei habe ich im Wahlkreis Oberallgäu und andernorts in Schwaben mehr gelernt als aus mancher Bildungsdebatte im Bundestag.
Die Genehmigung mußte ich mir ertrotzen. Meine Korrespondenz mit der Bürokratie machte zuletzt das Unbürokratische möglich. Es wäre auch noch schöner, wenn Abgeordnete in ihrem Fachgebiet nicht mit der Praxis in Berührung kommen dürften. Also half ich an Gymnasien Deutsch und Sozialkunde in Leistungskursen der Kollegstufe unterrichten. Ich lernte Sonderschulen und Hauptschulen, Berufsschulen und Ausbildungsbetriebe, Privatschulen und Spastikerheime von innen kennen und versuchte, mich in einer Werkstätte für Behinderte bei der Lebenshilfe nützlich zu machen.
Mit Schülern, Eltern und Lehrern bekam ich so gründlich zu tun, daß ich die Schulmisere miterlebte. Ich traf steinharte Obrigkeit und liberal abgefederte Autorität, begeisterte und gleichgültige Lehrer, Idealismus und Opportunismus. Vor allem erfuhr ich die Auswirkungen der bildungspolitischen

Gegenreformation in der Jugend, die auf die Jahrgänge der außerparlamentarischen Opposition folgte. Die Veränderung des pädagogischen Klimas in den siebziger Jahren erwies sich vor Ort als so einschneidend wie in keiner Theorie.

Eines Tages kam eine junge Frau zu mir, Zorn auf der Stirn. »Stellen Sie sich das vor«, berichtete sie. »Unsere Tochter ist seit ein paar Monaten auf dem Gymnasium. Wir haben unsere Kinder einigermaßen frei erzogen, früher sagte man ›antiautoritär‹. Jetzt ist die Elfjährige damit angeeckt. Die Lehrerin bestellte mich in die Schule. Sie klärte mich auf, daß sich meine Tochter nicht in die herrschende Ordnung einfüge. Was sie mir vorhielt, habe ich mir gleich aufgeschrieben. ›Wissen Sie‹, sagte sie, ›Ihr Kind befindet sich hier auf diesem bayerischen Gymnasium. Das stellt nicht nur besondere Ansprüche an die intellektuellen Fähigkeiten, sondern vor allem auch besondere Anforderungen an die anpasserischen Fähigkeiten Ihrer Tochter.‹«

Das wäre 1972 so unverblümt auch im Allgäu nicht möglich gewesen. Was haben die Bildungsreformer falsch gemacht, daß ihnen ein Stück Demokratie in der Schule derart entglitt?

Als ich zu Anfang des Krieges auf dem Wilhelmgymnasium in Braunschweig Altgriechisch lernte, nahmen meine Lehrer den Spruch des Komödiendichters Menander ernst, der übertragen lautet: »Der nicht geschundene Mensch gehorcht nicht.« Das ist Preußens Gloria in einem Satz, der Schule gemacht hat. Vom Nationalsozialismus begriffen wir Schüler jedenfalls die ersten Silben. Alles war darauf ausgerichtet, daß uns in der Aula bei Heldengedenkfeiern Schauer über den Rücken liefen. In den Schulen meiner Jugend, sechs in vier Städten, wurde mit dem Rohrstock geschlagen – auf dem Gymnasium bis zur Untertertia mit dem Lineal. Wir konnten eine Fünf in Mathematik mit einer Eins im Sport ausgleichen. Wehrertüchtigung brach in den Schulhof ein. Gehorsam erhielt seinen Überbau. Es dauerte lange, bis ich herausfand, daß Lehrer, die keine Nazis waren, einen besonderen Hintergrund besaßen. Unser Mathematiklehrer war ein strafversetzter Direktor, der politisch so beredt schwieg, daß er uns damit beeindruckte. Die Unterwerfungstollwut der Masse in der Diktatur habe ich erfahren.

Es gibt kein dringenderes Motiv, um deswegen heute etwas für die Erziehung zum Mut zu tun. Freilich stößt dies Bemühen vielerorts auf alte Schwierigkeiten. Zumal in Bayern sind die Institutionen der Bildung noch immer Bestandteile einer Hierarchie.

Wer die Macht über das Bildungssystem besitzt, hat den Zugang zu den Köpfen der nächsten Generation. Er hält obendrein den Schlüssel zur Chancenverteilung in Beruf und Gesellschaft in der Hand. Deswegen wundere sich niemand, wie umkämpft die Bildungspolitik bleibt und wie oft falsche Beteuerungen ihre wahren Ziele verbergen. Wer wirklich Demokratie will, muß in der Schule beginnen. Wer dies nicht will, ebenfalls.

Der Konsens der Demokraten gilt hierzulande in der Regel nur so lange, wie das konservative Prinzip dominiert. Kein Bundesland praktiziert das härter als Bayern unter der CSU. Bayern strengt sich an, den Bund zu wedeln wie der berüchtigte Schwanz den Hund. Als Instrumente dafür dienen die Kultusministerkonferenz, die Bund-Länder-Konferenz für Bildungsplanung und Forschungsförderung sowie der Bundesrat.

»Die bayerische Staatsregierung«, ließ der Ministerpräsident verkünden, »hat nicht die Absicht, der Einführung der Gesamtschule als Regelschule – weder in Bayern noch anderswo – zuzustimmen.«

Das erinnert einmal mehr an Lion Feuchtwanger und seine Feststellung in dem Roman »Erfolg«: Sie legen, die »Politiker der bayerischen Hochebene, die Verfassung so aus, daß, was in Bayern geschieht, das Reich nichts angeht, was im Reich geschieht, der Zustimmung Bayerns bedarf«.

Wievielen Bürgern der Bundesrepublik ist bewußt, daß die Macht über das Bildungssystem von Anfang bis heute mehrheitlich bei der CDU/CSU liegt? Reformversuche auf Bundesebene sind bisher regelmäßig daran gescheitert, ohne daß dies öffentlich hinreichend aufgeklärt wird. Der Bund kann Quantitäten verändern helfen, Qualitäten kaum.

Zwei Dinge scheinen mir absolut zu gelten: In keinem Staat der Welt gibt es ein Bildungssystem, das das herrschende politisch-wirtschaftliche System in Kernpunkten in Frage stellen darf. Und: Bildungsgerechtigkeit entsteht bei uns erst dann, wenn nicht nur der Arbeitersohn studieren, sondern auch der praktisch begabte Professorensohn Handwerker werden kann, ohne daß seine Familie das als Schmach empfindet und die Menschen in der Umgebung es geringschätzig beurteilen.

Solange alles nach oben drängt und die Vorstellung des Oben durch Konventionen, Einkommensschranken und Neuauflagen des alten Klassendenkens reguliert wird, beherrschen Verteilungskämpfe das Bildungssystem. Nur die da oben haben jederzeit behauptet, das Klassenbewußtsein gehöre der Vergangenheit an. Sie verbreiten die Ideologie der Befriedung, damit ihr Vorteil nicht geschmälert wird. Konsequent führt der Trend bei lang anhaltendem Wohlstand zum Hilfsvölkerstaat: Bestimmte Arbeiten werden nur noch von Ausländern verrichtet, denen man zugleich die Integration verweigert. Im Fall ernsthafter wirtschaftlicher Schwierigkeiten wird diese Aufteilung schwer eindämmbare Aggressionen freisetzen. Allgemeine Gewalt wird dann zur konkreten Gefahr.

Das Geheimnis der vielberedeten Bildungsreform besteht darin, daß sie nicht stattgefunden hat. Zwar stieg von 1962 bis 1977 die Zahl der Studienberechtigten eines Jahrgangs von sechs auf zweiundzwanzig Prozent – rund ein Drittel davon kam schließlich nicht mehr über das Abitur, sondern über vergleichbare Bildungsgänge zur Hochschulreife. Aber die Entwicklung ist unter dem Druck des Numerus clausus und anderer Verengungen des Bildungssystems längst wieder rückläufig. Bildungspolitiker aller Parteien haben das sprunghafte Wachstum gewollt. An den Konsequenzen scheiden sich die Geister. Vor allem sind die inhaltlichen Ziele der Reform fast überall wieder in weite Ferne gerückt worden.

Ab Mitte der sechziger Jahre fand die junge Generation in der Bundesrepublik für ein knappes Jahrzehnt Bildungsmöglichkeiten und Einkommenschancen vor wie keine Jugend früher in Deutschland. Inzwischen stehen viele aus den starken Jahrgängen, die zu den Ausbildungsstätten, Hochschulen und Berufen drängen, draußen vor der Tür. Entsprechend hat sich ihr politischer Handlungsspielraum verengt. In wiederum zehn Jahren kann es geschehen, daß die Wirtschaft sich eine Jugend zusammensucht. Angesichts dieser Schwankungen greifen die meisten Reparaturen am Bildungssystem zu kurz.

Was am dringendsten gebraucht wird, ist die Enthysterisierung des öffentlichen Klimas rings um die Bildungspolitik. Doch das Gegenteil geschieht. Die Parteien entzweien sich immer dramatischer. Die wahre Bildungskatastrophe liegt in der Unversöhnlichkeit der Kultusministerkonferenz. Wären die Erfordernisse der jungen Generation ihr tatsächlich am wichtigsten, müßte sie die Einigungspflicht akzeptieren, ohne daß ein rückwärtsgewandtes Dogma das Regelbare diktiert. Was jedoch alle Entscheidungen der Mehrheit bestimmt, ist die Forderung: Einigung um den konservativen Preis oder nicht. Also läuft die Entwicklung in unterschiedlichen Bundesländern immer weiter auseinander. Das Nachsehen haben die Jungen und ihre Angehörigen.

Ein Zweiundzwanzigjähriger hat in Amberg in der Oberpfalz sein Abitur mit der Durchschnittsnote 2,1 abgelegt. Er bewirbt sich bei der Dortmunder Zentralstelle für die Vergabe von Studienplätzen für Humanmedizin. Unter der Computernummer 1140971 86 erhält er den Ablehnungsbescheid mit dem Vermerk der ZVS: 134725 96/53468222 0-0-00-00-00 00 0 003 007 000 000 0 027 874. Dazu die gedruckte Mitteilung: »Ich bedaure, Ihnen mitteilen zu müssen, daß Ihnen nach sorgfältiger Prüfung Ihres Antrags kein Studienplatz zugewiesen werden kann. Die Entscheidungsgründe können Sie den folgenden Aufstellungen entnehmen. Der Direktor.« Unterschrift: keine.

Hätte der junge Mann sein Abitur nicht in Bayern gemacht, wo der Numerus clausus bei 1,8 steht, sondern zum Beispiel in Schleswig-Holstein mit dem N. C.-Wert 2,1 für Medizin, könnte er sein Wunschfach sofort studieren. Außerdem ist ihm sein Zivildienst mit drei Halbjahren Wartezeit nicht angerechnet worden, weil er ihn vor dem Abitur, nämlich zwischen Jahrgangsstufe zwölf und dreizehn abgeleistet hat. Ausnahmen solchen Eigenwillens hat die Bürokratie nicht vorgesehen. Will der Bewerber immer noch Arzt werden, liegen vor ihm zehn Halbjahre Wartezeit. Los und Test, wenn er sich danach drängt, liefern ihn um so mehr dem Zufall aus. Alternativen, ein teures Studium im Ausland, etwa den USA, oder der Versuch, sich auf einen nachgewiesenen freien Studienplatz einzuklagen, fallen für ihn mangels Geld aus. Der Abiturient bewirbt sich zum nächsten Semester für Biologie, erhält einen Studienplatz und wird weitersehen.

Wie soll ein junger Mensch den Computer begreifen und diese massive Erfahrung des Staats »positiv verarbeiten«? Vielen Tausenden ergeht es so in der lieblosen Republik. Nur auf *eine* Lösung verfällt niemand ernsthaft, nämlich darauf, eine Zeitlang soviel Medizinstudenten auszubilden, bis die Preise für Ärzte sinken. Dabei wäre das systemgerecht: In der Marktwirtschaft, wird behauptet, regelt doch sonst das Angebot den Preis. Außerdem würde dieses Verfahren die Probe auf die Ernsthaftigkeit des sozialen Engagements ermöglichen.

Als wir im Bundestag tatsächlich einmal darangingen, mit der Mehrheit der Koalition die Anwärterbesoldung im öffentlichen Dienst für Bewerber mit Hochschulabschluß geringfügig zu senken, um entsprechend mehr Anwärter ausbilden zu können, sprach der stellvertretende Vorsitzende des Deutschen Beamtenbunds, der CDU-Abgeordnete Berger, für seine Fraktion im Plenum und versicherte, derlei werde die Unionsmehrheit im Bundesrat von Anfang an verhindern. Und so geschah es auch. Nicht anders zuckte die FDP nach der Bundestagswahl 1980 davor zurück, die nächste Erhöhung der Beamtengehälter zur Entlastung des Haushalts auch nur um ein Vierteljahr auszusetzen.

Die SPD wiederum hat eigene Verteilungsprobleme. Sie erlebte beim Volksbegehren gegen die Kooperative Gesamtschule in Nordrhein-Westfalen eine Überraschung, die der CDU Genugtuung verschaffte. Die Mehrheit sprach sich gegen diese Form der Gesamtschule, also in der Wirkung für das bisherige dreigliedrige Schulsystem aus, obwohl sich darin wahrlich das alte Drei-Klassen-System widerspiegelt, in dem sich jede Schicht bevorzugt aus sich rekrutiert. Was war geschehen? Gegen die Koop Schule stimmten zum Teil auch jene, die ein wirklich integriertes Schulsystem wollten und nicht den ihnen faul erscheinenden Kompromiß. Andererseits gab es eine Allianz zwischen bildungsbürgerlichen Gruppen, die seit Generationen bevorrechtigt sind, und sozialdemokratischen Aufsteigern, deren Kinder als erste in der Familie das Gymnasium besuchten: Viele von ihnen wollten keineswegs auf das neuerworbene Privileg verzichten.

Der wahre Handlungsspielraum in der Bildungspolitik ist sehr viel kleiner als der in Redeschlachten vorgetäuschte. Denn es gibt in unserem Bildungssystem ein zweigleisiges Reglement und ganze Pflasterhöfe voller Tabus: Zum einen geht es um die Verfestigung überlieferter Inhalte, zum anderen um die Verdienstchancen und die gesellschaftliche Position, die einer sich mit einem bestimmten Ausbildungsgang, bevorzugt einem Studium, erschließt. Weil fast alle, die in den überregionalen Zeitungen und elektronischen Medien über Bildungspolitik berichten, aus akademischen Erfahrungen herkommen und die Arbeitswelt der übrigen nur teilweise kennen, bleibt auch die veröffentlichte Meinung hochschullastig, obwohl für die große Mehrzahl der Jugend in der Bundesrepublik die Ausbildung in Betrieb und Berufsschule die Realität bedeutet.

Wer, Hand aufs Herz, interessiert sich so sehr für die Mehrheit der Bevölkerung, daß er ihre Belange, Hoffnungen und Beweggründe zum Maßstab seiner vordringlichen Überlegungen nimmt? Solche Betrachtungsweise ist innerhalb der Eliten selten. Die Mehrheit gilt ihnen eher als unbedarft. Mit einem Basta, so ist das nun einmal, ist das Problem nicht abzutun. Überall geben Minderheiten, die Teile einer wirkungsvollen Mehrheit sind, den Ton an. Das zum Beispiel ist undemokratisch an der Demokratie.

Uralte Dogmen reden in der Bildungspolitik mit. Bei uns Sozialdemokraten die Riten aus dem Arbeiterbildungskartell. Bei den Liberalen die Liberalität der Wenigen unter den Vielen. Bei den Konservativen vor allem das nicht nur katholische Dogma der früher fünf und heute bestenfalls fünfzehn Prozent der projektierten Führungsschicht. Im Kern besagt es, eine Bevölkerung werde zu schwer regierbar, wenn immer mehr Bürger qualifizierte Informationen besitzen.

So erinnern denn nicht von ungefähr manche Grundsätze christlicher Bildungspolitiker an jene Auskunft, welche die

»Allgemeine deutsche Real-Enzyklopädie für die gebildeten Stände« den Benutzern unter dem Stichwort *Denkfreiheit* 1827 gab: »Da das Denken eine innere, durch äußern Zwang gar nicht bestimmbare Thätigkeit des Menschen ist, so kann die Denkfreiheit Niemand genommen werden, und unmittelbar kein Gegenstand des äußern Gesetzes sein. Insofern man auch darunter die Übung im eignen Denken und die dadurch erlangte Befreiung von Hindernissen des Denkens, und Irrthum und Vorurtheil versteht, kann sich ein Jeder die Denkfreiheit nur selbst geben. Indessen ist ein indirekter Zwang von Außen auch hier insofern denkbar, als erstlich von den Staaten zuweilen eidliche Erklärungen über die innere Überzeugung des Menschen, oder Versicherungen, daß man sich von irgendeiner Regel des Glaubens nicht entfernen wolle (Glaubensbekenntnisse, Widerruf angeblicher Irrlehren, Testeid in England), gefordert und die Verweigerungen als Verbrechen bestraft worden sind, und zweitens, indem die Erziehung zum eignen richtigen Denken durch Beschränkung der Lehrer, Anstellung unfähiger Menschen in den Lehranstalten und eine den Geist niederdrückende Lehrmethode gehindert wird. Durch solche Mittel läßt sich die geistige Entwicklung eines Volkes allerdings auf geraume Zeit bedeutend zurückhalten, wiewol ein solches frevelhaftes Eingreifen in die göttliche Vorsehung und das Gesetz der Natur sich am Ende immer als vergeblich und sich selbst bestrafend erweist.«

Unvergeßlich ist mir eine Diskussion im Bayerischen Rundfunk zum Thema »Demokratie in Gefahr?«, die ich mitzubestreiten hatte. Neben dem Bundestagsabgeordneten Engelhard von der FDP war mein Gegenüber MdB Theo Waigel, Vorsitzender der Grundsatzkommission der CSU, also einer ihrer maßgeblichen Theoretiker. Bei der Aufzeichnung im Funkhaus am Münchner Rundfunkplatz saßen wir einander etwas knirschend, aber die Form wahrend gegenüber. Waigel, Jurist, Oberregierungsrat a. D., verkündete Erstaunliches und bekräftigte es auf Nachfragen wiederholt. Demokratie, sagte er, sei geeignet für die Organisation der Parteien, Fraktionen und Regierung, für Wahlen und das politische Leben. Nicht in gleicher Weise geeignet sei Demokratie für andere Lebensbereiche wie Wirtschaft, Kirche, Familie und Schule.

So deutlich habe ich das selten gehört. Damals fiel mir Erich Kästner ein, der in seiner Erinnerung »Als ich ein kleiner Junge war« festgehalten hat, daß die Schulen seiner Jugend wie Kinderkasernen aussahen. »Die Methoden«, steht in Kästners Hinterlassenschaft, »sind etwas verfeinert. Aber ich fürchte, die Absicht ist die alte geblieben: folgsame Staatsbürger herzustellen, die voller Respekt vor der Obrigkeit bleiben, was sie sind. Einfacher Leute Kinder bringen es bis zum Volksschüler; ›besserer‹ Leute Kinder werden Akademiker, und was dazwischenliegt, bleibt irgendwo dazwischen liegen. Alles schön ordentlich, in Reih und Glied, und bitte keine Unruhe auf den letzten Bänken!«

Eine Münchner Volksschullehrerin, die immer wieder Erstkläßler unterrichtet, faßte ihre Erfahrung so zusammen: »Kinder gewöhnen sich an alles, sagt das Schulamt.« In manchen Bildungsbastionen herrscht ein Klima, als gelte es, Spalierobst heranzuziehen.

Ich diskutierte mit Schülerinnen des Stetten-Instituts, einer evangelischen Privatschule mit Staatsanlehnung in Augsburg, oder mit Mädchen und Jungen am Gertrud-von-Le-Fort-Gymnasium, einer liberal-konservativen Schule mit hellen Räumen in Oberstdorf. Das hören wir schon zu Hause, berichteten viele: *Halt dich da raus, laß dich auf nichts Politisches ein, laß die Finger davon, den Helden spielen, das führt zu nichts Gutem, wir kennen das, mach deine Arbeit und denk dir dein Teil, vor allem sieh zu, daß du zu einem Beruf kommst, der etwas einbringt.* Aber da waren immer auch die anderen, die sagten:

Bei uns ist das anders, wir können daheim über alles reden, meine Eltern machen mir Mut, laß dich nicht unterkriegen, wehr dich, werd bloß kein Duckmäuser, wir leben in einer Demokratie, das ist nicht mehr wie früher, das wirst du sehen.

Wer fragt, warum es im Hitler-Deutschland so viele Mitläufer gab, forsche nach in den dunkelsten Kammern unseres Bildungssystems. Vor allem scheue er den Vergleich mit dem Heute nicht: Grundlegendes hat sich verändert, doch an manchen Orten weniger gründlich, und in einigen Lehrerköpfen hat das Dritte Reich noch nicht aufgehört. Schüler unter ihrem Einfluß lernen, daß es Massenmorde in Konzentrationslagern unter Deutschen niemals gegeben habe.

Absolutistisch wie einst Montgelas' Beamtenherrschaft überzieht das Kultusministerium im südlichsten Bundesland Schule und Hochschule mit Reglement. Eine Schulordnung, die das Parlament nie beraten hat, setzt nach Bedarf die Verfassung außer Kraft. Das bekam zum Beispiel eine Schülerin am Regensburger Albertus-Magnus-Gymnasium zu spüren, die der Disziplinarausschuß der Schule hinauswarf, weil sie ihre freie Meinung durch eine »Stoppt-Strauß«-Plakette kundtat. Reicht die Schulordnung nicht, ruft die Bürokratie nach einem Gesetz zur Einschränkung des Grundgesetzes.

Eine Aufklärungsbroschüre des Bundesjugendministeriums darf bayerische Schulen nicht erreichen, weil jene Einspruch erheben, denen zum Menschen auf erschreckliche Weise immer zuerst der Unterleib einfällt, und das ganz ohne Beziehung zum Geist. Vorgänge an Schulen und Universitäten in Bremen, Hamburg oder Hessen werden schaudernden Landeskindern vorgewiesen wie einst die Ketzerei.

Die Staatsregierung boykottiert das Schulbuchabkommen der Bundesrepublik mit Polen und verordnet für Atlanten Grenzen, die gewalttätig anmuten, sofern sie jemand als Anweisung zum Handeln versteht. Seine Hoheit, der Kultusminister, stutzen höchstpersönlich Professorenberufungen und Jurorenurteile zurecht, bis ihr die Namen munden. Bayerns Maier zieht Remmers in Niedersachsen am Rock zurück, damit der christdemokratische Kollege nicht unbesorgt in die Orientierungsstufe hineinläuft. Aus Hannover grollt es aus einer protestantischen Administration gegen Münchens katholischen Anspruch zurück.

Selbst konservative Lehrer in Franken und Schwaben, in Oberbayern und der Oberpfalz stöhnen über den Bildungszentralismus der CSU. Wenigstens redet der Vorsitzende des Lehrerverbands dem Kultusminister unerschrocken, wenn auch ohne viel Wirkung drein. Zug um Zug verschwinden Autoren wie Wallraff und Fried, Fichte, Biermann und manchmal selbst Böll aus der bayerischen Schulbuchweisheit. Und allemal diskutiert der Landtag im Maximilianeum der Kultusbehörde hinterdrein.

»Bayern wurde zum Beamtenstaat par excellence«, urteilt der bayerische Patriot Carl Amery in seinem Requiem »Leb wohl geliebtes Land der Bayern«. »Und der historische Vorsprung der Verwaltung vor der Legislative bestimmt bis heute das innere Gesicht Bayerns – wer etwas anderes zu sehen glaubt, erliegt holden Illusionen.«

Doch unabhängig von der Hierarchie, fernab von Ausgewogenheitsmythen und allen Exerzitien in Talaren gibt es auch in Bildung und Ausbildung das andere Bayern. An vielen Orten wehren sich Lehrer, Schüler und Eltern einzeln und in Gruppen gegen eine Bildungspolitik, die Freiheit vorschützt, aber so handelt, als sei der Mensch gerade dazu nicht geboren.

Da sind die jungen und nicht mehr so jungen Lehrer, die aus der außerparlamentarischen Opposition in die Provinzen gegangen sind, um an der Schule etwas zu verändern. Mit hochgemuten Vorstellungen zogen viele von ihnen aus. In konservativer Umgebung wurden sie rasch zum Ärgernis. Sie alle haben viel einstecken müssen, aufgegeben haben die

meisten nicht. Nachdem ihnen die großen Worte abhanden gekommen waren, haben sie erfahren, wieviel jeder einzelne ausrichten kann – klein und genau an einem bestimmten Punkt. Auch im Allgäu habe ich manche von ihnen getroffen, man erkannte einander sofort.
Unterdessen empfahl ein Bildungskongreß der CDU den Bewohnern der Bundesrepublik »Mut zur Erziehung« an. Das Stichwort traf einen Nerv. Auch viele konservative Sozialdemokraten mit ihrem Verlangen nach Ordnung beriefen sich fortan darauf. Bis ins Bundeskabinett war die Bildungspolitik in Verruf geraten. Von Reform wollte dort niemand mehr etwas hören. Nur der Bildungsminister und sein parlamentarischer Staatssekretär hielten das Fähnlein aufrecht – es flatterte längst nicht mehr. Im Kabinett wurde es zum geflügelten Wort, daß Studenten angeblich direkt von der Ausbildungsförderung in die Rente gehen wollten. Im Bundestag hatten wir Bildungspolitiker es immer schwerer, überhaupt Gehör zu finden. In der sozialdemokratischen Fraktion herrschte gegenüber unserem Fachgebiet eine regelrechte Allergie. Den Kollegen von der Union erging es in ihrer Fraktion nicht viel besser. Die beiden FDP-Mitglieder im Bildungsausschuß erklärten, sie seien Liberale: Sie ruderten in einem für uns oft unergründlichen Individualismus herum.
Mut zur Erziehung – wenn eine politische Formel derart zündet, entspricht sie beinahe immer einer bis dahin so eingängig nicht geäußerten Erwartung einer großen Zahl. Unter Familienoberhäuptern lief ein Aufatmen um. Eltern fühlten sich wieder als Erziehungsberechtigte eingesetzt. Viele von ihnen, oft gerade die Bemühten, waren durch manche Begleiterscheinungen der antiautoritären Bewegung tief irritiert. Daß diese Bewegung wie auch die Studentenrevolte damals vieles übertrieben hat, ist nicht zu leugnen. Doch protestierte sie nicht ihrerseits gegen die maßlose Übertrei-

bung von Obrigkeit und uniformer Autorität? Für die fast magische Wirkung der jetzt angekündigten Erziehungswende gab es viele ernsthafte Gründe. Aber es gab noch mehr Emotionen, die politisch genutzt wurden, und auch Verdrehungen der pädagogischen Wirklichkeit. Die neue Tendenz zielte zum Teil hinter den Stand vor Anbruch der außerparlamentarischen Opposition zurück. Sie scheute nicht demagogische Mittel.

Wir wollen nicht, daß unsere Kinder von kommunistischen Lehrern erzogen werden – das ist ein diabolischer Satz. Denn was ist ein kommunistischer Lehrer? Es gibt in der Bundesrepublik, selten übrigens, Lehrer, die einer kommunistischen Partei zugehören, doch kommunistisch unterrichten können sie nirgendwo. Geschähe es wirklich, erführen es über Schüler sofort Eltern und über diese das Lehrerkollegium und die Schulbehörde. Selbst Beamte werden unter solchen Umständen entlassen.

Mut zur Erziehung, die Parole wirkte besonders in Bundesländern, in denen die Bildungsreform, als man noch davon reden konnte, zu Anfang der siebziger Jahre auf einigen Gebieten wahrhaftig überzogen worden war. An manche Fanatisierung der Sprache in ihren theoretischen Zentren kann ich mich nur noch mit Grauen erinnern. Aus Kästners Kinderkasernen wurden vielerorts Kinderfabriken mit viel zu großer Belegschaft – zwischen Beton, Glas und endlosen Wegen wurden humane Zusammenhänge auseinandergerissen. Damals verwechselten manche Lehrer Disziplinlosigkeit mit Freiheit, wie andere vor ihnen Mut und Gehorsam verwechselt hatten. Nicht wenige Reformer wurden unglaubwürdig, indem sie neuen Zwang an Stelle des alten in ein ideologisches Schema preßten.

Zwar waren die Auswüchse längst analysiert und teilweise korrigiert, aber an ihren Nachwirkungen, an verständlicher Elternentrüstung, am öffentlichen Verriß der Bildungsreform in Politik und Medien wurde die Gegenreform festgemacht und von ihren Wortführern nicht weniger ins Ideologische übersteigert.

In diesem Klima wird es wieder notwendig, an eine Lehrmeinung Immanuel Kants aus dem Jahr 1784 zu erinnern – sie sollte eigentlich Grundlage aller Bildungspolitik sein: »Aufklärung ist der Ausgang des Menschen aus seiner selbstverschuldeten Unmündigkeit. Unmündigkeit ist das Unvermögen, sich seines Verstandes ohne Leitung eines anderen zu bedienen. Selbstverschuldet ist diese Unmündigkeit, wenn die Ursache derselben nicht am Mangel des Verstandes, sondern der Entschließung und des Mutes liegt, sich seiner ohne Leitung eines anderen zu bedienen.«

In diesem Sinn wird nicht der Mut zur Erziehung gebraucht, sondern die Erziehung zum Mut.

Im Bundestag aber diskutierten wir ein ums andere Mal die Anträge der Union zur Verbesserung der Zukunftschancen der jungen Generation. Vollmundig kehrten dort Begriffe wieder, die bei allem Wortreichtum ihre eigene Sprachlosigkeit vorwiesen. Wenn sie eingebracht wurden, ertönten Alarmsignale: »Unsicherheit, Sorge, Zukunftsangst, Akademikerarbeitslosigkeit als Nährboden für Radikalismus.« Die Wörter blieben provokatorisch, auch wenn der CDU-Sprecher Anton Pfeifer sie nicht so einpeitschend in den Plenarsaal hämmerte, wie seine Fraktion das gern hörte und mit Beifall belohnte. Es war das alte Spiel. Die Opposition klagte den Bund für das Versäumen einer Politik an, die weitgehend nicht in seine Kompetenz fiel. Der Bumerang kreiste, zog seine Schleife durch Debatten im Bundesrat, der Kurfürstenburg, und fiel eigengesetzlich, doch meist ungerechtfertigterweise auf den Bundestag zurück.

»Bildung muß auch bewährte Tugenden vermitteln«, hieß es zum Beispiel im Antrag der CDU/CSU laut Drucksache 8/2045, »die für die Persönlichkeitsentwicklung und das Zusammenleben unverzichtbar sind: neben Zivilcourage, Mut zu Kritik, Offenheit und Widerspruch insbesondere auch Selbstlosigkeit, Treue, Opferbereitschaft, Wahrheitsliebe, Fleiß, Zuverlässigkeit, Solidarität und Hilfsbereitschaft . . .« Wer wollte bei diesem Katalog nicht zugreifen!

In der siebten und achten Legislaturperiode erhöhten wir periodisch die Sätze der Bundesausbildungsförderung und des Hochschulbaus. Wir beschlossen unter anderem Projekte der überbetrieblichen Ausbildung oder den Modellversuch Künstler an Schulen. Wir berieten jahrelang Gesetzentwürfe, die nie zu Gesetzen wurden. Was wir nicht verwirklichen konnten, weil die CDU/CSU im Bundesrat die Sperrmehrheit ausübte, waren die große Reform der Berufsbildung, ein tolerantes Hochschulrahmengesetz und zum Beispiel die Abstimmung der Ausbildungsordnungen mit den Lehrplänen für die Berufsschulen. Auch die Fortschreibung des Bildungsgesamtplans, eine Bund-Länder-Vereinbarung, blieb in den Mechanismen der Polarisierung stecken. Die konsequente Anwendung des Gesetzes über die Ausbildungsplatzförderung scheiterte dagegen an der Unschlüssigkeit der Koalition: Die Wirtschaft setzte sich durch, nicht die Gewerkschaften.

Das sind Exempel, die statuiert wurden. Dennoch herrschte unter den Bildungspolitikern aller Fraktionen nicht Gehässigkeit. Wir redeten miteinander. Für die Opposition war das einfach, weil sie die Macht in der Hinterhand besaß. Wir Abgeordnete der Koalition verinnerlichten in der Bildungspolitik die Schnecke des Günter Grass. Das in der Hauptsache war unsere Arbeit.

Parlamentspause

Als der City Jet in Wahn abhob, streckte ich alle viere aus. Mit Barbara und Jo hatte ich vor einer Stunde den Krimsekt geleert, den der Kulturreferent der Sowjetischen Botschaft mit einem Weihnachtsgruß geschickt hatte. Ausatmen. Es reichte.
Wenn das nicht gewesen wäre, das Auspendeln in einer Zäsur, hätte ich bei den Robotern dienen können. So flog ich aus der Hauptstadt nach München und behandelte mich ausnahmsweise einmal gut. Hinter mit lagen gehorsame Abstimmungen, besprochene Tonbänder, Rücksichten, Pflichten. Vor mir die Aussicht auf vier Wochen gemilderter Umstände. Denn rings um die Feiertage lassen die Mitbürger selbst ihre Abgeordneten in Ruhe.
Ein befreiter Parlamentarier sank in den Sessel. Die Stewardeß wußte nicht, daß ich sie mit einer Krankenschwester verwechselte. Sachte, nur sachte, da hat einer seine Würde in Bonn verschenkt, weil er damit schon lange nichts mehr anzufangen weiß. Der da saß, war nichts als ein Heimkehrer. Ein ausgestreckter Mensch, 1,88 Meter, 78 Kilo, Augenfarbe blau, keine besonderen Kennzeichen. Er wollte zu seiner Frau und zu seinen Söhnen. Spärlicher Schnee achttausend Meter unter uns.
Zwischen den drei Parlamentspausen im Jahr – Weihnachten, Ostern, Sommer – gibt es andere als nur klimatische Unterschiede. Vor allem die Tage etwa vom 20. Dezember bis zum 5. Januar sind außer dem regulären Urlaub die einzigen, an denen Bundestagsmitglieder in der Regel einmal ausschließlich privat vorhanden sind. Vorher widmen sich viele von ihnen den Weihnachtsfeiern, hinterher der Parteiarbeit, die zum Jahresbeginn immer einen neuen Anspruch erhebt.
Bundestagsabgeordnete haben weit weniger Sitzungswochen als Lehrer Schulwochen, nämlich nicht einmal während der

Hälfte des Jahres. Dennoch läßt sich die Tätigkeit der Parlamentarier, was die Freizeit anbelangt, nicht im geringsten mit den Voraussetzungen der Schulleute vergleichen. Für die Mehrzahl der Mitglieder des Bundestags machen Wahlkreis, Parteiarbeit und Ämter, die aus dem Mandat hervorgehen, mehr als die halbe Aufgabe aus. Abgesehen davon, daß bei vielen mit den Jahren die Funktionsfreßsucht ausbricht.

Als ich diesmal nach Hause kam, warteten mit unterschiedlichen Absichten drei auf mich. Familie, Familie. Wenn wir auch selten beisammen waren, machte sie doch meinen Untergrund aus. Freilich konnte ich als Familienflüchtling nicht erwarten, daß sie alle drei bereitstanden, wenn ich erschien. Jetzt aber waren wir verabredet.

»Wenn ich auch nur einen Tannenzweig geschenkt bekomme, sehe ich rot«, mit diesem jugendlichen Machtwort hatte Till sich Weihnachten verbeten. Also tagte der Ältestenrat mit dem Nachwuchs in der Küche. Was machen wir? Bei Wein und Wahrheit kamen wir überein, daß jeder Sohn am vierundzwanzigsten seiner Freundin gehören sollte. Marlen und ich wollten ohnehin lieber in Eckarts ruhige Feiertage verbringen.

»Ihr seid noch nicht in dem Alter«, entschied Till für beide, »daß wir deswegen mit euch feiern müssen.« Andreas, der fünf Jahre ältere, wunderte sich über soviel bekennerische Direktheit seines Bruders. Die jungen Riesen füllten den Platz am Küchentisch und ließen unter sich die Stühle knarren. Sie waren mit unserem Gegenvorschlag zufrieden, statt gemeinsamen Weihnachten am Sonntag zuvor nach Eggstätt zu wandern, wo es seit ihren Kindertagen die größten Schnitzel gibt.

Eine Gegend für Notwürfe, unser Chiemgau-Hinterland. Tatsächlich haben angeschossene Bomber, die über München getroffen worden waren, im Krieg hier ihre Last abgeworfen, ehe die Mannschaft die Notlandung auf feindlichem

Boden wagte oder mit dem Fallschirm absprang. Wir hatten die Gegend um Simssee und Hartsee vor fünfundzwanzig Jahren für uns entdeckt. Seitdem hat sie uns nicht wieder losgelassen, auch als das Allgäu mehr als nur meine Berufsheimat wurde. So brachen wir wieder in die Kindheit unserer Söhne auf.

Mit Wetterstiefeln durch den Winterwald. Hier ging auf jeden Schritt Erinnerung mit. Die Söhne schalumhangen mal bei uns, mal voraus. Zwei ruppig zivile Gestalten mit Langstreckenbeinen. Ich konnte mir kaum noch vorstellen, daß Marlen sie geboren hat. So zerbrechlich erschienen sie mir einst in meinen Händen, daß ich immer Angst hatte, ich könnte sie verletzen.

Jetzt stand der eine vor dem juristischen Staatsexamen und dachte daran, Anwalt in Umweltsachen zu werden. Der andere jobbte nach dem Zivildienst in Krankenhäusern mal als Schankkellner, mal als Lkw-Fahrer. Nach Probesemestern in Physik und Biologie war er einmal wieder unentschlossen, was er anfangen sollte. Beide traten ziemlich kompakt in die Wirklichkeit, aber verletzlich, im Inneren, waren sie weiterhin. Ich war für sie in den zurückliegenden Jahren gewiß kein greifbarer Vater gewesen. Doch sie waren alt genug, um für sich zu leben.

Das Wichtigste war, daß zwischen uns vieren das Gespräch nie abriß. So tauschten wir auf dem Schnitzel-Gang nach Eggstätt Wasserstandsmeldungen aus, wie wir uns wechselseitig allemal über aktuelle Wegstrecken in unseren Lebensläufen ins Bild setzten.

Andreas schrieb manchmal sogar Briefe. Eines Tages hatte er mich mit folgenden hingeschriebenen Sätzen nachdenklich gemacht: »An die Stelle wirtschaftlicher Existenzprobleme sind heute psychische Probleme getreten. Die Schwierigkeiten von außen wurden durch Schwierigkeiten von innen ersetzt. Die Beschäftigung mit dem eigenen Ich ist zu sehr zum

Hauptthema meiner Generation geworden, als daß man sich ihr so ohne weiteres entziehen könnte. Erwachsenwerden scheint heute schwerer denn je zu sein.«

Till wiederum hatte mich auf seine Weise betroffen gemacht. Einmal hörte ich ihn in einer Rundfunksendung für junge Leute sprechen, die sich mit Vätern und Söhnen beschäftigte. Da wurden ein Arbeitersohn, ein Beamtensohn, der Sohn eines Wissenschaftlers und andere befragt. Till stand für den Sohn eines Vaters, der eine öffentliche Aufgabe ausübt. Ob ihm mein Abklatsch in den Medien manchmal peinlich gewesen sei. Nicht sehr, meinte er. Ob die Atmosphäre zu Hause liberal und tolerant gewesen sei oder eher autoritär. Er entschied sich für das erste.

Dann kam die Frage: »Und wie war das? Gut oder schlecht?«

Till dachte eine Weile nach. Dann antwortete er da im Lautsprecher: »Manchmal hätte ich mir lieber einen unbeholfen autoritären Vater gewünscht.«

Sie wissen beide viel mehr über menschliche Voraussetzungen als wir in ihrem Alter. Wir hatten nach dem Krieg eine Jugend nachzuholen, was nie recht gelang. Noch heute schauen wir uns nach unseren Zusammenhängen um.

Parlamentspause, Jahreswende. Das bedeutete Aufräumen an den Schreibtischen in München und in Eckarts. Wie jedesmal kam der Tag, an dem der Steuerberater mit mir durch meine Einkünfte balancierte und die Diäten von den Honoraren trennte. In acht Parlamentsjahren habe ich mich immer bemüht, soviel zu erschreiben, daß ein Ehepaar zur Not davon leben konnte. So war der Rückweg in den freien Beruf nie abgeschnitten.

Parlamentspause, das hieß: einmal den Bruder wiedertreffen, der drei Jahre älter ist und in Hamburg als selbständiger Kaufmann dem CDU-Fraktionsvorstand in der Bürgerschaft angehört. Je älter wir werden, um so ähnlicher werden wir unseren Vorfahren. Aus jedem von uns schauen Generationen von mütterlichen und väterlichen Linien in zusammengewürfelter Familienphysiognomie. Das veranlaßt mich, vorsichtshalber an der eigenen Originalität zu zweifeln. Wenn wir gemeinsam durch die Straßen gehen, erkennt man die Brüder selbst von hinten am Gang. Manche Gesten beim Reden gleichen einander aufs Haar.

Heute sind wir Mitglieder gegnerischer Parteien, die Argumente austauschen und Nächte lang diskutieren können. Wir haben uns darauf geeinigt, daß wir einander verstehen, ja gut miteinander auskommen, doch in einigen grundlegenden Dingen bei unterschiedlichen Auffassungen bleiben. Über Helmut Schmidt und Helmut Kohl können wir uns verständigen. Über Strauß und Filbinger im Negativen auch. Klaus ist länger in der Politik als ich, wenn auch nur im Nebenberuf. In meinen Augen gehört er zu den modernen und ziemlich liberalen Konservativen, die in den letzten Jahren eher in den Landtagen hervorgetreten sind als in der gemeinsamen Bundestagsfraktion von CDU und CSU. Dort haben unversöhnliche Töne gegenüber dem politischen Gegner vorgeherrscht. Liberalität ging fast immer auf Tauchstation. Konfrontation bis zum Aberwitz sollte die Mehrheit verändern, erreichte das jedoch nicht.

Parlamentspause, das hieß: den fünfundachtzigjährigen Vater besuchen, der in seiner letzten Wohnung des Kaisers Handschrift und Feldmarschall Rommels Porträt über dem Sofa hängen hatte. Als ich im August 1969 der Sozialdemokratischen Partei beitrat, für die ich mich lange vorher in Wählerinitiativen verwendet hatte, erfuhr mein Vater natürlich davon. Er rief mich an und teilte mir mit: »So, mein Sohn, ich habe für den familiären Ausgleich gesorgt und habe mich als Mitglied bei der CDU angemeldet.« Es stand also zwei zu eins. In der weiteren Verwandtschaft dominiert ohnehin das konservative Prinzip, als wären es lauter bürger-

liche Bayern oder Württemberger, doch es handelt sich um die norddeutsche, vorwiegend preußische Variante.
Ein Vater ist kein Zufall. Meiner gehorchte Wilhelm II., dem Freikorps, dem Dritten Reich und der Hitlerarmee. Er hatte nichts genauer gelernt als dieses Gehorchen und den Dienst an der Nation, wie er und viele seiner Generation ihn verstanden. In seinem privaten Leben hatte er mehr Glück mit der Pflichterfüllung. Er lebte mit zwei Frauen, von denen er mit der ersten zweiunddreißig Jahre bis zu ihrem Tod verheiratet war und mit der zweiten beinahe auch noch die Silberhochzeit erreichte. Beiden war er treu und verwechselte zum Schluß ihre Namen. Als Kinder haben wir ihn bewundert und heiß geliebt. Noch seine Strenge erschien uns als Wohltat. Später, nach schweren Auseinandersetzungen und auch Mißverständnissen, lernte ich ihn zu achten.
Als Marlen und ich ihn zum letzten Mal gemeinsam in Tübingen antrafen, sprachen wir mit ihm längst nicht mehr über Politik. Mein Vater war ein Greis, der nach einer schweren Operation allmählich wieder zu Kräften kam und zu einem großen Gewährenlassen gefunden hatte. Sein Gesicht war nerviger und sogar gütig geworden. Der manchmal verbissene Zug des Rechthabenwollens schien daraus verschwunden. Er war ganz weiß und wirkte trotz seiner Größe auf einmal zierlich.
Mein Vater saß dem Weihnachtsbaum gegenüber und erzählte von seiner Zeit als Fahnenjunker bei der Kaiserlichen Artillerie. Auf dem Sekretär stapelte sich seine Geburtstagspost. Alles war auf das Alter eingerichtet in der Bürgerwohnung, in der er, umsorgt von seiner zweiten Frau, am 24. April 1980 gestorben ist.
Parlamentspause, das hieß schließlich: im Bundeswahlkreis Oberallgäu wieder einmal in der Partei auf den Grund kommen und diejenigen treffen, die als Delegierte darauf Anspruch hatten, das Mandat zu kontrollieren. Sie taten es zu-

nehmend mit einer Art Generalvertrauen. Der Nachteil bestand darin, daß sich die meisten einfach auf die Arbeit ihres Abgeordneten verließen.
In Kempten trat der neu gewählte Unterbezirksvorstand zusammen und verteilte die Aufgaben. Im Nebenzimmer des »Rößle« in der Immenstädter Straße beglückwünschten wir einander zum neuen Jahr. Der Raum war tagelang ungeheizt gewesen, jetzt wurde er durch einen Kanonenofen oberflächlich erwärmt. Warme und kalte Schichten berührten uns. Schließlich saßen wir da, drei Frauen und sechs Männer, wie in einer Thermosflasche. Es wurde so stark geraucht und angesichts stählerner Kälte draußen so wenig gelüftet, daß es darauf ankam, ohne Sauerstoff zu überleben.
Günter Wirth, Landtagsabgeordneter für Kempten, Rechtsanwalt, präsidierte als wieder bestätigter Vorsitzender der Allgäuer Sozialdemokraten mit jener advokatischen Lawinentechnik, die ihn auch umfangreiche Tagesordnungen sturzweise und resonanzkräftig abwickeln ließ. Die Routine war ihm lästig. Er atmete immer auf, wenn er zum letzten Punkt kam. »Allfälliges«, rief er dann und schaute sich drohend um, ob noch einer Fragen hatte. Vom anschließenden Beisammenhocken hielt er mehr.
In all den Jahren gemeinsamer Arbeit ist er mir wie eine Dostojewski-Figur erschienen. Je mehr er sich vom Jungsozialisten zum stattlich gewölbten Landtagsabgeordneten wandelte, um so sicherer trat er auf. Zugleich entwickelte er sich zu einer immer vielfältigeren Person. Seiner vordergründigen Festigkeit widersprachen hintergründige Ahnungen und wohl auch Ängste.
Ich sehe ihn noch, wie er einmal bei einer Versammlung mit Hans-Jochen Vogel, die im Halbrund ums Kemptener Rathaus stattfand, hinter dem Redner aus dem Fenster des Vorbaus lehnte. Da grüßte ein Burgherr sein Volk. Das Gesicht, vielbäckig wie eine Handvoll Äpfel, strahlte joviale Bürger-

nähe aus und nahm sogleich verschmitzt ein Stück davon zurück. Zweifellos besaß er einen Hang zu guten Taten, dem allerdings manchmal sein plötzlicher Weltgram entgegenstand. Bei Bier oder Wein in geselliger Runde konnte er sich am ehesten leiden und ertrug dann mannhaft seine mahnende Frau – erst am anderen Tag behielt sie recht.

Zwischen Günter Wirth und mir war die politische Arbeit aufgeteilt nach Bund und Land. Wir kamen einander wenig in die Quere, doch es blieb eine natürliche Konkurrenz bestehen, deren Verlauf von den Parteimitgliedern mit Spannung beobachtet wurde.

Zwei Wochen rumpelte ich auch diesmal durch das Allgäu auf Straßen, auf denen der Schnee knirschte. Ich besuchte Bürgermeister mit ihrem Gemeinderat, hielt Versammlungen bei Ortsvereinen ab und sprach mit den Redakteuren der Lokalteile unserer einen Zeitung. Wie jedesmal ging es um Straßenbau, Wasserwege, Ausbildungsplätze, um Sporteinrichtungen und den Grenzausgleich für die Landwirtschaft, kurz um Bundesförderung für die Region.

Beim »Dreikönigstreffen« in Immenstadt gab ich den Rechenschaftsbericht vor dem Ortsverein, dem ich angehörte. Von einhundertsiebzig Mitgliedern waren rund fünfzig erschienen. Es fanden spannungslose Neuwahlen zum örtlichen Vorstand statt. Niemand außer den Kandidaten interessierte sich richtig dafür. In der Diaspora waren wir manchmal schon froh, wenn sich überhaupt einer fand, der Vorsitzender sein wollte und dazu auch taugte.

Das meiste geschah einstimmig. Die Allgäuer Sozialdemokraten dachten nicht an Selbstzerfleischung. Dazu waren sie in der schwarzen Umgebung zu schwach. Doch zuzeiten wurde die Partei von einer großen Müdigkeit ergriffen, als hätten eineinhalbtausend Mitglieder die Wahlkämpfe von Generationen auszuschlafen.

Schneeräumen

Es hat geschneit. In der Nacht war das Thermometer um fünfundzwanzig Grad gefallen. Der Schnee fegte in Eisböen ums Haus. Dann plötzlich legte sich der Wind für ein paar Stunden. Es schneite dicht und dick wie im Märchen. Wo in der Frühe nach einem Föhneinbruch noch Wiesenstücke durch den Altschnee gelugt hatten, zogen am Nachmittag Schiläufer ihre Bahnen. Das Allgäu versank im Schnee. Eine sibirische Befreiung. Die Menschen kamen wieder zu Verstand.

Die Bauern fuhren mit ihren Traktoren zum Schneeräumen aus. Wenn die Greifarme der Riesenbagger über den Asphalt schabten, klang es wie das Heulen frühzeitlicher Ungetüme. Auf der alten B 19, deren Verlauf ich vom Schreibtisch aus ein paar Kilometer übersehen konnte, schlichen Heimkehrerautos und Ankunftwagen der Urlauber, als führen sie durch Watte. Alles war gedämpft. Schon waren der Brunnen, der Zaun, die Bogenlampen mit ellenbogenhohem Schneebesatz gefüttert. Ich ging hinaus und schippte den Seiteneingang zu unserer Parterrewohnung frei.

Dann war die Sonne für einen Augenblick wieder da. Eine eingeschrumpfte Mimose, so brach sie durch den eisgrauen Himmel, in dem noch Güterzüge voll Schnee hingen. Jedes Haus im Dorf stand klar umrissen in seiner weißen Einsamkeit.

Ein Kind zog seinen Rodelschlitten am alten Pfarrhof vorüber. Es war so vermummt, daß die Beine wie unter einem Wollknäuel liefen. Der gelbe Golf des Briefträgers erschien mit Schneeketten vor der Scheunenwand, an der die Plakate zum Volkswandern und zum Feuerwehrfest seit dem Herbst verwittert waren.

Jeden Mittag gegen 11.30 Uhr fuhr der Briefträger den Berg hinauf und kurvte durch den Schnee von Haus zu Haus.

Meist war es ein freundlicher weißhaariger Allgäuer, der an der Tür klingelte, weil die Postmenge nicht in den Kasten paßte.
Wenn ich die Treppe hinaufstieg, um ihm die Sendungen abzunehmen, machte er ein entschuldigendes Gesicht. Manchmal sagte er auch: »Ihnen läßt man aber auch gar keine Ruhe.« Er war immer zu einem Schwatz aufgelegt und schaute mich aus seinem rosigen Gesicht mit hellen Augen an. Da es im Dorf keine Geschäfte gibt, war der Postbote besonders an schneereichen Tagen hier in achthundert Meter Höhe der gestiefelte Verbindungsmann zur Außenwelt. Ich habe nie erlebt, daß er mit seinen Winterreifen und notfalls Ketten die Abzweigung von der B 19 nicht hinaufgekommen wäre. Außerdem war er ein mobiler Postschalter, der auch Pakete annahm und drunten auf seinem Amt das Nötige einzahlte.
Die Päckchen, die Barbara aus Bonn serienweise schickte, trug ich lesend und mit dem Tonband antwortend ab. Gegenpakete wanderten zurück zum Bundestag. Das Immenstädter Postamt gegenüber dem Bahnhof war der Umschlagplatz. Wenn mal etwas ausblieb, rief ich dort an. Die Postler machten extra Wege, um den Abgeordneten zu versorgen, der in ihrem Bereich wohnte. Wenn zum Geburtstag routinemäßig die Telegramme des Bundeskanzlers und der Minister eintrafen, von denen die Absender nichts wußten, als daß es entsprechend bei allen Bundestagsmitgliedern geschieht, standen die Beamten in Immenstadt Kopf. Der gelbe Wagen erschien gleich zehnmal am Tag.
Es schneite und schneite. Auch die schweren silbernen Milchtanker, deren automatische Rüssel die Milch an der Straße vor den Höfen aus den Kannen saugten, kamen fast immer durch. Da wurde nichts verkuhwedelt: es gab immer Frischmilch. Selbst die Zeitung, so wenig drinsteht im »Allgäuer Anzeigeblatt«, fand sich immer morgens ab 5.30 Uhr

im Kasten, oft noch bevor geräumt wurde. Der Träger setzte seinen Ehrgeiz darein, sich bei Nacht und Schneesturm durchzukämpfen wie ein Eisbär. Wie machte er das nur?
In den Häusern, die alle für das Winterklima eingerichtet sind, war die Heizung so stark, daß jede Familie ihre warme Insel besaß. Einschneien war für die Kinder eine Lust. Glühwein oder Grog machte für die Älteren die Abgeschlossenheit behaglich. Marlen und ich saßen auch in dieser Wohnung gern in der Küche. Wir hörten das Sinfonieorchester des Bayerischen Rundfunks oder Nachrichten, sprachen gedehnt, fühlten uns wie in ein Iglu verpackt.
Nur wenn das Telefon im Arbeitszimmer läutete, rief die Welt herein. Diesmal war es eine Lehrerin vom Augsburger Stetten-Institut, einer Mädchenschule. Sie fragte, ob ich zwei Unterrichtsstunden für den Leistungskurs Sozialkunde der Kollegstufe übernehmen könnte: der Abgeordnete und das Mandat. Ob wir anschließend das Asyllager in der Hindenburgkaserne besichtigen könnten. Dort herrschten, sagte sie, miserable Zustände. Flüchtlinge aus kommunistischen Ländern werden relativ leicht in Arbeit und Brot gesetzt. Aber wenn Asylanten aus Chile, Argentinien oder Südafrika kommen, paßt ihr Gesuch nicht in die herrschende Ideologie.
Während wir miteinander sprachen, betrachtete ich die Schiabfahrt auf dem Grünten dort drüben. Ich war sie oft gefahren. Jetzt zerriß ein Wolkentreiben den Berg. Der Grünten sah aus wie ein zerlegtes Puzzle. Ich blätterte in meinem Terminkalender. »Gut«, sagte ich. »Machen wir es gleich nach den Schulferien, bevor der Bundestag wieder beginnt.«
Der alte Feuerturm draußen ähnelt haargenau einer aufgestellten Zigarrenkiste. Er ragt über das Tal. Das Spritzenhaus habe ich nie offen gesehen. Seit Eckarts über acht Straßenkilometer hin nach Immenstadt eingemeindet wurde, hat

es Anschluß an die städtische Feuerwehr. Ein Dorf im Umbruch. Immer mehr Bauernhöfe sind den Allgäuer Fertighäusern gewichen. Auch der Pfarrhof beherbergte keinen Geistlichen mehr. Nur eine alte Wirtschafterin ließ sich da manchmal blicken. Auch der Hof sollte abgerissen werden. Zu Taufen, Hochzeiten, Beerdigungen wie zum Gottesdienst an den Feiertagen erschien im Wechsel der Leihpfarrer aus Niedersonthofen oder Martinszell. Die Bauern, die städtischen Angestellten und Beamten, Mittelständler und Selbständige, die in den neuen Häusern wohnen, kamen von ringsher durch den Schnee gefahren. Sie verwandelten die Straße zum Friedhof in einen Parkplatz wie im Sommer die Auffahrt zum Fußballfeld. Jetzt säumten Schneewälle die Kirchentüren.

Alles war umzäunt. Lange versperrten noch über den Schnee hinweg Ketten die Vorplätze vor den Garagen, bis endlich die weiße Schicht die Hürden überstieg. Wenn sie wieder schmolz oder weggeräumt wurde, traten die Trennungen zutage, mit denen Nachbarn sich voneinander abgrenzten. Jeder verbarg sich in seinen vier Wänden.

Als wir einzogen, hatten die jungen Vermieter in den funkelnagelneuen Räumen Stores aufgehängt. Eine nette Geste, dachten wir, und hängten die Stores ab. Wir legten sie mit einem Dankeschönzettel auf die Treppe und zogen Nessel auf. Die Folge war ein Gardinenkrieg. In der Besitzerwohnung über uns wurden Frauentränen vergossen. Eine Storewelt stürzte ein. Am anderen Tag klingelte der sonst freundliche Hauswirt. »Meine Frau sagt, alle haben Stores«, erklärte er, als er den zusammengefältelten Vorwurf wieder anschleppte. »Meine Frau sagt, wie sieht denn sonst das Haus aus!«

Wir hielten es nicht für möglich, mußten aber einsehen, daß es ein Drama war. Schließlich endete die Sache politisch, nämlich mit einem Kompromiß. Wir hängten die Stores unter unserem Nessel auf. Wenn ich in Bonn war und die Familie in München, blieben sie vorgezogen und traten voll in Erscheinung. Kamen wir nach Eckarts, zogen wir die Stores zurück. Anders hätten wir die Landschaft nur verhüllt gesehen: ein bräutliches oberes Illertal.

Zäune und Schnee. Stores und Zäune. In der Tat hatte jeder Stores. Einer grüßte den anderen aus seinem Gehege. Auf ordentliche Nachbarschaft. Nur der Schnee kümmerte sich nicht darum. Er deckte die Bevölkerung von Eckarts zu.

6

Die Kollegen Gegner

»Wissen Sie, Herr Kollege, ich habe Ihr Buch erst lesen wollen. Das hat eine Zeit gebraucht. Aber jetzt möchte ich doch etwas dazu sagen.« Wer mich so ansprach, das war Ignaz Kiechle, der direkt gewählte Abgeordnete unseres Wahlkreises. Wie so oft saßen wir achttausend Meter hoch im City Jet von Bonn-Wahn nach München, diesmal sogar nebeneinander.

Jeder hatte einen kalten Imbiß auf einem Tablett vor sich. Kiechle füllte den Sitz aus. Seine Gestalt bestand aus vielen Buchtungen und Festigkeiten, die birnenförmig gestaut waren. Auf dem immer etwas geröteten Kopf grenzte ein Haarkranz, der schwarz und dicht sproß, die Glatze scharf ab. Er hatte das breite Gesicht eines Allgäuers der stämmigeren Art. Trotz seiner Erdenschwere wirkte er mit den bald fünfzig Jahren auf dem Buckel gesund. Wie er da saß, verbreitete er Zufriedenheit.

»Also, eins kann ich nicht verstehen«, sagte er und schien ernsthaft ein Problem mit dem damals erschienenen Band »Die Einsamkeit des Politikers« zu haben. »Wenn Sie das Allgäu schildern – manches daran stimmt gewiß. Nur wenn Sie die Menschen politisch beurteilen, ich habe Sie ja immer für einen Idealisten gehalten, aber meinen Sie wirklich, so-

viel Demokratie kann es geben, wie Sie sich das vorstellen? Glauben Sie, so wie die Leute nun einmal sind, sind sie dafür geschaffen? Wenn ich mir die Mehrzahl anschaue, halte ich das einfach für unmöglich.«
Kiechle sagte auch: »Ich kenne doch meine Pappenheimer.« Er meinte die Allgäuer. Es lag nicht nur an seinem Herkunftsberuf, sondern auch an seiner Lebenserfahrung, daß er alles vom landwirtschaftlichen Standpunkt ansah. Außerdem wußte ich, seine Zweifel an der Demokratiefähigkeit der Zeitgenossen waren nicht menschenverächtlich gemeint. Kiechle hielt sich für einen Realisten, und bis zu einem gewissen Grad war er das auch. Unsere unterschiedlichen Anschauungen waren so oft aufeinandergestoßen, daß der eine den anderen schwerlich noch überraschen konnte. Im Grunde vertrat er die Auffassung, Demokratie sei eine Staatsform, die zwar mehrere Parteien kenne, vor allem aber eine feste Ordnung von oben nach unten gewährleisten solle. Er befand sich damit in Einklang mit den meisten Mitgliedern der CSU-Landesgruppe im Bundestag. Dennoch konnten wir über vieles miteinander reden.
Wir hatten uns darauf geeinigt, daß wir verschiedener Meinung waren und wohl auch immer bleiben werden. Im übrigen gab es vielerlei, was wir zu dritt, gemeinsam auch mit dem FDP-Kollegen Hansheinrich Schmidt aus Kempten, für das Allgäu zu erreichen versuchten. Den Leuten in der Region war es am liebsten, wenn wir uns vertrugen. Sie halten weniger von Parteien als von Personen. Über mich kursierte der Spruch: »Der Lattmann wär scho recht, schad nur, daß er ein Sozi is.«
Wie oft haben Kiechle, Schmidt und ich mit unseren Frauen bei der Allgäuer Festwoche beieinander gesessen, auch die meine im Dirndl, obwohl ihr, verglich sie sich mit anderen, der eigene Busen ein wenig spärlich vorkam. Die Allgäuer bemühten sich, es sie nicht entgelten zu lassen, daß sie nun

einmal bloß das Eheweib des sozialdemokratischen Abgeordneten war. Wenn die Region ihre Feste begeht, versinken Gegensätze zumindest äußerlich. Alles wird eingesponnen ins Fahnenwehen und Glockenläuten, in Blasmusik, Lachen und Tafelfreuden bei Kässpatzen und dem vom Festausschuß ausgewählten Patenwein, der aus dem Gebiet der Patenstadt Kemptens, Dürkheim, stammt.

»Diese Bayern«, rief Marlen mir dann manchmal zu und meinte wiederum die Allgäuer, »sie lassen einem keine Wahl, sie vereinnahmen uns. Beim Feiern halten sie sich für unwiderstehlich, und manchmal sind sie's auch.« So redete meine Frau mit der Frau des Oberbürgermeisters Höß über Kinder, mit Frau Kiechle über bonnverbannte Männer, mit Frau Schmidt über Kleider. Ich habe ihr für manche selbstentäußernde Gutwilligkeit zu danken.

Zwischen dem CSU-Abgeordneten und mir bestand eine Aufteilung, die sich durch die Schwankungen der Stimmergebnisse 1972 und 1976 nicht veränderte. Er vertrat die Mehrheit, ich eine Minderheit. Kiechle war angestammt und ich hergeholt, er fuhr Mercedes, ich Volkswagen. Sein Hof stand am Stadtrand von Kempten, ich wohnte zur Miete in Eckarts. Seine Kirche läutete überall, meine war meilenweit nicht zu hören. Ich kann das Allgäu zwar beschreiben, aber er verkörpert es mit Haut und Haar. In jedem Dorf gibt es einen CSU-Ortsverein. Wohin er kommt, rahmen seine Leute ihn ein. In manchen Gemeinden erröten die Einwohner, wenn wir Sozialdemokraten auch nur eine Stimme erhalten. Einige Besitzverhältnisse sind noch festgeschrieben, wie sie aus dem Bauernkrieg hinterblieben sind. Hundert Familien und Firmen entscheiden, was im Allgäu geschieht. Alle Macht verläuft quer durch die Kirche und mündet bei der CSU, die mit den Fürsten im Bund steht. Das Märchen vom Gestiefelten Kater läßt sich auf allgäuerisch erzählen: Im Refrain heißt es Waldburg-Zeil.

»Kommen Sie zu uns«, forderte mich einmal Bürgermeister Scholl, langjähriger Landtagsabgeordneter, in Hindelang auf, als er mich bei einer öffentlichen Sprechstunde, für die er sogar ein Zimmer im Rathaus zur Verfügung gestellt hatte, mit drei Leuten sitzen sah. Aber ich in der CSU, das wäre wie ein Kirschkern in einem Kürbis.

Der erste Bundestagskollege, von dem ich eine unorthodoxe Perspektive der CSU erfuhr, war Max Schulze-Vorberg, der bis 1976 den Wahlkreis Schweinfurt in Bonn vertrat. Manchmal fuhren wir gleichzeitig mit dem Schlafwagen nach Bonn. Ich erinnere mich an eine Fahrt, bei der er schon in München einstieg und gleich auf mich zukam: »Trinken wir noch ein Glas miteinander?«

Wenig später saß er mit einer Flasche bewaffnet auf meinem Bett in dem Single-Abteil, seins befand sich im nächsten Wagen. Wir tranken den Franken aus Zahnputzgläsern, wenigstens hatten wir sie gehörig abgewaschen. Schulze-Vorbergs Raumverdrängung quoll mir mit seiner zunehmenden Müdigkeit immer ausufernder entgegen. Ich saß auf der Bettkante und betrachtete den hingelagerten Mann, dessen Haar sich an der Rückwand unter der Leselampe nur wenig über meinem Kopfkissen wie ein Igel sträubte.

»Das können Sie sich denken«, brummte er ungetüm, »daß zwischen unserem großen Vorsitzenden und mir die Liebe nicht groß ist. Nö, nö, solche Herrschaftsallüren, das mache ich nicht länger mit. Ich halte mit meiner Meinung nicht hinter dem Berge, koste es, was es wolle.« Was folgte, war ein mittleres Gewitter, dessen Blitze bei Strauß einschlugen. Ich mußte an eine Votivtafel denken, die ich eines Tages auf der Fraueninsel des Chiemsees entdeckt hatte: Sie zeigte eine wolkenumtoste Überfahrt, betende Hände reckten sich aus Kitteln übers aufgepeitschte Wasser, während fern am Himmel ein Heiligenschein leuchtete.

»Na, und Sie?« meinte Schulze-Vorberg. »Sie können mir

doch auch nicht weismachen, daß Sie es in Ihrer Fraktion immer leicht haben.« Eine Zeitlang verglichen wir die Beulen, die wir uns beim Anecken zugezogen hatten. Dann fürchtete ich, der Schweinfurter würde mein Abteil immer besitzergreifender ausfüllen und am Ende auch noch hier einschlafen, doch mit einem letzten Augenzwinkern raffte er sich auf. »Gute Nacht!«

Später lernte ich sein Haus und seine Familie in Godesberg kennen. Als Nachfolger des eindrucksvollen Berthold Martin, der nach einem Ausritt tot umgefallen war, wurde er Vorsitzender der Enquete-Kommission Auswärtige Kulturpolitik, der ich angehörte. Über Jahre hatten wir eine gemeinsame Arbeit. Tatsächlich kandidierte Schulze-Vorberg nicht noch einmal, sondern kehrte als Journalist in die Rolle eines Bonner Berichterstatters zurück.

Es stimmt ja nicht, daß die Konfrontation der Parteien, die im Plenarsaal so grimmig tut, auch die Personen total entzweie. Einen anderen, der 1976 ebenfalls nicht in den Bundestag wiederkehrte, weil er schon sechs Legislaturperioden hinter sich hatte und die Vernunft ihm die freiwillige Altersgrenze setzte, traf ich in München wieder: Hermann Höcherl. Auf Einladung des Politischen Clubs der Evangelischen Akademie diskutierten der Minister a. D. und ich in der Münchner Stuckvilla über den Beruf des Politikers. Er, von dem der Ausspruch stammt: »Wer schöpfen will, muß nachgießen«, machte auch hier eine knorrige Figur.

Als wir hinkamen, Marlen und ich, über den eisknirschenden Aufweg ins getäfelte Foyer, trafen von allen Seiten die Geladenen ein, vorwiegend Bürgerpublikum der älteren Semester, aber auch einige junge Leute darunter. Das konservative Element überwog nicht nur, es setzte, dank Höcherl, den Rahmen.

Lauter gestutzte Männer mit eckigen Schultern, die in dunklen Jacken steckten. Hornbrillen begrenzten die Höhere-

Laufbahn-Gesichter. Die Herren wirkten wie Teilnehmer einer Gedächtnisfeier zu Ehren der Wittelsbacher, die Damen schmuckbehangen und beigeordnet. Als Höcherl am Eingang auftauchte, zog er gleich Bewunderer nach sich. Er war, so schien mir, noch kleiner geworden, seit wir in Bonn zuletzt in einem Fernsehdisput fürs Dritte bayerische Fernsehprogramm live miteinander zu tun hatten.

Wurde es ein Duell? Höcherl, noch als Rechtsanwalt tätig, lange Zeit Abgeordneter für den Wahlkreis Regensburg, sonderte mich von vornherein aus dem politisch Üblichen aus. Ich sei als Schriftsteller »mit einer anderen seelischen Ausstattung« in das Getriebe gekommen als zum Beispiel er, der sich als ehemaliger Staatsanwalt keine Illusionen über die Menschen gemacht habe, auch schon bevor er Berufspolitiker wurde. Im übrigen stellte er fest: »Nicht jeder Bundestagsabgeordnete ist automatisch auch schon ein Politiker, er hat jedoch die Chance, es zu werden.«

Einsamkeit – auch hier lag das Stichwort zugrunde – habe er während seiner dreiundzwanzig Parlamentsjahre vor allem als Minister erfahren. Der Gedanke an die Fehler, die natürlich auch er gemacht habe, verfolge ihn noch heute. »Kein Politiker«, sagte er, »gerät jemals ganz außer Dienst.«

Je höher, um so einsamer – war das seine Formel? Jedenfalls lautete sein Kernsatz in dieser Diskussion: »Die Verantwortung im Kabinett ist unteilbar, auch wenn sie von politischen Mehrheiten getragen werden muß.« Einen Augenblick dachte ich, gleich werde hinter ihm die Phalanx der Abgeordneten sichtbar, die bereit schienen, ihn auf den Schultern zu tragen. Da war er wieder, der Gipfelblick auf die Niederungen, den die Oberen schätzen. Jede Regierung braucht ihre Fraktionen zur Mehrheitsbeschaffung, basta. Das konnte so auch von Helmut Schmidt stammen.

Wenn Höcherl sprach, blickte er mich aus seinem Körpergehäuse zwiespältig an, er musterte mich durchdringend. Mit seinen listigen Augen, dickhäutig und schrundig, mit der langen Übung im Zuschnappen und den immer noch blitzschnellen Reaktionen wirkte er auf mich wie ein alter Alligator auf der Sandbank. Dann allmählich, während wir das Duett bestritten und von Zweikampf nicht mehr die Rede war, richtete er auf mich ein Interesse, das sich nicht scheute, dem jüngeren Kollegen Mut zu machen.

Natürlich können solche Kommunikationen hinweg über die Fraktionen gelingen. Es liegt, wie bei Höcherl, am einzelnen und seiner Offenheit für eine andere als die eigene Lesart. Sicherlich ist es auch eine Frage der Neugier auf Andersartigkeit. Aber das beschreibt nur eine Seite der Erfahrung mit dem gegnerischen Lager. Die andere Seite beweist unüberwindliche Sprechschwierigkeiten, ja eine babylonische Unmöglichkeit, sich zu verständigen.

Vor allem in Plenardebatten blitzt manche Gegnerschaft auf, die jäh in Feindschaft umschlägt und lange danach noch Haß zurückläßt. Blicklos gehen Abgeordnete dann aneinander vorüber. Auch kein Treffen auf Empfängen stiftet neue Verbindlichkeit. Starr lehnen personifizierte Fronten einander gegenüber. Es gibt diese fanatische Ablehnung Andersdenkender, die sich auch in mehreren Legislaturperioden nicht erschöpft, sondern ihre Spur immer besessener zieht.

Zum Beispiel bestand zwischen einem anderen CSU-Juristen und mir, das will ich nicht beschönigen, nichts als eisige Distanz. Das war der Fall beim Sprecher der Christsozialen auf dem Gebiet der inneren Sicherheit, dem Ansbacher Landgerichtsrat a. D. Carl-Dietrich Spranger. In mehr als einer Rede war ich für ihn das rote Tuch. Wenn er aus Anlaß des Terrorismus Strafgesetzentwürfe vorbrachte, die nach einer Republik in Stahl und Eisen verlangten, gerieten wir unweigerlich aneinander.

Niemals stießen wir krasser zusammen als in den Tagen von »Holocaust«. Abend für Abend sah ich die Serie im Club der

Abgeordneten, der Parlamentarischen Gesellschaft. Beim dritten Teil ergab es sich, daß Spranger neben mir saß. 1939 geboren, kann er sich an den Nationalsozialismus nicht selbständig erinnern, doch er spricht wie einer, der alles genau weiß. Er ist der gelehrigste Schüler des Senators McCarthy: gegen alles Linke schwillt ihm der Kamm.
Kaum war die Rückblende auf Folge eins und zwei über den Bildschirm geflackert, rückte Spranger auf dem Stuhl hin und her. Ein paarmal lachte er angewidert, rief bei der Hochzeit im Partisanenlager, als Helena und Rudi Weiß einander umarmten, »Courths-Mahler!«, murmelte mehrmals etwas von »internationalen Machenschaften«, die das Deutschlandbild beschädigten. In dem Augenblick, in dem Massenerschießungen die Szene füllten und Maschinengewehre reihenweise nackte Menschen in die Gräber mähten, verließ ihn die Beherrschung.
»Sozialismus«, schrie er mich an. »Sehen Sie, Herr Lattmann, dahin führt Sozialismus.« Dahinter stand: Und für Sozialismus treten Sie ein.
Alle im Raum, Konservative, Sozialdemokraten, Liberale, sahen ihn erschrocken an. Mein Nachbar zur anderen Seite legte mir die Hand auf den Arm, um mich von einer übermäßigen Reaktion zurückzuhalten.
»Ihnen ist nicht zu helfen«, sagte ich.
Er zischte zurück: »Ach, hören Sie auf, mit Ihnen kann man nicht reden.« Er atmete schwer.
Freunde und Wohlmeinende in der Runde bedeuteten mir, ich solle bloß ruhig bleiben, bei einem Streit käme kein vernünftiges Wort heraus. Nicht nur deswegen schwieg ich. Ich wußte: Mit der deutschnationalen Inquisition kann ich mich niemals verständigen. Wer als Bundestagsabgeordneter ihre Töne anschlägt, lebt für mich in einem anderen Parlament. Einige gibt es, die mich fürchten machen wie andere Fanatiker, die ich früher erlebt habe. – Spranger wurde von seiner

Fraktion in die sogenannte G-10-Kommission delegiert, die Abhörgenehmigungen, also die Einschränkung des Grundgesetzes für Bürger, parlamentarisch kontrollierte.
Da war es eine Wohltat, wenn ich zu anderen Bundestagskollegen der CDU/CSU gehen und Meinungen austauschen konnte. Mit einigen gab es sogar die Übung, daß wir verabredeten, wie wir getrennt vorgingen, wenn wir gemeinsam etwas erreichen wollten.
So besuchte ich manchmal Anton Pfeifer in seinem Büro gegenüber dem Plenartrakt. Er war der Vorsitzende des CDU-Arbeitskreises für Bildung, Wissenschaft, Forschung und Technologie und Mitglied des CDU/CSU-Fraktionsvorstands. Pfeifer, Jahrgang 37, Oberregierungsrat a. D. wie so viele, Wahlkreis Reutlingen, war früher RCDS-Vorsitzender in Tübingen und danach unter anderem persönlicher Referent von Kultusminister Hahn in Stuttgart gewesen. Mit diesem Vorlauf war er mir fachlich überlegen – im Lauf der Jahre lernte ich manches von ihm. Ziemlich lange bestand zwischen uns die Möglichkeit des Einvernehmens. Zu ihm konnte ich sagen: »Bitte greifen Sie uns einmal wieder öffentlich an. Ich brauche Druck in unserer Fraktion.« Dann lachte er. Bald darauf las ich eine geharnischte Presseerklärung, die er zum Beispiel gegen die Koalition losgelassen hatte, weil die mit der Künstlersozialversicherung nicht vorankam. Leider gerieten wir gerade an diesem Punkt auseinander, als die Gesetzgebung in die Endrunde eintrat.
Einer der Orte, an denen die Verständigung zwischen den Fraktionen wenigstens teilweise gelingt, ist der Sitz des Bevollmächtigten der Evangelischen Kirche in Deutschland in der Bonner Fritz-Erler-Straße. Wenn Prälat Binder die Abgeordneten seiner Konfession in gemischten Gruppen zum Frühstück einlädt – wir nannten es *pray breakfast* –, sitzen die Kollegen einträchtig zwischen Zigarrenschneidern, Gesangbüchern und den Chagall-Lithos an den Wänden. Der nord-

deutsche Kirchenmann mit dem Bremer Tonfall schärft ihnen vorsichtig die Ergebnisse der jüngsten Synode ein oder gibt Bericht über das Missionswerk. Auf das Gebet folgt die Stärkung durch reichlich garnierte Platten, dazu gibt es weltliche Erwartungen der Instanz für himmlische Hoffnung.
Aber auch Dreinreden wurden ausgesprochen. »Wir bestreiten«, sagte der Prälat, »dem Staat die Möglichkeit und das Recht, das Gewissen zu prüfen.« Damit meinte er nicht nur den Zivildienst, sondern auch die Verantwortung der Volksvertreter. Richard von Weizsäcker sah ihn unter grauem Haar und Stirnfalten mit einem etwas indianischen Blick an, der nicht verriet, wie weit seine Zustimmung ging. Hermann Dürr wirkte von der eigenen Anwesenheit beeindruckt. Der Kollege Petersen faltete die Hände über der Serviette und stellte einen jungenhaften Blickkontakt zu dem gleichaltrigen Konrad Kraske her. Frau Berger sah nach getaner Arbeit aus, als habe sie gerade wieder Berliner Bären-Maskottchen an Bundestagsfahrer verteilt. Irgendwie erinnerte das Ganze an Konfirmandenunterricht.
Leise verlassen die Abgeordneten das Morgenmahl. Sie verabschieden sich zu Sitzungen, bei denen Ingrimm nicht ausgeschlossen ist. »In dieser unserer unerlösten Welt«, sagt der Prälat, »müssen wir miteinander auskommen.« Auch die Kirche hat ihre Lobby, doch sie tritt nicht so fordernd auf wie andere Interessenvertretungen. Unter ihrem Dach gilt Friedenspflicht. Aber die Aussöhnung über den Stil der parlamentarischen Auseinandersetzung kommt auch hier nicht zustande: derart Schwieriges bleibt ausgespart.
Jedenfalls stellt das pray breakfast Auflockerungen dar. Denn viele Bundestagsmitglieder sind vor allem kumpelhaft auf die eigene Fraktion eingeschworen. Andere gestehen sich ein, daß ihnen dieser oder jener aus der gegnerischen Riege persönlich lieber ist als mancher Parteibuch-Mitstreiter. Seit Jahr und Tag kennt einer den anderen. Man kennt die andere

Seite im Ausschuß, wo sie sich ruhiger als im Plenum verhält. Am genauesten kennen alle die Befangenheiten, die in jeder Fraktion gelten – nur die Vorzeichen wechseln.
Solange ich dabei war, kam ich mit vielen aus der Union zurecht. Ich fand, es gab Menschen zum Aufatmen und andere zum Atemanhalten quer durch die Parteien. Nur habe ich immer bedauert, daß die aufgeklärte, liberale Komponente unter den Konservativen an einzelne delegiert blieb, während das Parlament sie im ganzen braucht.

Besuchergruppe

Jedes Bundestagsmitglied kann einmal im Jahr eine Besuchergruppe aus dem Wahlkreis in die Hauptstadt einladen, in der Regel fünfzig Personen. Die Kosten für Reise, Unterkunft und Betreuung trägt das Bundespresseamt über seinen Besucherdienst. Daneben reisen weitere Besucher aus allen Bevölkerungsgruppen an, Schüler, Eisenbahner, Bundeswehrsoldaten oder Gewerkschafter, Landwirte und Vertreterinnen von Frauenorganisationen, Kriegsopfer oder Hochseefischer. Wer mit solchen Gruppen nach Bonn reist, muß für einen Teil der Kosten selbst aufkommen – in der Regel gibt es einen Zuschuß aus Landesmitteln und der Bundeskasse. In dreißig Jahren Bundesrepublik haben auf diese Weise rund sieben Millionen Besucher den Regierungssitz und den Bundestag in programmierten Ausschnitten erlebt.
Die Hauptstadt quillt vor Andrang über und kassiert. Für Bonns Gastronomen und die Rheinschiffer bedeuten die Besuchergruppen eine Industrie. Bis weit in die Umgebung werden die Gäste auf die Hotels verteilt, Junge zu mehreren, Alte in Einzelzimmer. Die Abgeordneten und ihre Mitarbeiter sehen sich von ihren Gruppen beschlagnahmt, als seien

sie Geschäftsführer eines Sportvereins und hätten ein Treffen der Angehörigen mit den Spielern zu organisieren. An solchen Tagen überkommt die Abgesandten wie die Besuchten das Zusammengehörigkeitsgefühl einer Dorfhochzeit. Privat und dienstlich, gehupft wie gesprungen, jetzt wird gefeiert und bewiesen, wer man ist. Auf Raddampfern wie in Kneipen wetteifern Gruppen aus Schleswig-Holstein und Bayern, von Saar und Leine, aus Berlin oder Bremen mit ihrer Herkunft und aller Eigenständigkeit.

Wenn unsere Allgäuer nach Bonn kamen, standen die anderen Verpflichtungen still. Meist suchten wir wegen der langen Tage eine Woche im Juni aus. Barbara holte die Besuchergruppe dann am Bahnhof ab, wo der Sonderwagen aus Kempten am Nachmittag eintraf. Ich kam zum Abendessen dazu. Wenn der Wagen vom Fahrdienst mich vor dem Restaurant absetzte und ich den Stadtbus dort stehen sah, gab ich mir einen Ruck wie zum Sprung von einem Fünf-Meter-Brett, denn ich wußte aus Erfahrung: Jetzt kam etwas auf mich zu, das geeignet war, um darin zu versinken.

Einmal traf ich sie in der Sportgaststätte am Rheinufer, sie erhielten gerade Getränke serviert. Beifall und Händeschütteln ringsum. Da war Wiedersehensfreude, aber einige sah ich zum erstenmal. Vor mir saßen neunundvierzig Wahlbürger aus dem Oberallgäu und Ostallgäu, vorwiegend sozialdemokratische Kommunalpolitiker mit ihren Frauen, darunter auch einige, die kein Parteibuch besaßen. Sie kamen aus Blaichach oder Dietmannsried, aus Scheidegg oder Wasserburg am Bodensee, aus Grönenbach oder Buchloe, Obergünzburg, Fischen oder Kaufbeuren. Ausgewählt wurden sie von den Ortsvereinen, manche schon zum zweitenmal, denn natürlich benutzen die Parteien die Bonnfahrten auch, um manchen Dank abzustatten oder neue Mitglieder zu werben. Die Männer mit aufgekrempelten Ärmeln und geröteten Gesichtern, die Frauen mit frischen Dauerwellen, so wollten sie

Bonn erobern und hatten sich reichlich mit Taschengeld eingedeckt.
»Hallo, Dieter.« Ich ging von Tisch zu Tisch und begrüßte sie mit Namen, soweit ich die wußte. Zuvor hatte ich lange die Teilnehmerliste angesehen, aber nur bei etwa einem Drittel der Brandner und Schäfler, Maier, Schmidt und Schmölzer hatte ich mich beim Lesen auch an die dazugehörigen Gesichter erinnern können. Während der drei Besuchstage, bei den Diskussionen in den Ministerien wie beim Bier im Bayernkeller, ließ sich das üben. Namenkenntnis ist das Einmaleins des Umgangs mit Menschen in der Politik. Zunächst aber waren da gesammelte Erwartungen und wie immer Einzelwünsche.
»Ich habe eine große Bitte an dich«, sagte der Älteste in der Runde, Fritz Hornung aus Grönenbach bei Memmingen, der unlängst seinen siebenundsiebzigsten Geburtstag gefeiert hatte. »Ich möchte Wehner sprechen.« Er kramte eine Tabakpfeife heraus, die Herbert Wehner ihm, wie er es in besonderen Fällen tat, aus seinem angerauchten Bestand zum Siebzigsten geschenkt hatte. Damals war die Pfeife in einem Päckchen in Grönenbach eingetroffen und hatte den neuen Besitzer mit einem Schlag zu einer Lokalberühmtheit gemacht. In der Zeitung war sogar ein Foto erschienen, das den Jubilar mit dem Geschenk zeigte. Es trug die Unterschrift: Der zweite Wehner. Jetzt wollte sich Hornung dafür mit einem Handschlag bedanken, der Alte beim Alten.
Zwei Tage darauf kam die Begegnung tatsächlich zustande. Da war die SPD auf ihrem Urgrund. Doch einstweilen summte die Besuchergruppe dort im Restaurant wie ein eingefallener Bienenschwarm. Barbara und ich wechselten einander an den Tischen ab. In den Augen der Besucher verkörperten wir ein Stück der Bonner Politik, die sonst zu ihnen immer nur telegen ins Wohnzimmer geisterte. Es gab Fragen über Fragen. Barbara und ich wurden zum wandelnden Aus-

kunftsbüro, manchmal sahen wir uns auch unversehens zum Berater in Lebensfragen ernannt. Das Zutrauen, das uns beanspruchte, grenzte an eine Orakelbefragung.

Hinterher tauschten wir Erfahrungen aus, bevor wir uns wieder ins Getümmel stürzten. »Gib acht auf den«, sagte Barbara zum Beispiel am nächsten Morgen und machte mich auf einen Dauerfragesteller aufmerksam, den es in jeder Gruppe gab. Sie saß vor meinem Schreibtisch, hatte zwei Becher Kaffee hereingebracht und rauchte wieder wie ein kleines Industriegebiet. »Und um die Witwe des Vorsitzenden von der Arbeiterwohlfahrt muß du dich kümmern, du weißt schon.« »Und du mußt das Büro Wehner anrufen«, erinnerte ich sie. »Sieh mal zu, daß ich ihn morgen für ein paar Minuten aus dem Plenum holen kann.« Barbara war in ihrem Element, auch wenn sie ein bißchen stöhnte.

Es ist wichtig, daß ein Abgeordneter seine Besuchergruppe auf so vielen Stationen begleitet, wie er nur kann. Auch er lernt dabei immer noch etwas Neues. Vor allem stößt er im Wahlkreis noch nach Jahren auf Erinnerungen unter dem Stichwort: *Damals, als wir in Bonn waren.* Dann stellt sich heraus, daß es für viele etwas Einmaliges war. Nicht zuletzt deswegen bemühte ich mich, auch dieser Gruppe zu folgen. Ich sauste von einer Abstimmung im Plenum zum Verkehrsministerium, wo die Allgäuer überrascht wurden, weil der Straßenbaureferent für ihre Region jede Kurve zwischen Lindenberg und Pfronten kannte. Ich jagte vom Arbeitsministerium zur Sitzung des Ausschusses für Bildung und Wissenschaft und fand mich zwei Stunden später zum Leberkäs in der bayerischen Landesvertretung ein. Als Betreuerin war der Gruppe diesmal eine Mathematikstudentin zugeteilt, die auf jeden ein Auge hatte und sogar nachts ein fehlendes Medikament aus der Apotheke besorgte.

Die begehrtesten Programmpunkte sind jedesmal die Stunde auf der Besuchertribüne des Plenarsaals, die Diskussion mit

mehreren Abgeordneten aus der Fraktion und die Bootsfahrt.
Wenn die Busse mit Abordnungen aus allen Landesteilen sich nachmittags um die Anlegestelle der Rheinschiffe scharen und um Kioske und Uferböschung eine moderne Karawanserei entsteht, ziehen Hunderte über die Laufstege auf offene Decks und in die Bootsbäuche ein. An Bord fließt der Wein umsonst. Natürlich ist der Schlager unvermeidbar: *Warum ist es am Rhein so schön?* Da sehen die meisten über die Trübsinn herausfordernde Tönung der Chemiekloake hinweg. Wenn die Gruppen am Abend wiederkehren, sangesfreudig nach der Kehre bei Remagen, tauchen sie unter in der erleuchteten Hauptstadt und machen noch lange die Fußgängerzone zum Tummelplatz.
Was den Alten aus Grönenbach anbetraf, so konnten wir ihm helfen. An einem Donnerstagmorgen im Plenum beobachtete ich Wehner, nachdem er wegen des Allgäuers mit mir geredet hatte. Ich sollte auf sein Zeichen warten.
Eine Europadebatte war im Gang. Auf der Wehner-Bank in vorderster Reihe saßen Willy Brandt und der Fraktionsvorsitzende auf jene getrennte Weise beisammen, die zwischen ihnen oft körperlich spürbar war. Währenddessen wartete im angrenzenden Besprechungsraum hinter der gläsernen Seitenwand Barbara mit dem Siebenundsiebzigjährigen, bis endlich Wehner aufstand und mit der starren Langsamkeit, mit der er sich aufrecht hält, begleitet von mir den Plenarsaal verließ.
Draußen im Anbau erhob sich Fritz Hornung, sah viel verknitterter aus als Wehner, hatte Tränen in den Augen. Die beiden alten Männer standen da in ihrer Verlegenheit.
Hornung: »Vor sieben Jahren hast du mir die Pfeife geschenkt. Jetzt kann ich dir dafür danken.« Er hielt das Holz mit dem abgekauten Mundstück vor sich hin. Hand und Pfeife zitterten.

Wehner, langsam, mit fast unbeweglichem Gesicht, als habe er schwere Schmerzmittel genommen: »Zeig mal her.« Er betrachtete sein ehemaliges Eigentum, schien sich zu erinnern und nickte seinem Gegenüber kaum merklich zu. Dann entschied er: »Ich schick dir eine bessere. Schreib mir mal deine Adresse auf.«

Plötzlich hatten wir, auch Barbara, die dabeistand, eine Menge damit zu tun, Papier und einen Kugelschreiber zu finden und ganz normal eine Anschrift zu notieren. Als das geschehen war, standen die beiden alten Männer einer sprachlos vor dem anderen und hielten ihre Hände gegenseitig umklammert, indem sie sie langsam schüttelten.

Schließlich sagte Fritz Hornung: »Von deiner Sorte müßten wir mehrere haben.«

Wehner: »Hm.«

Hornung: »Noch mehrere Jahrzehnte solltest du leben.«

Wehner: »Das wäre vermessen. Höchstens noch eins.«

Mir fielen seine Nachrufe ein. Wenn Herbert Wehner vor der Fraktion für einen verstorbenen Sozialdemokraten, der bis zum Ende oder früher dem Bundestag angehört hatte, die letzten Worte sprach, standen wir gebannt. Keiner konnte wie er ausdrücken, was einer gewesen war. Er umriß ein Menschenleben und fand im Allgemeinen das Besondere, das diesen einen ausgemacht hatte. Wehner beschönigte nichts. Es waren Wahrheiten, die er sprach. Er stand da wie sein eigener Tod und war so unverborgen wie sonst nie. Keiner würde ihm einen Nachruf wie diese sprechen. Wehners gesammelte Wortgedenksteine sind wie ein Friedhof der Fraktion, bestanden mit Nuancen.

Von dieser Beschaffenheit war die Zwiesprache der beiden Alten da vor uns im Wandelgang. Es war das stummste und dennoch ausdruckvollste Altmännergespräch, das ich erlebt habe. Der ins Allgäu zurückfuhr, war gewiß für immer davon bewegt.

Schließlich wandte sich Wehner ab und sagte: »Die elende Debatte muß ich mir wohl weiter anhören.« Mit zögernden Schritten, als tappe er im Dunklen, kehrte er ins Plenum zurück. Wir sahen ihn hinter dem Glas kleiner werden. Der Fraktionsvorsitzende war ein Schatten mit weichen Konturen, der sich der Wehner-Bank näherte und Platz nahm.

Acht Besuchergruppen habe ich selbst nach Bonn eingeladen und viele andere gemeinsam mit den Allgäuer Bundestagskollegen empfangen. Ich erinnere mich besonders an eine, die für unsere Region in anderer Weise typisch war. Es handelte sich um die Abschlußklassen der Mädchenschule aus Kempten-Lenzfried. Wie häufig bei Schülergruppen aus dem Wahlkreis hatte das Kultusministerium in München sie dem direkt gewählten CSU-Abgeordneten als Gastgeber zugeschlagen, doch die Diskussion mit ihnen bestritten wir vereint.

Die Mädchen, etwa fünfzig, saßen so brav unter der Obhut ihrer Lehrerinnen in Ordensschwestertracht, als seien sie zur Kommunion versammelt. Wir sprachen mit ihnen im Besucherzentrum, Ignaz Kiechle und ich. Schmidt-Kempten von der FDP fehlte diesmal. Während sie fragten und wir antworteten, floß hinter ihnen bleigrau der Rhein im Fensterrahmen.

Kiechle, einst Allgäuer Bauer, immer birnenförmiger geworden in den letzten Jahren, begrüßte die Schülerinnen mit jener Mischung aus Jovialität, Schlitzohrigkeit und Fachwissen, die ihm manchen Respekt einbringt. Solange ich ihn erlebte, hatte er nie Schwierigkeiten, die rund sechzigprozentige Mehrheit zu repräsentieren. Die Herrschaft seiner Partei erschien ihm wohl beinahe so gottgegeben wie den Schwesternlehrerinnen, die mich in der für sie schwer begreiflichen Hauptstadt argwöhnisch betrachteten. In einem fort sorgten sie sich, was jetzt wieder aus meinem Mund käme: politisch Unschickliches für Mädchenohren. Ohnehin

war es für sie unerfindlich, wieso Sozialdemokraten in Bonn regieren konnten – zum Schaden Bayerns, wie sie überall dort vernahmen, wo sie zuhörten und zugehörten.
Für die Mädchen war ich, so schien es, gar ein Kommunist, zumindest für einige von ihnen, die noch nie mit einem leibhaftigen Sozialdemokraten zusammengetroffen waren. Noch dazu einem, der ungeniert zugab, in seiner Fraktion ein Linker zu sein. Was sie wissen wollten und wie sie reagierten, wirkte einstudiert. Sie waren genau so jung, hübsch, zum Lachen auf der Welt wie norddeutsche Mädchen in ihrem Alter. Aber sie benahmen sich, als wären sie hinter Klostermauern aufgewachsen. Die politische Mehrheit in Bayern war ihnen selbstverständlich, die in der Bundesrepublik aber fremd und deswegen unheimlich.
»Warum«, fragte eine von ihnen, »gefährden die Gewerkschaften mit Streik und Lohnforderungen die Arbeitsplätze?« Eine andere brachte die vorbereitete Frage heraus: »Warum muß es das Jugendarbeitsschutzgesetz geben, das uns die Ausbildungsplätze wegnimmt?« Wieder eine andere wandte sich an mich: »Was tun Sie gegen die Rüstung der Russen, gegen ihre Überlegenheit mit zwanzigtausend Panzern?«
»Glaubt ihr nicht«, antwortete ich, »daß junge Menschen in der Sowjetunion mindestens soviel Angst vor unserer Militärmacht haben wie ihr vor der sowjetischen?«
Helles Gelächter unterbrach mich, bevor ich fortfahren konnte: »Also sprechen wir einmal ernsthaft darüber. Versucht euch einmal vorzustellen, ihr wärt Kinder russischer Eltern und lebtet in Kiew oder gingt in Moskau zur Schule. Was würdet ihr wohl über die Deutschen denken? Ihr wäret Töchter von Eltern, die erlebt haben, wie Deutsche ihr Land überfielen und Millionen Menschen umbrachten.«
Sie schwiegen. Sie hörten zu. Ungläubigkeit lag in ihren Gesichtern. »Ihr wärt in ein Land hineingeboren«, ergänzte

ich, »in dem es seit über sechzig Jahren nach eigenem Dafürhalten Kommunismus gibt, aber dieses Land hat in der Zeit gegenüber anderen Ländern mehr Frieden gehalten als viele ringsum. Jedenfalls hat es keinen großen Krieg begonnen. Es ist über Finnland hergefallen und hat Ungarn und die CSSR besetzt, das trifft zu.« (Der sowjetische Einfall in Afghanistan war damals noch nicht geschehen.) »Aber die Vereinigten Staaten von Amerika haben inzwischen nicht nur einen Wirtschaftskrieg in Vietnam geführt. Sie haben in Lateinamerika mehr als eine mörderische Militärdiktatur gestützt. Frankreich und England haben den Suezkanal zu erobern versucht. Wenn ihr genau hinseht, meint ihr wirklich, es gibt Unfrieden nur auf der einen Seite der Welt? Und was den Kommunismus anbetrifft, hat man euch eigentlich in der Schule erklärt, daß die deutsche Heeresleitung es war, die 1917 Lenin aus der Schweiz nach Rußland beförderte, mitten durch Deutschland, damit er in Rußland Revolution machte?«

Jetzt fuhr Kiechle dazwischen: »Also, Herr Kollege, ich kenne ja Ihre Neigung, die Dinge anders zu sehen. Aber das mit dem Wirtschaftskrieg der Amerikaner, das kann ich so nicht stehenlassen. Schließlich ging es um die Kommunisten in Nordvietnam, die mit unerhörter Grausamkeit gegen den Süden des Landes vordrangen.« Elend, Hunger und Todesnot habe er unlängst auf einer Reise in Kambodscha und vielerorts in Südostasien gesehen. Die Amerikaner hätten das nicht verhindern können.

Daraufhin wollte eine Schülerin von ihm wissen: »Was hat es denn für einen Sinn, wenn wir immer weiter rüsten und die anderen auch? Können wir mit dem Geld nicht etwas Besseres anfangen?«

Kiechle sagte eine Menge. Seine Antwort gipfelte in dem Sprichwort: »Es kann der Frömmste nicht in Frieden leben, wenn es dem bösen Nachbarn nicht gefällt.«

Da fiel einem Mädchen die naheliegende Frage ein, warum alkoholfreie Getränke in der Disco in Kempten teurer seien als Bier. Als ich auf die Abhängigkeit der Pächter von den Brauereien hinwies, entrüstete sich der Direktgewählte: »Also, wie Sie die Wirtschaft sehen – machen Sie doch den Mädchen nichts vor.«
Die Schwesternlehrerin zu meiner Rechten flüsterte: »Am schlimmsten sind doch die Gewerkschaften.«
Ein junger Rundfunkmitarbeiter, der fast alles für eine Jugendsendung im Bayerischen Rundfunk aufs Tonband genommen hatte, berichtete mir später, die Mädchen hätten sich geärgert, daß Kiechle nicht über die Discopreise Bescheid wußte – dann solle er dazu lieber den Mund halten. Im übrigen hätten sie es gut gefunden, daß gegensätzliche Meinungen vertreten worden seien. Das sei viel interessanter, als wenn nur einer von einer Partei dasäße. Die Ordensschwestern haben das sicher auf der Heimfahrt zurechtgerückt.

Feierliches Gelöbnis

»Ich gelobe, der Bundesrepublik Deutschland treu zu dienen und das Recht und die Freiheit des deutschen Volkes tapfer zu verteidigen.« Die Rekruten der 5. Kompanie des Sanitätsbataillons 210 sprachen das feierliche Gelöbnis in der Prinz-Franz-Kaserne bei Fackelschein. Sie waren in einer zum Übungsplatz hin offenen Fahrzeughalle angetreten, die zum Appell leergeräumt worden war. Das Bataillon beging sein zwanzigjähriges Bestehen. Anwesend war ein Großteil der Kemptener Prominenz, ausgewählt nach einer Einladungsliste, die das Rathaus offenbar bei öffentlichen Institutionen reihum gehen läßt. Jedenfalls begegnen einander bei feierlichen Anlässen von der Allgäuer Festwoche über den Dischkurs des Brauhauses bis zur Bundeswehr immer dieselben Repräsentanten aus Wirtschaft und Finanz, Politik und Behörden, Geistlichkeit und Vereinsleben. Die Stadtkapelle aus Mindelheim gab dem militärischen Schauspiel im Trachtenaufzug mit ihren Märschen und Trompetensoli einen ins Zivile gemilderten Folkloreanschein.

Der Landtagskollege Paul Diethei von der CSU und ich saßen mangels anderer Parlamentsvertreter im Zentrum der Ehrengäste neben dem Kemptener Oberbürgermeister und der Frau des Kommandeurs. Vor jedem Zug in Reih und Glied waren drei menschliche Fackelständer postiert, die das Abbrennen der Feuerstumpen bewegungslos aus dem Augenwinkel verfolgten. Flackernd beleuchtet standen die jungen Männer feldgrau mit kaum erkennbaren Gesichtern im Dunkel. Sicherlich hatte viele von ihnen das hochgestimmte Schaudern erfaßt, das zuzeiten Uniformierten beim Erfüllen der Gehorsamkeitsriten auf Kommando und Marschmusik ins Gebein fährt.

Da war in den Ansprachen viel von Kameradschaft die Rede, von der Tapferkeit deutscher Soldaten im Krieg, die einer besseren Regierung wert gewesen wäre. So schuf sich die Einheit in militärischer Formation durch ein Rösselsprungverfahren ein Stück Tradition – die wurde in den Augen der Vorgesetzten dringend gebraucht.

Mich erfaßten, während ich der Pantomime zusah, die von zivilen und uniformierten Rednern überschallt wurde, zunächst zweierlei Vorstellungen. Da war zum einen die alte Verlockung aus Kindertagen, es könnte sich die Aufstellung der Soldaten in ihrer vorbildlichen Ordnung wie die der Lineolkrieger in meinem Spielzimmer, wo ich nachhalf, ein wenig auflockern lassen, indem einer umfiele, so täte, als werde ihm schlecht, einfach nicht mehr mitspielte, um das gar zu eherne Ritual zu durchbrechen. Aber die Erwartung mochte noch so sehr in mir rumoren – nichts dergleichen geschah. Die zweite Empfindung war mir gewiß nicht geheuer: nämlich daß ich mich in dem soldatischen Gelände angeerbt bewegen konnte, die richtigen Worte fand, eine beinahe zwingende und gezwungene Haltung an den Tag legte, sobald ich eine Kaserne betrat – und davon gab es im Allgäu genug.

In mir marschierten Generationen von Soldaten mit. Die Kindheit in der Offiziersfamilie rührte sich automatisch und ließ mich wissen, wie man's macht. Lange Zeit dachte ich, ich sei so zivil geworden, wie einer nur kann. Doch dann stellte sich überraschend wieder heraus: Es war etwas von einem Soldaten an mir verlorengegangen, das aus meiner psychischen Nachhut hervorbrach und mir ein Schnippchen schlug, wenn ich eine militärische Szene betrat.

Während das Gelöbnis an Eides statt die junge Mannschaft auf Gehorsam einschwor und der Helm glücklicherweise nicht auch noch zum Gebet abgenommen wurde, aber vage Ideale wie Wortkartuschen über den Kasernenhof rumpelten, mußte ich an einen anderen Besuch bei der Bundeswehr denken, der mich beunruhigt hatte. Das war vor Jahr und Tag bei einem Bataillon der Gebirgsartillerie gewesen.

Es gehört zu den Aufgaben eines Abgeordneten, im Wahlkreis auch die Bürger in Uniform zu betreuen. Zuerst kostete mich das Überwindung, dann empfand ich gerade diesen Teil der politischen Arbeit als Herausforderung. So besuchte ich in Sonthofen und Füssen, Kaufbeuren wie Kempten die Einheiten, die dort stationiert waren, und kannte natürlich auch die Wechselstellungen für Pershing-Raketen im Kemptener Wald, zu deren Atomsprengköpfen die Amerikaner den Schlüssel in der Hand behalten. Sie befinden sich, wie jeder Anrainer weiß, mitten in der Erholungslandschaft und werden durch sowjetische Raketen beantwortet, die aus Basen des Warschauer Pakts auf das Allgäu gerichtet sind.

Bei jener Einheit der Gebirgsartillerie habe ich damals mit

Berufssoldaten, Unteroffizieren und Offizieren, nach einem Vortrag über das Verteidigungskonzept der Bundesregierung Probleme des soldatischen Berufsethos im Atomzeitalter diskutiert. So fragwürdig allein dieser Begriff ist, er ist der Rede wert. Der aus Landsberg eingetroffene Oberst und ich, wir waren im Saal die beiden, die den Zweiten Weltkrieg zu einem Teil noch als Soldaten erlebt hatten. Alle übrigen besaßen Voraussetzungen, die nicht durch diese Erfahrung gebrochen waren.

Besonders der Oberstleutnant, der damals das Bataillon befehligte, war ein Prototyp dieser Ungebrochenheit. Sportlich, wettergebräunt, ein lachender Bergsteiger, einer, der Frauen mit entsprechender Unbekümmertheit noch immer glauben machen kann, das schönste Mädchen und der tapferste Soldat gehörten wie eh und je zusammen – dieser junge Kommandeur hatte alle Verantwortung außer seiner unmittelbaren Befehlsgewalt an uns Politiker delegiert.

Während früher soldatische Erfüllung im Krieg stattfand und Krieg das immer denkbare Hauptereignis im Berufsleben der Soldaten war, Krieg mit allen Schrecken und posthumen Verklärungen, darf heute das Berufsziel der Soldaten, wenn wir überleben wollen, ausschließlich darin bestehen, die Abschreckung zwar wirksam zu halten, sie aber niemals ernst werden zu lassen. Das kategorische Wollen der Kriegshandwerker muß der Frieden sein. Schon indem einer das eingesteht, weckt er Zweifel an seiner militärischen Bereitschaft.

Das war mein Thema da in der Kaserne, doch dem Oberstleutnant war es zu heikel. Er verweigerte sich der Überlegung und wollte vor allem *seine* Soldaten nicht von solchen Skrupeln angesteckt wissen. Dennoch fragte ich weiter: Ist ein Land wie die Bundesrepublik mit Kernkraftwerken und extremer Abhängigkeit von Energiezentren und Großtechnologien auf engem Raum überhaupt noch zu verteidigen, ohne daß dies Vorhaben auf Massenselbstmord hinausläuft? Ist nicht die Verteidigungsmöglichkeit für uns mitten in Europa längst eine Fiktion? Der Nichtkrieg basiert auf der Abschrekkung, aber wann wird Rüstung zum Selbstauslöser der Vernichtung?

Während das Mordwort *Overkill* aufkam, während Modelltruppen vorstellbar wurden, die zwar über alle Zähne, nämlich bis ins Irrationale bewaffnet sind, aber ihren Beruf rational ausüben, indem sie nicht mehr schießen, während Lösungen niemanden in den Sinn kamen, es sei denn das Wissen um die Notwendigkeit einer äußersten Anstrengung für den Frieden, umdüsterte sich das Gesicht des Kommandeurs. Als dienstliches Gespräch wurde ihm das alles zu problematisch. Er beendete die Diskussion und erklärte abschließend: »Das müssen Sie entscheiden, die Politiker. Wenn Sie befehlen, schießen wir.« So lautet möglicherweise die einfachste Formel für den Weltuntergang.

»Rührt euch!« scholl der Befehl über den Kasernenhof. Das feierliche Gelöbnis war geleistet. Die Rekruten rückten ab. Auf sie warteten ihre Angehörigen, die dem Schauspiel zugesehen hatten. Auf uns Gäste wartete ein kaltes Büfett. Vor den einzelnen Kasernenblöcken lösten sich nach dem Kommando »Weggetreten« vielhundert Stiefel aus den Reihen und trampelten kreuz und quer. Ich wurde fortgezogen: hinein in die Feier.

Zwei Jahre später nahm ich anläßlich der 450-Jahr-Feier des Reformationsbekenntnisses, der Confessio Augustana, an einer Laienkundgebung in der St.-Anna-Kirche in Augsburg teil. Christen aus exemplarischen Berufen waren auserkoren, sich zur Frage »Was und warum ich glaube« zu äußern: der Unternehmer, die Werbechefin, der Bankfachmann und die Sängerin, unter ihnen ein Politiker und ein Berufssoldat. Auch dabei wurden vor zweitausend Zuhörern feierliche Gelöbnisse abgelegt.

Da trat ein Oberst und Kommandeur einer Panzerbrigade in Uniform ans Pult im Mittelschiff und sprach über »Nächstenliebe mit der Waffe« – so kündigte ihn der Moderator an. Er begann: »Liebe Mitchristen, ich denke, ich muß hier zunächst von Macht und Handeln sprechen, weil ich als Soldat eingeladen bin. Das ist unbequem, denn es wird gern verdrängt, aber ich denke, ich bin es Ihnen schuldig. Sie haben gehört, daß ich eine der sechsunddreißig Brigaden der Bundeswehr führe. Meine Soldaten, es sind mehr als dreitausend, vermögen mit ihrer modernen Kampftechnik ein Maß an Abwehrkraft zu erzeugen, das sich in diesem Kreis gottlob kaum jemand vorzustellen vermag. Wir hoffen nichts sehnlicher, als daß wir ihre Effektivität nie unter Beweis zu stellen brauchen. Diese Hoffnung ist ein wesentlicher Antrieb für unsere Arbeit.«
Er sprach dann über den militärischen und den christlichen Auftrag und auch die Bereitschaft zur aktiven Verteidigung unseres Landes gegen Unfrieden, gegen Unrecht und Haß. Der Oberst machte den Eindruck, als sei er mit seinem Gott und seinem Glauben im reinen. Von seinem Standpunkt war er ein bemühter Christ. Er endete: »Ich weiß, daß ich als Soldat im Handeln wie im Unterlassen schuldig werden kann. Ich glaube, daß mir diese Schuld vergeben wird, wenn ich verantwortlich handle – verantworten, antworten, sich fragen lassen. Ich glaube, daß man letztlich nicht den Menschen verantwortlich sein kann, ich glaube, meine Verantwortung liegt im Herrn, darum und das glaube ich. In aller Demut und Bescheidenheit, aber auch mit aller Entschlossenheit.«
Was mir einfiel, während ich ihm zuhörte, war dies: Als Siebzehnjähriger habe ich im vorletzten Kriegsjahr ein Koppelschloß getragen, auf dem »Gott mit uns« stand. In den Kirchen meiner Jugend wurde für den Sieg unserer Waffen gebetet, wie andere Geistliche in anderen Ländern im Na-

men derselben Religion für den Sieg ihrer Waffen beteten. Da die Menschen hüben wie drüben Christen zu sein behaupteten, kam mir die Vorstellung eines Gottes, der der einen Seite hilft, ziemlich heidnisch vor.

Vor allem aber nistete sich, nachdem der Rekrutendrill für mich abgeschlossen war und Fronteinsatz bevorstand, ein Gedanke immer fester in mir ein, zumal nach dem 20. Juli 1944, als wir nach dem Attentat auf den Diktator alle mit dem Hitlergruß grüßen mußten und der Krieg für alle sichtbar verlorenging: War nicht der feindliche Soldat, auf den ich schießen sollte, im christlichen Sinn mein Nächster? Und war nicht mein oberster Kriegsherr, Hitler, eine Ausgeburt des Teufels? Gehorchten wir nicht längst alle einem Verbrecher?

Damals hat mir meine Kirche dazu nichts gesagt. Bis auf wenige Geistliche und Laien, die ihr Leben daran setzten, hat sie geschwiegen und keinen Widerstand geleistet, sondern sich angepaßt. Pfarrer haben Fahnenflüchtige, die gefangen und zum Tod verurteilt worden waren, zur Hinrichtungsstätte begleitet und mit ihnen das letzte Gebet gesprochen. Auch die Pfarrer trugen die Uniformen des Heeres, das dem Nationalsozialismus bis zum letzten Mann dienen sollte.

Heute kann ich nur Mitglied meiner Kirche, der EKD, bleiben, weil ich weiß, sie hat sich von der Vorstellung eines gerechten Krieges losgesagt. Sie bekennt sich nicht mehr zu der Überzeugung, Menschen könnten durch Krieg Gerechtigkeit erfüllen.

Aber noch immer haben die Kirchen den Krieg nicht geächtet. Der Papst schreitet die Front von Ehrenkompanien ab wie ein weltlicher Herrscher. Ich erschrecke, wenn auch heute noch Geistliche den Waffen nicht aus dem Weg gehen und Kirchen mit der weltlichen Obrigkeit übereinstimmen wie eine Bürokratie mit der anderen.

Denn täglich geben die Nationen der Welt weit mehr als eine Milliarde Dollar für die Rüstung aus – vierhundertfünfzig Milliarden Dollar im Jahr. Das Atomwaffenarsenal reicht aus, um die Menschheit fünfzehnmal zu vernichten, als ob einmal nicht genügte. Aber in unseren Köpfen tummeln sich noch Verteidigungsmythen aus der Ritterzeit.

Bei modernen Waffensystemen entfallen sechzig Prozent der Ausstattung auf Elektronik. Der Rückstand der Sowjetunion und ihrer Verbündeten in elektronischer Technik ist erheblich, der Westen versucht, ihn noch zu vergrößern. Nur die Hälfte der Divisionen des Warschauer Pakts, das hat der Friedensforscher Alfred Mechtersheimer nachgewiesen, sind sowjetische Divisionen und voll einsatzbereit. Im Vergleich zur amerikanischen Wirtschaft und Finanzkraft ist die Sowjetunion – trotz der Kosmonauten – noch eine Gesellschaft mit Handbetrieb. Im Kriegsfall hätte die UdSSR die USA, die NATO und wahrscheinlich China gegen sich – sie sieht sich, wie immer wir das beurteilen, konkret bedroht. Dennoch hören Rüstungsstrategen im Westen nicht auf, die Bedrohung aus dem Osten gegen uns als das Verheerendste darzustellen, das wir zu fürchten haben. Sie fordern *Nachrüstung* um *Nachrüstung.* Gegeninformationen werden tabuisiert.

Die Alternative der Abrüstung ist kaum ernsthaft in Sicht. Seit 1945 kamen 125 Millionen Menschen auf der Welt in etwa einhundertfünfzig bewaffneten Konflikten und begrenzten Kriegen ums Leben. In allzu vielen Ländern haben die Menschen ein ideologisch überfrachtetes Feindbild, das in der Regel das Gegenteil des eigenen Systems darstellt. Doch immer wenn ein neuer Weltfeind Nummer eins an die Wand gemalt wird, ist die Vernunft so abwesend, wie die Gefahr gewalttätiger Auseinandersetzungen heraufzieht.

Wer bei uns sagt: »Der Russe kommt!«, mit dem ist kaum noch sachlich zu reden. Vor allem übersieht er, daß in Rußland sehr viele Menschen auf Grund ihrer Erfahrung im Zweiten Weltkrieg noch heute irrationale Ängste vor deutschem Militär nicht bewältigen können. Für den Frieden in der Welt ist eins so bedrohlich wie das andere.

Das alles vollzieht sich vor dem Hintergrund der Ungleichzeitigkeit der Ereignisse und entsprechend des Bewußtseins. Denn in Afrika, Asien, Lateinamerika holen jetzt Völker nationale Einigungskriege, technische Entwicklungen und Befreiungsaktionen nach, wie sie in Europa zwischen der Erfindung der Buchdruckerkunst, dem Dreißigjährigen Krieg und den Revolutionen seit der Aufklärung jahrhundertelang die Neuzeit vorbereiteten. An einigen Punkten auf dem Globus wurde noch nicht einmal das Rad erfunden, an anderen holt man die Sprengkraft der Sonne auf die Erde. Nur das menschliche Bewußtsein, das dies alles in sich vereinigt, gibt es nicht. Spannungen zum Zerbersten überall, nur zerbersten sie bislang nicht zwischen den Supermächten, weil keine von beiden mehr bei lebendigem Leib ihrer Menschen siegen kann.

Dieses Wissen bestimmt den Gipfelpunkt der Auseinandersetzung zwischen dem Rationalen und dem Irrationalen. Die Industrienationen werden entweder lernen, ohne Kriege zu leben, oder es besteht die äußerst akute Gefahr, daß wir uns alle umbringen. Das ist das wirklich Neue auf der Welt. Niemals zuvor wurde Menschen aus eigener Machtvollkommenheit eine so absolute Grenze gesetzt.

»Frieden«, hat ein General außer Dienst, Gert Bastian, gesagt, »ist eine zu wichtige Sache, als daß wir sie allein den Politikern überlassen dürften.«

Der Krieg der Systeme dient keiner Mehrheit, die Menschen wollen überleben.

Die Kurfürstenburg

Von den Kurfürsten des Mittelalters berichten die Geschichtsbücher, daß sie sich untereinander nie einig waren und jede Wahl eines Königs zum eigenen Vorteil benutzten. Die Kurfürsten unserer Tage, elf an der Zahl mit einundvierzig plus vier Berliner Stimmen im Bundesrat, wählen zwar nicht den Kanzler, doch sie setzen seiner Regierung und damit der Bundestagsmehrheit noch immer unumstößliche Grenzen. Dabei verlaufen die Fronten mal nach bundespolitischen Fraktionen, mal als Allianzen wider den Bund. Die langen Hebel der Staatskanzleien bewirken im föderativen Bollwerk manch krauses Zusammenspiel, etwa zwischen Nordrhein-Westfalen und Bayern.

Der Bundesrat, die Kurfürstenburg, ist das unbeobachtete Parlament der Bundesrepublik, das Beamtenparlament obendrein. Wer dort die Mehrheit verkörpert und also Regierungsmacht ausübt, hat nicht mit zu diesem Zweck gewählten Volksvertretern, vielmehr mit Repräsentanten der Kabinette aus elf Ländern oder, mehr noch, mit politischen Beamten, den Ministerialdirektoren, zu tun. Deren Handeln oder Unterlassen ist nicht annähernd der öffentlichen Kontrolle unterworfen, die dem Bundestag zu Recht widerfährt. Im Gegenteil, in der Kurfürstenburg geschieht das Wichtigste hinter den Mauern. Zwar hat die Öffentlichkeit Zutritt, aber sie weiß damit aus Tradition wenig anzufangen. Das hat viele Gründe.

Die Unaufmerksamkeit der Medien und entsprechend der Bevölkerung gegenüber dem Bundesrat ist angesichts seiner Macht unverantwortlich. Denn bei rund der halben Gesetzgebung besitzen die Kurfürsten die ändernde oder aufhebende Gegengewalt zum Bundestag.

Das ist das Entscheidende, was sich 1969 gewandelt hat: Weder Adenauer noch Erhard noch Kiesinger haben in

zwanzig Jahren Unionsmehrheit je einen Tag gegen eine parteipolitische Gegenmehrheit im Bundesrat regieren müssen. Brandt und Schmidt haben in bisher elf Jahren nicht einen Tag über eine sozialliberale Mehrheit in der Kurfürstenburg verfügt. Was das gesetzgeberisch bedeutet, wissen die meisten Bundesbürger nicht. Sie denken: Die sind dran, also sollen sie doch regieren. Sie machen die Bundesregierung auch für Mißstände verantwortlich, die abzuschaffen sie gar keine Mehrheit besitzt. Und diejenigen, die gern von der ausgleichenden Kraft des Bundesrats sprechen, kennen oft den Inhalt der Gesetze nicht, die dort auf der Strecke bleiben. Wieder anderen gefällt es prinzipiell, daß gerade diese Regierung nur teilweise regieren kann. Das Ergebnis sieht allerdings aus wie das Hochschulrahmengesetz.
Der CDU/CSU ermöglicht die Konstellation ein Doppelspiel: Im Bundesrat verhindert sie in weiten Bereichen der Gesetzgebung, daß Bundestagsmehrheit und Bundesregierung sich durchsetzen, regiert also kräftig mit, zugleich aber gesteht sie gegenüber der Bevölkerung nicht ein, daß sie praktisch an einer Allparteienregierung beteiligt ist. Nein, nach außen kehrt sie die Rolle der angeblich schieren Opposition heraus. Das ist legitim. Sinnvoll ist es im Parteiensystem aus zwei Blöcken nicht. Diese Entwicklung, die auf eine Blockade hinausläuft, haben die viel herbeizitierten Väter der Verfassung auch nicht vorausgesehen. Sie beriefen sich auf ganz andere, nämlich auf Weimarer Erfahrungen.
Eine Föderalismus-Euphorie, die in Deutschland so verbreitet ist, wie ihr die sachliche Grundlage fehlt, verdeckt das Problem oberflächlich. Doch sobald sich begründete Einwände gegen zuviel Föderalismus erheben, bieten Kurfürsten und Landesparlamentarier sogar den Abscheu aller Demokraten vor der mörderischen Zentralgewalt des Nationalsozialismus auf, um vor einer anderen Aufgabenverteilung zwischen Bund und Ländern zu warnen. Als ob Diktatur ein

Argument für oder gegen eine nicht ausreichend funktionierende Demokratie wäre.

Natürlich unternehmen die Kurfürsten alles Erdenkliche, um im Schatten der öffentlichen Ignoranz in ihrer Herrlichkeit fortzufahren. Von ihrer Burg aus regieren sie bis in den hintersten Winkel der Bundesrepublik. Das Verfahren dieser Machtausübung ist so kompliziert und verwaltungstrocken, daß es auch bohrenden Journalisten nur selten gelingt, es durchsichtig zu machen. Der Bundesrat ist kein dankbares Thema. Sobald einer über seine Sitzungen zu schreiben beginnt, zerfasert der Stoff in Paragraphen, von denen jeder einzelne weithergeholt und folglich nur mühsam und raumbeanspruchend in seiner politischen Konsequenz darzustellen ist. In der Kurfürstenburg finden weder Schaufensterreden noch Polemik noch parlamentarische Beschimpfungen statt. Derlei lohnt gar nicht, weil nur wenige zusehen. Dafür ist der Beschluß über Inhalte um so wirkungsvoller. Er wird in einem Klima aus Förmlichkeit, Kanzleistil und Geheimbündelei praktiziert.

Von außen gesehen wirkt die Kurfürstenburg als Anbau zum Bundestag, dem Gebäudekomplex der ehemaligen Pädagogischen Akademie am Rhein, der immer wieder umgebaut wurde, ziemlich bedeutungslos. Den rund eine Million Besuchern aus dem gesamten Bundesgebiet und aus dem Ausland, die seit 1949 vom Besucherdienst des Bundesrats dort herumgeführt wurden, ist zumeist auch nichts Besonderes aufgefallen. Denn Plenarsitzungen finden da in der Regel nur alle drei Wochen statt und dann auch nur einen Tag. Die entscheidende Vorarbeit geschieht außerhalb des Bundesrats zwischen den Vertretungen der Länder in Bonn und den Staatskanzleien. Es handelt sich um genau die Art Bürokratie, von der in Wahlkämpfen behauptet wird, man wolle sie vermindern. In Wahlkämpfen wird eine Menge Intelligenz darauf verwendet, die Menschen für dumm zu verkaufen.

Die Bescheidenheit, mit der sich der Bundesrat äußerlich präsentiert, der kleine Sitzungssaal mit wenigen Besucherplätzen, die untertreibenden Vorrichtungen für Presse und Fernsehen, das alles trügt und läßt sich mit Pomp und Spektakel im Bundestag eben nicht vergleichen. Doch was zählt, ist dies: Die Kurfürsten besitzen Provinzen, der Bund besitzt sie nicht.

Zum Beispiel hat der Bundesrat im Sommer 1980, während der Bundestag auseinanderging, mehr als ein halbes Dutzend Gesetze, die von den Abgeordneten der Koalition verabschiedet worden waren, mit seiner Gegenmehrheit zunichte gemacht. Dabei handelte es sich unter anderem um die Reform des Jugendhilferechts nach beinahe sechzig Jahren, um das Bundessozialhilfegesetz und die Neuordnung des Betäubungsmittelrechts. Sie fielen in die Zuständigkeit beider Kammern, erforderten also die größte Koalition, die nicht herstellbar war. Unlösbar blieb das Knäuel politischer Verwirrspiele mit dem Hintergrund, daß über Wohl oder Wehe vieler Bürger entschieden wurde.

Gegen einige andere Gesetze, die im Bundesrat nicht zustimmungspflichtig waren, legten die Beauftragten der Ministerpräsidenten Einspruch ein und lieferten sie dadurch für die achte Legislatur schrottreif auf die Halde. Denn die Koalition wagte nicht mehr, die Abgeordneten zu einer Sondersitzung in die Hauptstadt zu rufen, um den Einspruch mit der Kanzlermehrheit von 249 Stimmen zurückzuweisen. Zwar besaß sie, wie es im Jargon hieß, vier Stimmen über den Durst. Doch einen möglichen Eklat wollten vor oder nach der Wahl, solange der alte Bundestag im Amt war, weder Wehner und Mischnick noch Schmidt und Genscher riskieren. So gingen die neu Gewählten über alte Versäumnisse zur Tagesordnung über und entlarvten damit die Einschätzung der Zuverlässigkeit wenigstens einiger Diätenempfänger. Unerledigt blieb die Streichung des Gewaltparagraphen 88a aus dem Strafgesetzbuch, für die sich Bundesinnenminister Baum im Wahlkampf verfrüht den liberalen Lorbeer geholt hatte, und auch das Künstlersozialversicherungsgesetz. Für dieses kleine, aber umstrittene Gesetz, das im neunten Bundestag von der Koalition gleich wieder eingebracht wurde, war auf der Bundesratssitzung vom 13. Juni 1980 noch Staatsminister Vera Rüdiger für das Land Hessen mit einer Rede eingetreten, die sowohl für den trockenen Ton der Debatten als auch für die unverrückbare Polarisierung kennzeichnend war.

»Wir stehen«, erklärte sie, »am Ende der Legislaturperiode. Die prekäre Lage ist nicht nur in der heutigen Plenarsitzung deutlich geworden. Wir alle wissen, welche Menge an Vorlagen noch in den Bundesrat und in den Vermittlungsausschuß kommt. Wir alle wissen, daß unter einem solchen Zeitdruck das quantitative Übermaß nicht gerade ein Stimulans für qualitative Verbesserungen in der Sache zu sein pflegt. Ich fürchte jedenfalls, daß eine Anrufung des Vermittlungsausschusses nur zwei Alternativen eröffnet: entweder die Gefahr eines hastigen, möglicherweise unbefriedigenden und unvollkommenen Kompromisses oder die einer glatten Zurückweisung. Diese wäre bei einem nach unserer Meinung nicht zustimmungspflichtigen Gesetz zwar keine Katastrophe. Der Sache, um die es hier eigentlich geht, wäre damit aber ein schlechter Dienst erwiesen, insbesondere – das sollten wir selbstkritisch anmerken – wenn solche Alternativen von den Ländern initiiert werden, die sonst besonders gern und häufig auf ihre fachliche Kompetenz für kulturelle Dinge verweisen – ich zähle auch zu diesem Kreis –, die sich aber auch ihres besonderen Engagements für die Kulturschaffenden rühmen – manchmal nicht gar so berechtigt.«

Es war Freitagmittag. Eine umfangreiche Tagesordnung war abgewickelt. Ich saß auf der Tribüne, für die ich als Bundestagsmitglied eine Besucherkarte erhalten hatte. Da unten betrieben Kurfürsten aus südlichen Gauen mit ihrem Hofstaat ihr Ränkespiel. Ihre unbewegten Gesichter erschienen mir weit entrückt von der Lebenslage der Menschen, denen dieses Gesetz nützen sollte. Ist schon im Bundestag für die Bevölkerung schwer zu fassen, was in einer Plenarsitzung vor sich geht, vor welchem Hintergrund die Redner einander angiften und was hinter den zu Formeln erstarrten Worten steht, können Besuchergruppen, die der Zeremonie im Bundesrat folgen, überhaupt nichts mehr begreifen.

»Was willst du machen?« hatte mir Vera Rüdiger entgegengehalten, als wir in der Lobby über das zu erwartende Ergebnis, nämlich die Anrufung des Vermittlungsausschusses sprachen. »Hier liegt doch alles fest, bevor überhaupt einer das Wort ergreift, noch härter als bei euch im Bundestag.«

In der Tat wird der Vermittlungsausschuß, dem je elf Mitglieder aus dem Bundestag und dem Bundesrat angehören, in der letzten Phase mancher Gesetzgebung zum Überparlament, das hinter verschlossenen Türen tagt. Das ereignet sich zum Beispiel bei jedem Steuerpaket. Das Gezerr um Steueranteile gehört zu den stahlharten Prozessen in der Gewaltenmechanik zwischen Bund und Ländern.

Da konnte der Kanzler vergeblich behaupten: »Im Bundesrat gibt es ganz bestimmte verfassungsrechtliche Pflichten, und die Länder sind nicht parteipolitisch organisiert.« Gerade Helmut Schmidt, der sich den Respekt vor dem Föderalismus immer neu abringen muß, erlebte den Zusammenprall der Kräfte auf Grund der föderativen Struktur als Knebel in seiner Richtlinienkompetenz.

Theoretisch war denkbar, daß eines Tages auch einmal eine sozialdemokratische Mehrheit dem Bundesrat einer CDU/CSU-Bundesregierung teilweise das Handwerk legte. In der Praxis aber war das schwer denkbar, solange die Union vor allem in Bayern und Baden-Württemberg so triumphale Mehrheiten behauptete.

Die Macht und der Einfluß der Länder nehmen sich für den Bund oft erdrückend aus. Zu den *Zustimmungsgesetzen*, die nur in Kraft treten können, wenn auch der Bundesrat sie beschlossen hat, gehören Gesetze, die die Verfassung ändern. Ferner alle Gesetze, die Rechte der Länder auf dem Gebiet der Steuern und Finanzen berühren. Schließlich Gesetze, die Rechte und Interessen der Länder beim Ausführen von Bundesgesetzen betreffen. Aber auch bei allen anderen Gesetzen, den *Einspruchsgesetzen*, wirkt der Bundesrat mit. Hier kann er den Vermittlungsausschuß anrufen, um Änderungen durchzusetzen. Die Bundesregierung kann das ebenso. Kommt ein Kompromiß zustande, akzeptiert ihn der Bundestag in der Regel. Gelingt das nicht, bleibt dem Bundesrat der Einspruch und dem Bundestag daraufhin die Zurückweisung mit der Kanzlermehrheit. Ein grausam zähes Ringen.

Auch bei den meisten Rechtsverordnungen und Verwaltungsvorschriften der Bundesregierung redet der Bundesrat mit. Im übrigen wird jeder Gesetzentwurf, den die Bundesregierung vorlegt, zuerst dem Bundesrat zugeleitet und dort beraten. Gesetzentwürfe der Bundestagsfraktionen werden als erstes im Bundestagsplenum behandelt und an die Ausschüsse überwiesen.

Im Bundesrat haben Länder mit weniger als zwei Millionen Einwohnern drei Stimmen, darüber vier und bei mehr als sechs Millionen Einwohnern fünf Stimmen. Das Land Berlin ist, entsprechend zum Bundestag, mit seinen vier Stimmen im Bundesratsplenum nur beratend zugelassen. Die Mehrheit beträgt somit einundzwanzig Stimmen. Zum Zeitpunkt der Bundestagswahl 1980 stand es im Bundesrat sechsundzwanzig zu fünfzehn zugunsten der CDU/CSU. Dabei war an den drei Stimmen des Saarlands der Koalitionspartner FDP beteiligt, aber das wirkte sich kaum als Korrektiv aus.

Jedenfalls läßt sich der Bundesrat nur aus der Geschichte der

Institutionen begreifen, die ihm seit 1815 vorausgegangen sind. Denn seit der Versammlung der Vertreter von anfangs einundvierzig Mitgliedstaaten beim Deutschen Bund hatte das Haupt immer Schwierigkeiten mit den Gliedern. Überall wuchsen der Hydra Köpfe nach.

Noch in der Föderalismusdebatte unserer Tage schleppen wir die ganze Last des Duodez mit uns herum. Die meisten wissen kaum noch vom Hörensagen, daß selbst auf dem Höhepunkt der Reichsgründung 1871 Wilhelm I. als Kaiser eines Reichs auftrat, dem vier Königreiche – Preußen, Bayern, Baden-Württemberg und Sachsen –, sechs Großherzogtümer, fünf Herzogtümer, sieben Fürstentümer und drei Freie und Hansestädte angehörten. Der Kaiser erklärte zur Reichstagsgründung: »Das Bewußtsein seiner Einheit war in dem deutschen Volke, wenn auch verhüllt, doch stets lebendig; es hat seine Hülle gesprengt in der Begeisterung, mit welcher die Nation sich zur Vertheidigung des bedrohten Vaterlandes erhob und in unvertilgbarer Schrift auf den Schlachtfeldern Frankreichs ihren Willen verzeichnete, ein einiges Volk zu sein und zu bleiben.«

In unvertilgbarer Schrift! Heute haben wir uns neben allen Föderalismusproblemen auch auf die Tatsache einzurichten, daß die DDR-Volkskammer 1974 jene dritte Verfassungsänderung beschloß, durch die sich die Deutsche Demokratische Republik scheinbar endgültig von der Selbstcharakterisierung als Teilstaat deutscher Nationalität lossagte und – angeblich sozialistisch – einzigartig sein will. Für wie lange? Das alte Dilemma der Suche nach deutscher Gemeinsamkeit hört nicht auf.

Die Nation, in die man hineingeboren wird, dieser Zusammenhang aus Sprache, Genius und menschlichen Erfahrungen von Generationen, wurde ja erst im achtzehnten Jahrhundert als politische Gemeinschaft empfunden, die staatstragende Kraft entwickelte und eine bewußte kulturelle Eigenständigkeit als Ausgang des politischen Willens zur Zusammengehörigkeit voraussetzte.

Wir Deutsche haben uns damit allezeit besonders schwer getan. Aller Lobpreis der Staatsnation und der Kulturnation von Herder über Fichte und Hegel bis zu Friedrich Meinecke überdauert in Bibliotheken auch den heutigen Zeitgeist und Föderalismusstreit. Immer aber, auch in der tiefsten deutschen Zerrissenheit, angesichts der nationalen Fliehkräfte wie der einigenden Elemente, im Auf und Ab aus Zusammenschluß und Teilung, Gewinn oder Untergang, blieb für das geistige Deutschland eine Idee begeisternd und beunruhigend, mal realitätsfern, mal beinahe konkret: die Idee der deutschen Kulturnation.

Wenn man den Beteuerungen der Kurfürsten Glauben schenkt, die mehr als auf jede andere Zuständigkeit auf die Kulturhoheit der Länder pochen, liegt bei allem Auseinanderstreben gerade darin das Gelenk des Zusammenhalts für Bund und Länder. Denn wirtschaftliche Macht hält sich ohnehin nicht an Ländergrenzen.

Es ist eine Idee in ihrem Widerspruch. Eine sehr alte, grenzüberwindende Idee, der die Unzulänglichkeiten der jeweiligen Epoche nur begrenzt etwas anhaben können. Durch Jahrhunderte blieb sie unerfüllbar und doch gegenwärtig, die Vorstellung, Kultur und Nation könnten sich auch in Deutschland zu etwas Unverlierbarem verbinden. Heute ist allein schon der Begriff der Nation tabuisiert. Die Hinterlassenschaften des Nationalismus von der Alldeutschen Bewegung über den Alptraum von Großdeutschland bis zur Diktatur des Nationalsozialismus werden von neuem deutlich, sobald ein Politiker es wagt, den Begriff Nation wieder positiv zu benutzen. Es fehlt uns dazu an Gelassenheit. Warum können wir uns nicht darauf einigen, daß kein Deutscher von einiger Nachdenklichkeit zur Nation ein ungebrochenes Verhältnis besitzt, daß wir aber gleichwohl lernen sollten, gerade vor dem historischen Hintergrund neu zu erwerben, was auch in Deutschland die Idee der Nation als tragende Tradition und Zukunftsvorstellung kultureller Gemeinsamkeit bedeutet?

Eine wechselvolle Nationalgeschichte beschwert uns, wenn wir unseren föderativen Staat und die universale Kultur als komplexe Erfahrung erleben und daraus etwas Konkretes gestalten wollen. Obendrein findet gerade die Kulturnation mächtige Verhinderungsmechanismen im föderativen System, das zugleich ihre Verwurzelung ausmacht. So gesehen war auch das kulturelle Einigungsverlangen der Deutschen immer paradox.

Ein Beispiel dafür, daß der Föderalismus auf seinem ureigensten Gebiet, der Kultur, häufig Fehlanzeige erstattet hat, ist das Scheitern der Deutschen Nationalstiftung. Eine große Idee wurde in kleine Münze umgewandelt. Beschworen in drei Regierungserklärungen seit der Willy Brandts vom 18. Januar 1973, wurde der Plan einer Kulturstiftung der Bundesrepublik im Kompetenzstreit mit den Ländern zerredet. Den Rest gab ihm eine deutschlandpolitische Standortdebatte, die mit Kultur nichts zu tun haben wollte. Zuletzt war die Nationalstiftung ein Leertitel im Einzelhaushalt des Bundesinnenministeriums. Er wurde umbenannt. Zurück blieben drei bescheidene Fonds zur Förderung von Kunst, Musik und Literatur.

Vor einem halben Jahrhundert schrieb Lion Feuchtwanger: »Zerfiel nämlich damals Europa in zahlreiche souveräne Einzelstaaten, von denen einer das Deutsche Reich war, so zerfiel dieses Reich wiederum in achtzehn Bundesstaaten. Diese sogenannten Länder, an ihrer Spitze das Land Bayern, wachten, wiewohl sie ihrer wirtschaftlichen Struktur nach längst Provinzen waren, eifersüchtig über ihre Eigenstaatlichkeit. Hatten ihre Tradition, ihre historischen Sentiments, ihre Stammeseigentümlichkeiten, ihre Sonderkabinette. Achtzig Minister, 2365 Parlamentarier regierten in Deutschland.«

Heute regieren die Bundesrepublik einhundertzwanzig Minister und Senatoren. Den 518 Bundestagsabgeordneten (neunte Legislaturperiode 519) entsprechen 1378 Mitglieder der elf Landtage. Aber das Reich ist geteilt. Die Bundesrepublik ist ein kleines Land. In einer Stunde fliegt man darüber hinweg und sieht unten das Gedränge.

Von den sechs parlamentarischen Ebenen vom Gemeinderat über den Kreistag und den Bezirkstag bis zum Landtag, dem Bundestag und dem Europaparlament ist sicherlich eine überflüssig. Bis dieser Einsicht die verfassungsändernde Mehrheit zuwächst, wird freilich eine katholische Geduld gebraucht. Doch auf dem Weg nach Europa wirkt Kleinstaaterei veraltet. Im Interesse des Gemeinwohls sollten aus den heutigen Bundesländern große Regierungsbezirke werden, wenn es an der Zeit ist. Es ist bald an der Zeit.

Gewiß werden die Kurfürsten nicht abdanken. Aber ihre Nachfolger werden zurückstecken müssen, nicht ungezwungen, sondern aus historischer Folgerichtigkeit. Vielleicht vollzieht sich das zu Anfang des nächsten Jahrhunderts.

Ausschuß-Ware

Der Bundestag leistet in seinen Ausschüssen, die nichtöffentlich tagen, bekanntlich die Hauptarbeit. Es ist in aller Regel eine aktentrockene Tätigkeit. Paragraphen reihen sich an Paragraphen, bis die Menschen, die das alles aushandeln, ihnen ähneln.

Die Parlamentarier sind zu je dreizehn bis dreiunddreißig Mitgliedern auf zwanzig Ausschüsse verteilt. Die Zahl wird zu Anfang jeder Legislaturperiode je nach Arbeitslast und

allgemeiner Einschätzung neu festgesetzt, bleibt aber im Grundsatz konstant. Jeder Abgeordnete gehört mindestens einem Ausschuß als Vollmitglied und meist zwei weiteren als Stellvertreter an. Nur bei der FDP gibt es allemal ein Sitzesammeln. Ihre Fraktionsmitglieder müßten Zauberkünstler sein, wären sie überall zugegen, wo man sie braucht.
Im Ausschuß für Bildung und Wissenschaft, dem ich acht Jahre lang angehörte, waren wir siebenundzwanig Abgeordnete (in der neunten Legislatur fünfundzwanzig). Wenn wir uns am Mittwoch jeder Sitzungswoche ab neun Uhr versammelten, war etwa die Hälfte anwesend, dafür um so mehr Beamte. Rings an den Wänden des hohen Raums im einundzwanzigsten Stock des Langen Eugen mit Blick auf den Rhein saßen je nach Tagesordnung zuweilen doppelt so viele Sachverständige wie MdBs. Sie waren aus dem Bildungsministerium und anderen Ministerien, aus Ländervertretungen und dem Bundesrat sowie aus dem Kanzleramt abgestellt.
Die Beamten hören alles, sehen alles, wissen alles. Das Verhältnis zwischen den Ministerialbehörden und den Abgeordneten gleicht dem von leitenden Angestellten in der Zentralverwaltung eines Industriemultis und Mitarbeitern im Außendienst. Für die Sitzung der Volksvertreter wird alles Erdenkliche bereitgestellt: Gesetzentwürfe, Berge von Gutachten, Synopsen und Erläuterungen – ich mußte oft an Warenproben denken. Die Reisenden erhalten Verkaufsanleitungen bis ins Detail. Wenn sie in die Lande ausschwärmen, tragen sie fremden Fleiß und anonyme Zuarbeit mit. Sie reden wie ein Buch.
Jede Seite im Ausschuß wird gleich einer Mannschaft beim Städtequiz von ihren Beamten mit dem dazugehörigen Parteibuch oder eindeutigen Sympathien unterstützt. Im Bildungsausschuß erlebten wir eine dafür beispielhafte Person, die zu beinahe jeder Sitzung erschien und den Kollegen der Union als Souffleuse diente. Es handelte sich um eine Regie-

rungsdirektorin aus der bayerischen Landesvertretung, Frau Berggreen. Sie saß da in Montgelas'scher Vollkommenheit hinter meinem Gegenüber, dem Oberstudienrat a. D. Volker Rühe, Obmann seiner Fraktion im Ausschuß, oder abwechselnd hinter Anton Pfeifer, Frau Wilms oder Frau Krone-Appuhn von der CSU. Sie war eine große Frau mit schwarzem Haar, das glatt anlag und von ihr zu einem Knoten aufgesteckt wurde. Für mich war sie die Bildungsäbtissin, ich hatte immer den Eindruck, die Kollegen da drüben hatten vor ihr höllischen Respekt. Im übrigen gab es niemanden in unserer Runde, der nicht ihr Fachwissen, aber auch ihre Durchsetzungskraft anerkannte. Sie war der verlängerte Arm des Münchner Kultusministers, ohne den nichts vorankam, was in die Zuständigkeit der Länder gehörte.

Vorsitzender war Rolf Meinecke, Arzt aus Hamburg, seit 1965 im Bundestag. Seine dunkle Stimme stellte Ruhe her, oft war er väterlich auf Ausgleich bedacht, manchmal lösten seine trockenen Bemerkungen Lachen auf allen Seiten aus. Seine Souveränität bei Tage balancierte auf einer eher heiklen Gemütslage an manchen Abenden. Dann zweifelte er bei einer dicken Zigarre und einer Flasche Wein am Sinn unseres Tuns und saß oft allein. Einmal erzählte er mir, daß Helmut Schmidt, als er noch den Beinamen Schnauze rechtfertigte, ihn vor vielen Jahren auf einer Versammlung der Hamburger Partei wegen seines damals angeblich verwechselbaren Gesichts mit einer Brauseflasche verglichen hatte. »Siehst du, mein Junge«, sagte er und blies einen Rauchring an die Dekke, »ich bin die Brauseflasche aus Barmbek.« Das war ihm also nachgegangen. Meinecke war viele Jahre lang in russischer Gefangenschaft gewesen, vielleicht rührte daher manche Depression, die ihn umgab. Am anderen Tag war er dann wieder die Gelassenheit in Person. Er war ein hart arbeitender Vorsitzender, und er war fair.

Was wir in all den Jahren zusammenschichteten, beschlossen, ins Plenum brachten und oft nachher im Bundesrat wieder verloren, kann einen Güterwagen füllen. Darunter gerieten so notwendige Gesetze wie das über die Reform der Berufsbildung unter die Ausschuß-Ware, die nicht durchzubringen war. Ich will hier nicht weiter von Vergeblichkeit berichten, obwohl sie gerade in diesem Ausschuß erfahrbar war. An die tausend Stunden habe ich dort verbracht, viele unsinnig abgesessen, in anderen dicke Bretter zu Ende gebohrt. Merkwürdigerweise erinnere ich mich an manche Groteske der Alltagsmühsal zuerst. Da war ich als Obmann ein Hüter der Hummeln.

Eher stürzt der Bundestag ein, als daß Abgeordnete bei Abstimmungen im Ausschuß verläßlich auf ihren Plätzen bleiben. In den entscheidenden Augenblicken, wenn ein Gesetz in zweiter Lesung beraten wird, figuriert der für die Präsenz der eigenen Fraktion Verantwortliche als Stehaufmännchen: Immer muß er aufspringen, hinausstürzen und die fehlenden Stimmen hereinholen in Form von Kollegen, die draußen im Flur herumhängen und andere Beratungen abhalten. Für Abgeordnete des Regierungslagers gilt das naturgemäß nachhaltiger als für Mitglieder der Opposition.

Es ist, als hätten die Kolleginnen und Kollegen, Thüsing, Weißkirchen und Enders mit Namen, Peiter oder Steger, Brennesseln unter dem Hintern. Gerade einige, mit denen man sonst Pferde stehlen kann, sind hier einfach nicht festzuhalten. In einem fort, während doch absehbar ist, daß gleich die nächste Abstimmung ansteht, werfen sie der Reihe nach einen halb bittenden, halb trotzigen Blick auf den Vorturner. Schon sind sie hinausgeschossen, während drinnen der leidgeprüfte Moderator filibustert oder den Berichterstatter um eine hinhaltende Wortmeldung anfleht, bevor auch er davonstürzt und die Abtrünningen, Weiblein wie Männlein, eigenhändig aus den Telefonzellen im Wandelgang fischt. Unwillig folgen sie seinen Beschwörungen. Denn alle sind sie be-

deutende Abgeordnete, die unbedingt jetzt Gespräche mit Istanbul oder Leutkirch, mit Buxtehude oder Toronto führen müssen.
Kaum ist die Abstimmung noch einmal gutgegangen, und der Vorsitzende hat mit einem Kopfschütteln zum Obmann seiner Riege den nächsten Paragraphen aufgerufen, der ebenfalls kontrovers ist, schon sind zwei, drei Hummeln wieder mit Gebrumm davon. Also erneut diskutieren, alldieweil sich auf die Oppositionsgesichter da drüben, die jetzt zwölf zu zehn ausmachen, breites Behagen senkt. Sie begreifen meine Not.
Den Obmann packt zwar noch nicht Verzweiflung, doch von Stunde zu Stunde sieht er erschöpfter aus, ja am Ende des Vormittags, zur Halbzeit also, wirkt er schon blutentleert. Die Hummeln zerren an seinen Nerven. Es ist für andere, nur nicht für ihn, ein Selbstbestätigungsprozeß. Vor allem entwickelt sich in ihm ein gewisser Groll auf die Vormundschaft, die ihm die Fraktion weniger angetragen als aufgedonnert hat. Wieso eigentlich soll er ziemlich erwachsene Bundestagskollegen wie Unmündige behandeln? Warum zum Teufel läßt er die Abstimmung nicht durchkrachen und gibt denen die Schuld an dem Unglück, die herumbrausen, als besäßen sie keinen Führerschein für das Mandat?
Wenn er die fehlenden Stimmen mehrfach in letzter Sekunde im Foyer aufklaubt und abgehetzt mit ihnen im Ausschußsaal erscheint, umgibt die Exkursionsheimkehrer das vereinte Gelächter aus allen anwesenden Kehlen der Legislative und Exekutive. In ihm aber vibriert das Wissen, daß ein Zornausbruch von seiner Seite ihm die unbeirrtesten Hummeln sofort vertriebe.
Was er auch anfängt, seine Rolle diktiert ihm den kläglichen Auftritt. Da bleibt es das beste, er versetzt sich durch Selbstironie in Distanz zur eigenen Lage . Vielleicht hat er das in frühem Vorwissen damals schon getan, als ihn der Klassen-

stärkste auf dem Schulhof verprügelte und er ganz unten lag. Dann besitzt er seit jenen Tagen Erfahrung mit der nutzlosen Einsicht: Ich bin aber intelligenter als der.

In jedem Fall braucht der Hüter der Hummeln für Spott nicht zu sorgen. Es hilft ihm auch gar nichts, daß er vorbeugend zu wiederholten Malen ganz ernsthaft mit seiner Arbeitsgruppe redet, mahnende Briefe an die lieben Kollegen herumschickt und sogar zweimal, dem Zusammenbruch nahe, an den Fraktionsvorsitzenden schreibt, daß es so nicht weitergeht.

Es geht so weiter. Das ist das einzige, worauf ein Obmann, das arme Trampel, sich auf die Länge der Legislaturperiode verlassen kann. Auch etwaige Versetzungsgesuche werden dem Amtsmüden von der Obrigkeit der Fraktion nur mit Stirnrunzeln quittiert. Du weißt doch, heißt es dann – was wahrlich sonst niemand behaupten kann –, es gibt keinen außer dir. Mag sein, er wird einmal Parlamentarischer Staatssekretär, denn nach allgemeinem Dafürhalten sitzt er im Startloch zu Höherem, während die übrigen Hummeln spielen. Also geschieht ihm das Ganze nicht von ungefähr. Nur lehrt alle Erfahrung: Dann kommt er vollends vom Regen in die Traufe, denn seine Arbeit ist die, die der Minister nicht mag.

Einen Tag erlebte ich, an dem brach die Schlußabstimmung zur sechsten Novelle zum Bundesausbildungsförderungsgesetz, BAFöG genannt, im Ausschuß für Bildung und Wissenschaft zum Ergötzen der Opposition gleich zweimal zusammen. Das geschah allerdings nicht, weil ich das Geschäft des Hummelhütens nicht demütig genug versah. Vielmehr weil zwei Oberhummeln namens Schuchardt und Maihofer plötzlich nur noch nach ihrem persönlichen Glaubensbekenntnis fliegen wollten und sogar vernehmlich brummten, das sei von ihrer Fraktion abgesegnet, schließlich seien sie Liberale.

Den Studenten noch was drauflegen wollten sie, wie wir Sozialdemokraten auch, falls es nach unserer Mannschaft im Bildungsausschuß ging. Nur, davor waren Matthöfer, die Koalitionsabsprache und das gesamte Kabinett – bis auf Jürgen Schmude. Die Oberhummeln jedoch hatten vor Studentenausschüssen so laut vielversprechend herumgebrummt, daß ihnen nunmehr mit geputzten Beinen die Landung in der Realität schwerfiel.

Also tyrannisierten sie uns ein bißchen. Es wurde getrickst und auch geschummelt, wie das üblich ist, wenn einzelne dringend im Ausschuß das Gesicht wahren wollen, das sie anderswo verloren haben. Schließlich zog ich die Koalitionsnotbremse und bimmelte beim Fraktionsvorsitzenden an. Sogleich redete Wehner mit Mischnick. Es redeten der Bildungsminister und der Finanzminister mit den schweren Kalibern im Vorstand der FDP-Fraktion. Als sich herausstellte, daß nichts mehr ging, flogen die Oberhummeln erst einmal eine Besinnungsrunde um den Langen Eugen. Derweil konnte keiner mehr die Oppositionsfraktion halten – sie war auch bei mehrfacher Unterbrechung bis dahin erstaunlich großmütig gewesen. Der Ausschuß vertagte sich. Eine Berlinreise platzte. Wenn es sich doch um Kernenergie oder sonst ein Wirtschaftsproblem von größerem Ausmaß gehandelt hätte! Aber immer auf die Kleinen: die Bundesbildungspolitiker.

Als ich pflichtgemäß am Abend den Vorfall auf der Obleutebesprechung der Fraktion vortrug und wir auf Abhilfe sannen, meinte Wehner trocken wie ein Edelzwicker mit Richtung auf den ehemaligen Bundesinnenminister: »Den kitzelt ein verspäteter Frühling, das ist der politische Johannistrieb.«

Kühe

Jeden Morgen, wenn ich an Wahlkreistagen von der Wohnung in Eckarts die Straße nach Akams hinaufging und durch den Wald zurückkehrte, standen sie überall am Wegrand hinter den Zäunen. Sie sind neugierig und gutmütig, die Allgäuer Kühe mit ihren Tonnenleibern, den berggewohnten Hufen und dem braungrauen Fell.

Früh am Morgen war ich vom Frühjahr bis zum Herbst oft mit ihnen allein. Die Kühe kehrten mir unverwandt den Blick zu. Sie muhten im Chor und schaukelten die Euter. Wenn eine von ihnen näherschritt, den trächtigen Leib heranwiegte und durch die Nüstern blies, folgte die Herde. Sie strömten Wärme aus, da im Morgennebel, und rochen nach Kälbern. Wir sahen einander an, das Tier und der Mensch.

Es kam vor, daß ich ihnen erzählt habe, wie wir für sie das Bergbauernprogramm mit der Prämie pro Großvieheinheit gemacht haben. Auf mein Reden reagierten sie zutraulich, wollten mit Riesenzungen meine Hände lecken. Ich aber dachte an Zunge in Madeirasauce und schämte mich.

Immer wenn ich auf der B 19 ins Oberallgäu gefahren bin, wo meine politische Basis etwas von mir wissen wollte, wurde der weiße Golf kuhfladengefleckt und mit Dünger geweiht. Mein Nummernschild, SF, Sonthofen, im Volksmund »Saufahrer«, war alleweil in einem Viehabtrieb geduldig zu Hause.

Mit Kühen, das fiel mir dann ein, habe ich seit Kindesbeinen mein Tun gehabt. Als winziger Erdenbürger mochte ich keine Milch. Dramen im Kinderzimmer hatten bei Milchsuppe und Grießbrei ihre Kulmination. Die Haut auf dem Kakao sträubte mein Gefieder. Dann war da Emilie, das Hausmädchen aus Landwehrhagen, die unsere Kasseler Wohnung, wenn sie montags vom Land hereinkam, mit Schmanteimern und Kochkäse in eine Bauernhofdiele verwandelte. Emilie war ein weicher mütterlicher Körper mit einem großen Milchbusen, an dem ich mich für die Herbheit meiner Erzeugerin schadlos hielt.

Im Kriegsdienst in einem hessischen Dorf erhielt ich als Junge den ersten Unterricht im Strickziehen bei Kälbergeburten. Später als heimgekehrter Soldat, der mit Arbeit auf einem Gut im Weserbergland Mutter und Schwester ernährte, molk ich als Unterschweizer morgens und abends meine sieben Kühe von Hand in schäumende Eimer und erlernte auch das rauhe Geschäft, einen Bullen auf eine rinderige Kuh zu lenken. Damals trieb man noch solche Verschwendung, heute fährt der Besamer mit der Thermosflasche über Land.

Jung verheiratet wohnten wir, bis die Münchner Wiederaufbauwohnung ein halbes Jahr verspätet bezugsbereit war, einen Sommer in Inzenham am Simssee bei Bauern. Eines Sonntags kam Andreas, der Dreijährige, klagend aus dem Stall gelaufen, wo er lange im warmen Halbdunkel unter Wiederkäuern herumgestreunert war. Unter einem Kuhschwanz war er von oben bis unten eingepladdert worden. Jetzt lief er auf die Wiese, wo wir uns sonnten, und beschwerte sich: »Muhkuh hat nicht aufgepaßt.« Wir holten den Wasserschlauch.

Es kam die Zeit, in der ich William Faulkners Roman »Das Dorf« las und eine Geschichte besonders gern mochte. Es war die Erzählung vom Schwachsinnigen, der eine Kuh so irdisch schön fand, daß er ihr nachstieg und sie über alles liebte.

Sodomie wird auf einmal begreiflich. Natürlich ist mir, wenn ich die Allgäuer Kühe betrachtete, auch der Wiener Mehrzweckintellektuelle Kurt Moldovan eingefallen, der einmal in unserem Münchner Freundeskreis um Ingeborg Bachmann die Waden eines dorfschönsten Stiers so inbrünstig beschrieben hat, daß wir alle zu fühlen begannen, Stiere hätten tatsächlich betörende Waden, besonders im Stierkampf. Moldovan lebt nicht mehr. Ingeborg Bachmann auch nicht. Aber die Erinnerung.

Schließlich als Abgeordneter arbeitete ich einmal im Sommer auf der Unteren Lauch-Alpe bei Steibis, um wieder zu schmecken, wie Bauernarbeit vor sich geht. Ich wurde Gschwendner – das ist ein Unkrautmäher, der die Weiden, die Kulturlandschaft, von angesamten Fichten, Latschenkiefern, Hagebutten, Disteln, Farnen und Berberitzen säubert. Der alte Hirte, der mich am ersten Abend empfing, gab an, er wandere morgens immer schon um vier Uhr den Berg hinauf, um die Kühe zu zählen, die ihm anvertraut waren. Also erklärte ich, da wolle ich gleich morgen mitgehen. So trafen wir uns um 3.45 Uhr vor der Milchküche. Wir gingen eine Stunde lang, um nach Tieren zu schauen, die sich vielleicht verstiegen hatten. Der Alte erzählte mir, wie er die Kühe auseinanderhielt und die Gewohnheiten jeder Gruppe, die aus einem gemeinsamen Stall kam, kannte. »Bei den Menschen«, meinte er, »ist es auch nicht anders.« Als wir im ersten Sonnenschein zurückkehrten, rührte ich das Butterfaß.

Erst nach einer Woche gestand mir der Alte bei Weißlacker-Käse und Bier, wie er sich selber einen Strick gedreht hatte. In Wahrheit gehe er sonst die Kühe immer erst um sechs Uhr zählen. Nachdem er einmal mächtig aufgeschnitten habe, sei es ihm arg gewesen, sich vor mir zu blamieren. Er habe nicht damit gerechnet, daß ein Bundestagsabgeordneter so früh aufsteht. Von diesem Augenblick an haben wir einer den anderen geduzt.

Im September beim Viehscheid – dem Fest zum Alpabtrieb nach dem hunderttägigen Bergsommer – traf ich ihn und die anderen Hirten wieder. Es gab ein großes Hallo. Weil der Kollege Kiechle von der CSU sich nicht blicken ließ, durfte ich auch als Sozi herhalten und wurde vor eintausendsiebenhundert Bauern und ihren Gästen vom Vorsitzenden der alpwirtschaftlichen Genossenschaft im Festzelt von Maierhöfen unbekümmert als »unser Bundestagsabgeordneter« begrüßt. Die Kapelle spielte einen Tusch. Natürlich kostete das eine Lage.

Draußen standen die Festkühe so blumengeschmückt, daß sie sich selber gefielen. Sie schauten ganz stolz drein. In ihren großen braunen Augen spiegelten sich die Kinder der Einheimischen und der Sommergäste. Die Feuerwehr war angetreten und führte in marineblauen Uniformen die neuen Schläuche vor. Der Gebirgswahlkreis gab sich ein Stelldichein. Von Parteien war nicht die Rede.

Dies und anderes ist mir eingefallen, wenn ich morgens in Nebelschwaden oberhalb von Eckarts den Kühen begegnete. Dreißigtausend Jungkühe schickt man im Allgäu noch jeden Sommer in die Berge. Das Milchvieh bleibt im Tal. Die Einjährigen und die Schumpen sollen droben kräftig aufwachsen und nicht zuletzt die Kulturlandschaft abgrasen. Man sagt beim Viehauftrieb: »Die Alpen werden bestoßen.«

Es ist eine Landschaft, in der alles übereinanderfällt: die Grünlandschaft und der Fremdenverkehr, die Kleinbetriebe und die Industrie, Autobahnen und Betonhotels, Wasserwerke, Stauseen, unzählige Wanderwege, Bergbahnen und verkarstete Pisten und überall kugelige Kirchtürme wie aufgepflanzte Kanonenkugeln aus dem Bauernkrieg, der die Besitzverhältnisse bis heute entschieden hat.

Manchmal, wenn ich dort gestanden habe und von den Wiederkäuern besichtigt wurde, ist mir der Nonsens eingefallen: Wenn ich eine Allgäuer Kuh wäre, würde ich auch CSU wählen.

7

Sisyphos im Bundestag

»Herr Bundeskanzler, ich danke dir, daß du dich um die Künstler kümmerst.« Seit das Vorhaben der Künstlersozialversicherung im Bundestag, wenn auch zäh, vorankam, hatte ich mir diesen Spruch angewöhnt, mit dem ich Helmut Schmidt von Zeit zu Zeit anredete, wenn ich ihn im Plenum oder in der Fraktion traf.

Natürlich merkte er die Absicht und lachte jedesmal, indem er versicherte: »Ja, das tue ich auch.« In der Tat wäre ohne ihn der Gesetzentwurf weder vom Bundeskabinett verabschiedet noch von den Koalitionsfraktionen gutgeheißen worden.

Es ging um einen mehr als fünfjährigen Prozeß. Gerade weil es sich um ein kleines Gesetz für eine Minderheitengruppe handelte, war das Durchsetzen in der Legislative so haarspalterisch zeitaufreibend wie massiv kompliziert.

Manchmal dachte ich: Sisyphos hat den Stein in monatelanger Schwerarbeit auf siebenhundertfünfzig Meter Höhe gewälzt, aber der Berg hat tausend Meter – niemand kann absehen, welche Fliehkräfte den Findling demnächst wieder abwärts poltern lassen.

Wie der Stellenwert der Künstlerpolitik in der sozialdemokratischen Fraktion tatsächlich beschaffen war, das sollte ich

einmal in einer klassischen Situation erleben. Als ich an einem Freitagmittag das Bundestagsplenum verließ, um mit Alwin Brück zu einer Informationsveranstaltung für Künstler und Schriftsteller nach Saarbrücken zu fahren, sprach mich im Aufzug im Alten Hochhaus Hans-Jürgen Junghans an. Er war verknittert wie eine Backpflaume, Wirtschaftsboß der Fraktion, einst Generalbevollmächtigter und dann im Vorstand der Salzgitter AG, finanzschwer und knochentrokken. Wie lange ich jetzt bis nach Hause brauche, wollte er wissen. Ich erklärte, daß ich an der Saar zu tun hätte.
Darauf er: »Kohle?«
Ich: »Künstler.«
Ach so.
Anders als es die Regel war, wurde die erste Ideenskizze zur Künstlersozialversicherung nicht im Arbeitsministerium angefertigt, sondern an Sisyphos' Abgeordnetenschreibtisch im vierten Stock des Langen Eugen. Das war im zweiten Jahr der siebten Legislaturperiode. Aber erst an ihrem Ende kam der Gesetzentwurf auf den Kabinettstisch. Die Diskussion der Minister war beinahe herzerfrischend, denn mancher argumentierte da plötzlich mit seiner Vorstellung der Existenz des einen Malers, bei dem er mal ein Bild gekauft hatte, der einen Klavierlehrerin, die seine Tochter unterrichtete, oder dem Schriftsteller, den er neulich erst kennengelernt hatte.
Die Hauptsache war, daß die Diskussion endlich stattfand. Denn Künstlern und Autoren hatte die Koalition vor allem in der Ära Brandt einige Versprechungen gemacht, die mit der Einlösung auf sich warten ließen. So wurde der Gesetzentwurf mit der Abkürzung KSVG erst am 2. Juni 1976 vom Kabinett verabschiedet und dem Bundesrat zugeleitet. Das war zu spät, um überhaupt noch vor der Bundestagswahl eine parlamentarische Beratung vorzunehmen. Das beanstandete die Opposition zu Recht in der Öffentlichkeit. Der

erste Entwurf war nur eine Absichtserklärung und somit ein Merkzettel für die zweite Regierungserklärung Bundeskanzler Schmidts. Doch auch in der achten Legislaturperiode blieb er lange in der Versenkung verschwunden, ehe er 1979 erneut vom Kabinett beraten wurde. Dafür gab es viele Gründe, aber keine Entschuldigung.

Bis ein Gesetzentwurf Kabinettsreife erlangt, hat die Referentenvorlage längst das federführende Bundesministerium verlassen und durch die Ressortabstimmung zahlreiche Fassungen erlebt. Im Fall der Künstlersozialversicherung war das Bundesministerium für Arbeit und Sozialordnung zuständig. Beratend und einflußnehmend wirkten folgende Ministerien mit: Inneres, Wirtschaft, Justiz, Bildung und Wissenschaft und schließlich Finanzen.

Ziel war das Einbeziehen der freiberuflich arbeitenden Künstler und Publizisten in die gesetzliche Rentenversicherung und Krankenversicherung. Der umstrittenste Punkt war die Künstlersozialabgabe, eine Umlage aufs Honorar, zu erheben von allen Auftraggebern und Abnehmern, die Arbeiten und Leistungen von Künstlern und Publizisten erwerben. Sie wird über eine Künstlersozialkasse ohne viel Verwaltungsaufwand pauschal erhoben und als Ersatz für nicht vorhandene Arbeitgeberanteile individuell zugunsten der Berechtigten an die Bundesversicherungsanstalt weitergeleitet. Der einzelne Künstler entrichtet nach seinem versteuerten Einkommen im Schnitt mehrerer Jahre, mit entsprechenden Ausgleichsvorkehrungen für die in diesen Berufen üblichen Schwankungen, seinen Eigenanteil im Rahmen der Bemessungsgrenze wie andere gesetzlich Versicherte auch.

Als erstes war die Situation der Betroffenen, mit auf Drängen des Schriftstellerverbands, durch den »Autorenreport« der Soziologen Karla Fohrbeck und Andreas Wiesand als Stiftung des »Spiegel«-Herausgebers Rudolf Augstein und durch den »Künstlerbericht der Bundesregierung« von denselben Autoren untersucht worden. Danach war das Gesetz für einen erheblichen Teil der rund 100 000 Künstler und Publizisten in der Bundesrepublik und ihre Angehörigen dringend erforderlich. Rund 30 000 Künstler arbeiten auf dem Gebiet der Musik, etwa 12 500 in der darstellenden Kunst, 32 000 in der bildenden Kunst. Annähernd 29 000 sind Wortautoren, nämlich Journalisten und Schriftsteller. Insgesamt lebt rund ein Drittel dieser Gruppen von selbständiger Arbeit.

Bis dahin bestanden extreme Ungerechtigkeiten, die nicht einmal den Politikern gegenwärtig waren. So gab es seit langem schon die gesetzliche Versicherungspflicht für selbständige Musiker, Kunsterzieher und Artisten. Sie mußten ohne Arbeitgeberanteil nicht, wie allgemein üblich, rund vierzehn Prozent ihrer Einkünfte nach der Bemessungsgrundlage an die Sozialversicherung entrichten, sondern das Doppelte. Ihr Vorteil durch das neue Gesetz ist offensichtlich. Ebenso werden diejenigen Künstler entlastet, die bei der Öffnung der gesetzlichen Rentenversicherung, häufig vor allem wegen der dazugehörigen Krankenversicherung, freiwillig beigetreten sind.

Kaum lag der Gesetzentwurf im achten Bundestag erneut auf dem Tisch, setzte das Gerangel der Interessengruppen ein. Die Begünstigten waren in großer Mehrzahl dafür – mit Ausnahme mancher Komponisten, die zu Unrecht um ihr eigenes Versorgungswerk der GEMA, das zusätzlich bestehen bleibt, fürchteten. Die betroffenen kulturellen Unternehmer, Verleger, Galeristen, Phonoindustrielle, aber auch ARD und ZDF, waren energisch dagegen. Sie bekämpften das Gesetz mit allen Mitteln, unter anderem mit einem Verfassungsgutachten von Professor Lerche, das grundgesetzliche Einwände auftürmte. Es verzögerte die Arbeit an dem Gesetz um nahezu zwei Jahre, dann natürlich mußten die Bedenken ernst genommen, durch das Bundesjustizministe-

rium mehrfach geprüft und, wie üblich, durch ein Gegengutachten entkräftet werden.
An den Gutachterkrieg, der tatsächlich den militärischen Vergleich nahelegt, sind Abgeordnete allerdings gewöhnt. Sie erleben ihn bei jeder umstrittenen Gesetzesvorlage. Es ist manchmal nicht leicht, angesichts des juristischen Kesseltreibens die Gelassenheit zu bewahren, denn natürlich läßt sich immer von allem auch das Gegenteil angeblich beweisen. Das ist eine Frage der Spitzfindigkeit, der Ausdauer und der Finanzkraft. Außerdem ist es legitim.
Im Fall der Künstlersozialversicherung erhöhte es die Lustlosigkeit in den Koalitionsfraktionen. Es gab für das Vorhaben keine gewachsene Mehrheit – sie mußte an jeder Klippe neu aufgebracht werden. Es war eine glanzlose Arbeit mit tausend Windungen. Sisyphos paktierte mit den Wenigen, die in den Ministerien an Schlüsselpositionen und in den Fraktionen an Schaltstellen saßen, um die Vielen zu gewinnen. Als die eigenen Sozialpolitiker motiviert waren, mußten sie mit dem Koalitionspartner pokern, der seine Vorliebe für Privatversicherer nicht verleugnen konnte. Es wurde ein Schneckengang der Gesetzgebung mit allen Aufenthalten, Totsagungen und Hoffnungsschimmern, Ermutigungen und Widerständen.
Es ist unglaublich, wie subjektiv die scheinbar objektiven Vorgänge der Politik verlaufen. Menschenbehandlung gibt oft den Ausschlag. Zuletzt hängt ein Gesetz von persönlichen Rücksichtnahmen, Empfindlichkeiten, von Streicheleinheiten im richtigen Augenblick ab. Und der direkte Weg ist fast immer der falsche.
Sisyphos hob den Stein auf und trat wieder an. Er tat alles, was zum Handwerk gehört. Er antichambrierte, zürnte, publizierte, bestellte Briefe, organisierte Telegramme von Interessengruppen, schrieb an die Kabinettsmitglieder, redete mit jedem, redete oft und doch möglichst nicht zuviel. Eines

Tages fand er sich auf der Bundespressekonferenz ein. Da wurden Verhältnisse zurechtgerückt.
Sisyphos klemmte sich zwischen zwei Journalisten von der Süddeutschen Zeitung, die ihn gleich nach neuen Kandidaten für das Amt des Bundespräsidenten auszunehmen versuchten, denn die Bundesversammlung stand dicht bevor, und die Koalition befand sich in großer Verlegenheit. Kurzes Geblödel, bis vorn der Sozialminister das Sonderprogramm gegen Arbeitslosigkeit an Rhein und Ruhr erläuterte. Die Fragen, die dazu gestellt wurden, überbrückten nur spärlich die Spannung, die der eigentliche Anlaß für den Andrang zu der Konferenz war: In Hannover lief gerade, es war der 16. Mai 1979, Ministerpräsident Albrechts perfekte Inszenierung zum Thema Gorleben im Niedersächsischen Landtag unter bundesweiter Live-Beteiligung des Fernsehens ab. Das euphorische Stichwort lautete Entsorgung, der Bund wurde als Zauderer hingestellt. Die DWK, die Deutsche Gesellschaft für Wiederaufarbeitung von Kernbrennstoffen, sah ihre Interessen vertreten. Der Bundeswirtschaftsminister wollte dazu in Kürze eine Erklärung für das Kabinett abgeben.
Ehrenberg, der da Sozialpolitik vertrat, war nur der Sprecher des Prologs zu einem anderen Stück. Doch er nutzte die Stunde und stellte der Pressekonferenz den zwei Stunden zuvor vom Kabinett erneut beschlossenen Entwurf zur Künstlersozialversicherung vor, diesmal mit einer Bundesbeteiligung an der Künstlersozialkasse. Ein solches Auditorium erhielt das Gesetz nur einmal. Sogar sachkundige Fragen wurden von einigen gestellt. Für dreißig Minuten konnte ein oberflächlicher Beobachter meinen, hier beschäftigten sich tatsächlich hundertzwanzig Berichterstatter mit der sozialen Situation der Schwierigen im Land. Dann aber, rechtzeitig, um Verwechslungen auszuschließen, brach die wahre Macht in die Konferenz ein.
Die Tür wurde aufgedrückt, herein kamen in dieser Reihen-

folge der Wirtschaftsminister, der Innenminister, der Forschungsminister, umgeben von vielen Trabanten. Augenblicklich richtete sich alle Aufmerksamkeit auf sie.
Dem Sozialminister blieb angesichts des Auftritts die Stimme weg. Der Vorsitzende der Bundespressekonferenz fragte nicht einmal, ob noch irgend jemand eine Frage an Ehrenberg habe. Dieser erhob sich, kaum anders als ein Mittelgewicht aus der Provinz, sobald der Champion die Szene betritt. Graf Lambsdorff besetzte seinen Platz so selbstverständlich, wie die Wirtschaft in der Bundesrepublik Priorität besitzt. Nun erst konnte es richtig losgehen.
Sisyphos mußte an seinen Besuch in Worpswede denken, wo Martin Kausche, der Spiritus rector des Atelierhauses, ihn unlängst mit dreißig Malern, Bildhauern, Musikern und Autoren empfangen hatte. Das Gasthaus »Neu Helgoland« an der Hamme stand im Wasser wie eine Hallig. Vorfrühjahr, Überschwemmungszeit. Wellen spülten auf die Terrasse. Wind rüttelte an den Fenstern, als einer fragte: »Gibt es noch eine sozialdemokratische Künstlerpolitik?«
Anfang Oktober, neun Monate vor Schluß der Sitzungswochen des achten Bundestages, wurde die Künstlersozialversicherung endlich in erster Lesung im Plenum behandelt. Berichterstatter für die sozialdemokratische Fraktion war Egon Lutz, der sich mehr und mehr mit dem Gesetz identifizierte. Die weiteren Hauptstationen: Im November eine umfangreiche Anhörung vor dem Sozialausschuß, bei der die alten Fronten sich neu versteiften. Von Februar bis April die Beratungen in fünf Ausschüssen – keinem von ihnen war die Materie auf den Leib geschrieben, doch zuletzt bemühten sich überall einzelne Fraktionskollegen, das Gesetz durchzubringen. Dann am 22. Mai 1980 die Verabschiedung in zweiter und dritter Lesung im Plenum. Die CDU/CSU stimmte dagegen, sie brachte durch vierundvierzig Änderungsanträge ein anderes Gesetz ein, das in den Augen der Koalition den

einzelnen Künstler von seinem Hauptabnehmer nur noch abhängiger machte. Später wiederholte sich das im Bundesrat. Dort rief die Union den Vermittlungsausschuß an.
Nach dreimaligem Vermittlungsverfahren zwischen Bundesrat und Bundestag, das ohne Einigung verlief, legte der Bundesrat mit den Stimmen der bundespolitischen Opposition auf seiner Sondersitzung am 18. Juli – die Bundestagsabgeordneten befanden sich schon im Wahlkampf – Einspruch gegen die Künstlersozialversicherung ein. SPD und FDP sahen sich nicht mehr in der Lage, diesen Einspruch vor dem 4. November (bis dahin amtierte das alte Parlament) mit Kanzlermehrheit zurückzuweisen. Statt dessen brachten die Koalitionsfraktionen das Gesetz unverändert und unverzüglich als eines der ersten in den neunten Bundestag wieder ein.
Im Dezember schrieb der wiedergewählte Abgeordnete Lutz an Sisyphos: »Ich bin guten Mutes, daß unser gemeinsames Werk im Frühjahr kommenden Jahres Realität wird.«
Thaddäus Troll aber, der verborgene Freund, hatte einige Jahre vor seinem Tod schreibend in die Zukunft geschaut. Er verlegte eine Satire ins Jahr 2000. Da findet in Augsburg ein Treffen noch lebender Teilnehmer des Schriftstellerkongresses von 1970 statt. »Mit wehmütigen Worten«, erinnert sich in dem Text der ehemalige Vorsitzende des Schriftstellerverbands, »der Zeit vor dreißig Jahren, wo es ausgesehen hätte, als stünde den Schriftstellern eine Altersversorgung unmittelbar ins Haus. Nachdem aber die CSU bei den Bundestagswahlen die absolute Mehrheit errungen und die in der Opposition mit der CDU vereinigte konservative SPD damit das Interesse an diesem vordem für sie wichtigen Berufsstand verloren hätte, sei dieses Projekt dem Kulturausschuß des Bundestags überwiesen und nicht weiter bearbeitet worden.«

Allgäuer Dischkurs

Manchmal, wenn die Allgäuer Wirtschaft im Verein mit der örtlichen CSU gar zu sehr Monopol spielte, mußten wir Sozialdemokraten unsere Beteiligung an öffentlichen Ereignissen durchboxen. Das geschah exemplarisch bei einem Allgäuer Dischkurs.

Dabei handelt es sich um eine ständige Einrichtung der Region. Der Dischkurs findet in der Regel alle zwei Jahre statt und hat ein Schwerpunktproblem des Allgäu zum Gegenstand. Fachleute aus Politik, Wirtschaft und Verwaltung auf den drei Ebenen Kommune, Land und Bund diskutieren vor einer breiten Öffentlichkeit.

Ich traute meinen Augen nicht, als ich in meiner Bonner Post eines Tages die in Fraktur gedruckte Einladung zum nächsten Dischkurs vorfand. Veranstalter war die Brauhausgesellschaft e. V. in Kempten. Der Direktor des Allgäuer Brauhauses, das bei der Festwoche wie bei manch anderen Gelegenheiten das Ausschenkmonopol ausübt, ist auch Präsident der Industrie- und Handelskammer in unserem Bereich. Das Brauhaus wiederum gehört zur Oetker-Gruppe: Multi im Allgäu.

Diesmal lautete das Thema: Tourismus – Straßenbau – Energie. Überschrift: »Wie belastbar ist das Allgäu? Entwicklung und Fortschritt.« Es waren Punkt für Punkt Aufgaben, von denen jeder Informierte wußte, daß ich mich als einer der Abgeordneten der Region besonders dafür engagierte. Allerdings tat ich das nicht im Sinn der Veranstalter, vielmehr in Übereinstimmung mit mehreren Bürgerinitiativen, die alternative Ziele verfolgten. Fazit: Auf dem Podium sollte nun eine geschlossene Phalanx sitzen, nämlich vom Regierungspräsidenten von Schwaben, Frank Sieder, und vom Kemptener Oberbürgermeister Josef Höß über MdL Alois Glück und MdB Ignaz Kiechle bis zu Bürgermeister Toni Vogler

aus Fischen eine massive CSU-Besetzung, aufgelockert lediglich durch zwei Repräsentanten der FDP – das waren Andreas von Schoeler, Parlamentarischer Staatssekretär im Bundesinnenministerium, und MdB Hansheinrich Schmidt aus Kempten. Auch der Moderator, Josef Othmar Zöller vom Bayerischen Rundfunk, und der Präsident der Industrie- und Handelskammer in Augsburg, Hans Haibel, verstärkten eher die Stimme der CSU. Sozialdemokraten, die stärkste Partei in der Bundesrepublik (CDU/CSU sind auch nach dem 5. Oktober 1980 lediglich stärkste Bundestagsfraktion, jedoch getrennte Parteien), waren nicht vorgesehen.
Sie trauen sich einfach. Wenn sie nicht durchkommen, lenken sie ein, als sei nichts gewesen. Ich hängte mich ans Telefon, sprach mit unserem Unterbezirksbüro, mit dem Allgäuer DGB und gab der Allgäuer Zeitung unsere Meinung zu der Tatsache, daß nahezu ein Drittel der Allgäuer Bevölkerung auf solche Weise unberücksichtigt bleiben sollte, mit der Bitte um Veröffentlichung in der morgigen Ausgabe durch. Das wurde zugesichert. Am anderen Morgen läutete ich beim Brauhaus an.
»Wir haben schon dringend versucht, Sie zu erreichen«, erklärte die Mitarbeiterin im Vorzimmer des fünfhundert Kilometer entfernten Verwaltungsgebäudes des Brauereikonzerns. »Kann ich Sie jetzt mit Direktor Schmid verbinden?«
Es knackte in der Leitung. Ich hörte, wie mein Name weitergegeben wurde. Dann war da eine bedächtige Stimme, die zunächst eine Entschuldigung vorbrachte und anschließend mitteilte, wie der Stand der Überlegungen auf Grund des regionalen Pressewirbels auf der anderen Seite war:
»Eine direkte Frage. Wir hatten Herrn Eppler eingeladen, aber der konnte nicht. Es ging uns nicht um eine Zurücksetzung unter Parteigesichtspunkten, bitte glauben Sie mir das. Sehen Sie denn noch eine Möglichkeit, übermorgen am Dischkurs teilzunehmen? Wir möchten Sie nachträglich auf

das Podium einladen und Sie um Verständnis bitten, daß die Sache aus Versehen bisher so gehandhabt wurde.«
»Da bringen Sie mich aber in Schwierigkeiten«, antwortete ich. »Meine ganze Woche ist anders eingeteilt. Es handelt sich um Sitzungstage. Außerdem trifft heute nachmittag eine Allgäuer Besuchergruppe hier ein, um die ich mich kümmern muß.«
»Wir holen Sie«, sagte die Stimme. »Wir haben ohnehin für Ihre Kollegen ein Flugzeug gechartert, das Sie und Herrn von Schoeler am späten Abend noch zurückfliegen kann. Wir haben in Memmingen Starterlaubnis bis 23 Uhr. Die Herren Kiechle und Schmidt wollen an dem Donnerstagabend nicht noch einmal zurück nach Bonn, sie bleiben gleich hier.«
Allmählich wurde die Sache sportlich. Der Besuchergruppe erklärte ich die Lage. Mehrere hatten den Zeitungsausschnitt mit der Erklärung der Allgäuer SPD mitgebracht. Sie fanden es in Ordnung, daß sich ihre Mandatsträger nicht die Butter vom Brot nehmen ließen. »Da mußt du unbedingt hin«, meinten sie übereinstimmend.
Zwei Tage darauf flogen die vier Bundestagsmitglieder, die sich das Allgäuer Brauhaus nunmehr ausbedungen hatte, mit der privaten Maschine, einer zweistrahligen Cesna, nach Memmingen. Es war ein früher Sommertag.
»Erst in sechstausend Meter Höhe«, erklärte der Pilot, dem wir über die Schulter schauen konnten, »erreicht die Außentemperatur heute Null Grad, das ist außergewöhnlich.«
Mit sechshundertfünfzig Stundenkilometer Geschwindigkeit rutschten wir über die Bundesrepublik, die wie ein großer Schrebergarten unter uns lag. Der Kollege Kiechle nickte ein. Zwischen Schoeler und Schmidt entspann sich eine FDP-Fachsimpelei. Ich las in den Gesetzestexten und Informationen, die Barbara mir fast zu vielzählig zu den Themen des Dischkurs vorbereitet hatte. Die Mappen häuften sich auf meinen Knien. In unserer Mitte vollzog sich unausge-

sprochen ein Nachbeben zu den Eigentümlichkeiten dieser Einladung.
Nach einer knappen Stunde landeten wir auf dem Bundeswehrflughafen. Schwer denkbar, daß dort etwa auch Gewerkschaftsvorsitzende aus dem Allgäu ebenso selbstverständlich niedergehen könnten. Die Allianz zwischen Wirtschaft und Militär besitzt deutsche Tradition. Als die Maschine ausrollte, fuhren zwei Mercedeslimousinen des Brauhauses auf uns zu. Bis nach Kempten saßen Kiechle und ich Hintern bei Hintern auf den Rücksitzen und tauschten recht gegensätzliche Meinungen über die Bürgerinitiativen aus.
Im vollbesetzten Kornhaussaal bei Bier und anschließender Brotzeit hörten die ausgewählten Gäste drei Stunden lang den Sprechern auf dem überbesetzten Podium zu. Nur einige Naturschützer, die sich Eintrittskarten ertrotzt hatten, brachten etwas Aufruhr in die Diskussion.
Während ich das halbe Tausend Allgäuer im Saal betrachtete, während ich denen zuhörte, die geräumig die Mehrheit für sich beanspruchen konnten und Wirtschaftsinteressen vor allen anderen Interessen gelten ließen, während ich ab und zu die eigene Stimme gegenläufig argumentieren hörte, fielen mir Allgäuer Situationen wie ein Bilderbogen ein.
An eine Versammlung auf Einladung der Grünen mußte ich denken, auf der in eben diesem Saal vor kurzem die gegenteilige Stimmung geherrscht hatte. An eine andere, auf der Ignaz Kiechle, neben mir postiert, jungen Leuten zurief: »Ihr wollt doch auch einmal einen großen Wagen fahren und vom Wachstum profitieren«, und sie zurückschrien: »Nein, hör auf, das wollen wir nicht. Was wissen Sie denn von uns?«
Dann erinnerte ich mich an den Besuch, den Bürgermeister Steinle aus Sulzberg, Mitglied der CSU, mit Mitgliedern der Bürgerinitiative zur Rettung der Voralpenlandschaft in unserer Wohnung in Eckarts gemacht hatte. Es war eine Zusam-

menkunft mit dem politischen Spektrum aus Grün, Rot, Gelb und Schwarz. Wir sprachen über den Rottachspeicher.
Sulzberg unweit von Kempten ist die Oberallgäuer Gemeinde, die von zwei Autobahnen und einem Stausee gleich dreifach betroffen wird. Der Wasserspeicher soll mehr Fläche als der Große Alpsee bei Immenstadt bedecken. Ein Tal wird ersäuft. Es soll allein sieben bis acht Monate dauern, bis der Speicher nach Beendigung der Bauwerke volläuft; er wird durch zwei Bäche, die Rottach und das Rotwässerle, gespeist.
»Eine Landschaftsidylle, die reich an botanischen Kleinoden ist, wird für fünfzig Millionen Mark zerstört«, erklärte der Vorsitzende des Naturschutzbundes. Über viele Jahre hin hat das Land Bayern die benötigten Höfe im Rottachtal aufgekauft, so daß sich Grund und Boden zu hundert Prozent in der Hand des Freistaats befinden. Die Bauern waren es zufrieden, solange sie ihr vormals eigenes Land vom Staat zur Pacht erhielten und ihr Vieh nicht herzugeben brauchten. Wie jedesmal wird ihnen das Ausmaß der Veränderung, in die sie durch den Verkauf eingewilligt haben, erst bewußt, wenn die Bulldozzer anrücken.
»Zu verhindern ist der Rottachspeicher nicht mehr«, sagte Bürgermeister Steinle. »Segelclubs und Freizeitvereine bewerben sich jetzt schon bei uns um die guten Plätze.«
Was die Öffentlichkeit kaum zur Kenntnis nimmt: Im Hintergrund des Speicherbaus steht das Kernkraftwerk Gundremmingen. Wenn die Donau Niedrigwasser führt, ist die Kühlung des Abwassers der Reaktoren nicht nach den Sicherheitsvorschriften zu gewährleisten. Der Pegel soll dann, quer durch Schwaben, aus dem Rottachspeicher gehoben werden. Das Wasserwirtschaftsamt Kempten ließ im Tal Biotopen mit ungezählten Orchideenarten ausgraben, um sie zu retten.

Bäume auf der Trasse pflanzen

Daß Politik oft von den Wirtshäusern ausgeht, ist nicht nur ein Gemeinplatz am Biertisch. Wo anders als in Gasthaussälen sollen sich jene treffen, denen öffentliche Gebäude nicht zur Verfügung stehen?

Im »Ochsensaal« in Isny, der württembergischen Enklave im bayerischen Schwaben, hielten die Naturschützer, die Grünen und Mitglieder der Bürgerinitiative eine Informationsveranstaltung zum geplanten Autobahnbau im Westallgäu ab. Von der CSU war niemand erschienen. Jeder ihrer Sprecher hätte sich hier fehl am Platz gefühlt, denn die bayerische Mehrheitspartei trat kritiklos für den Bau der A 98 von Kempten nach Lindau ein – immer auf der Vogelfluglinie jener Ideologie, die Straßenbau gleich Wirtschaftswachstum setzt und Veränderungen der energiewirtschaftlichen und umweltpolitischen Voraussetzungen so wenig wie den Wandel des Zeitgeistes berücksichtigt.

Am Diskussionstisch saßen, angesagt und oft unterbrochen von dem jungen Lehrer Rudolf Samper, der erfrischend unprofessionell verfuhr, ein Rechtsanwalt, ein Verkehrs- und Straßenbaugutachter, der CDU-Landtagsabgeordnete Josef Siedler aus Leutkirch, der Psychologieprofessor Walter Molt aus Immenstadt-Bühl und ich. Molt, langjähriger CSU-Stadtrat, war mit Umweltprotest aus der Partei ausgetreten und einer der tätigsten Naturschützer und Grünen im Allgäu – wir trafen einander oft.

Vierhundertfünfzig Anrainer im Saal, viele betroffene Bauern darunter, sie kamen aus Weitnau und Seltmanns, Maierhöfen, Gestratz und anderen Nachbarorten. Kaum einer unter ihnen, für den nicht persönliche Habe auf dem Spiel stand. Aber es ging um mehr als einen Sankt-Florians-Fluch.

Vor Beginn war ein pfiffiger Jungbauer, den ich schon von anderen Diskussionen kannte, auf mich zugekommen und

hatte gefragt: »Sind Sie katholisch?« »Nein, evangelisch.« Er: »Aber Sie glauben doch an den Teufel?« Während ich mir das noch überlegte, erklärte er felsenfest überzeugt: »Das ist so. Weil ihr Sozis bei uns so schwach seid, bleibt dem Teufel gar nichts anderes übrig, als in die CSU hineinzugehen. Und wissen Sie, wer die Autobahn baut? Niemand anders als der Teufel. Der hockt in den Beamten und Politikern drin.«
Ich betrachtete mein Gegenüber. Er war einer dieser wettergegerbten Gebirgler mit schmalen, aber hellen Augen. Zwar schien er besessen von seiner Vorstellung, doch es fehlte ihm nicht an Verstand. »Sagen Sie das dem Gscheidle, ich hab's ihm zwar geschrieben, aber den Brief kriegt er doch nicht.« Während ich ihn den Abend lang dasitzen und manchmal heftig klatschen sah, fragte ich mich immer noch, wieweit er mich hatte auf den Arm nehmen wollen. Sein Teufel indessen schien so leibhaftig zu sein wie der Pfarrer. Aurel hieß der Mann, von Aurelius, wie er mir beibrachte – er war stolz auf den Vornamen.
»Zuerst eine Mitteilung«, eröffnete Samper die Versammlung. »Morgen, am Sonntagvormittag, wollen wir gemeinsam im Weitnauer Tal, wo ab Montag der Aushub der Fluren vermehrt weitergehen soll, Bäume pflanzen.« Er nannte Zeit und Treffpunkt. Alles sei für starke Beteiligung vorbereitet. »Kommt, so viele nur können. Die Bulldozzer müssen dann nicht Menschen beiseite räumen, aber unsere Bäume.« Jubel im Saal.
Auf dem Weg von Eckarts hierher war ich die Strecke abgefahren und teilweise abgeschritten. Ich hatte mir die Baugruben und die halbfertigen Betonbrücken zwischen Waltenhofen, Hellengerst und Weitnau angesehen. Ihr höchster Punkt lag bei tausend Metern. Die Bauarbeiten der »Arbeitsgemeinschaft A 98 Weitnau« wurden fortgesetzt, obwohl die neuen Verkehrszählungen keinen Autobahnbedarf ergaben,

das Bundesverkehrsministerium auf unser Drängen immer deutlicher von dem Projekt abrückte und die Grundsatzentscheidung im Bundestag zu dem Zeitpunkt noch nicht gefallen war.
Die Oberste Baubehörde in München, das Straßenbauamt in Kempten und nahezu die gesamte CSU, die durch den Abgeordneten Lemmrich vom Donau-Ries den Vorsitz des Bonner Verkehrsausschusses innehatte, machten eine Prestigesache daraus. Der Bevölkerung gegenüber schoben sie das Unangenehme und angeblich Unabänderliche gern auf den Bund, verschwiegen aber, daß die Bundespolitik im wesentlichen nur über den Bedarf entscheidet und die Finanzierung festsetzt, während alle Ausführungsmaßnahmen, Raumordnung und Planfeststellung, Baueinzelplanung und Aufsicht, beim Land und unter Mitwirkung des Landratsamts zum Teil auch beim Regierungsbezirk liegen.
Der Bundesverkehrsminister behauptete gern zu seinem Schutz: »Ich kann keinen Kilometer Straße bauen.«
Jedenfalls waren vier neue Autobahnen, die A 7 von Augsburg nach Füssen, die A 96 von Memmingen nach Lindau und Bregenz, eine autobahnartige B 19 von Kempten nach Immenstadt und womöglich noch die A 98 von Kempten nach Lindau, für das Allgäu objektiv zuviel.
Aber als ich 1973 meinen ersten Arbeitsbesuch in der Gemeinde Weitnau machte, teilte mir Bürgermeister Lipp, umgeben von Gemeinderäten, ziemlich unerschüttert mit: »Da oben wird in einigen Jahren die Autobahn verlaufen.« Er deutete mit der ausgestreckten Hand die Trasse in halber Hanghöhe an, die ein herrliches Tal durchschneiden sollte. Die Höfe oberhalb des Orts waren zum Teil schon verkauft. Ich traute meinen Ohren nicht, mußte aber einsehen, daß jeder in der Gegend, der öffentlich eine Stimme besaß, von mir als neuem Allgäuer Abgeordneten erwartete, ich solle nach langer Benachteiligung der Region in Bonn für ver-

mehrten Autobahnbau eintreten. In der ersten Zeit habe ich das, im Auftrag der eigenen Partei und als Mitglied der Allgäuer Planungsgemeinschaft, dann auch getan. Das Umdenken setzte bei mir später ein und nicht ohne Anstoß durch die grüne Bewegung.

Erst nach und nach erhielt ich genauere Informationen über Umweltbelastung, Naturvorräte, energiewirtschaftliche Zusammenhänge und die verkehrspolitische Gesetzgebung. Das war dringend erforderlich, denn im Allgäu entbrannte die Auseinandersetzung zwischen einer kritischen Minderheit und den Verwaltern der eher gleichgültigen Mehrheit. Dabei wurden auf seiten der Baubehörden und der regionalen Obrigkeit zum Teil Methoden angewandt, die an vordemokratische Zustände erinnerten. Wer sich zu wehren verstand wie zum Beispiel ein Arzt, dessen Haus bei Oberstdorf auf der Lumpentaltrasse stand, die für die Westumgehung der Ortschaft die gangbarste Lösung brachte, wurde wie ein rohes Ei behandelt und nach unglaublichem Tauziehen mit nahezu einer Million abgefunden. Die Bauern im Weitnauer Tal dagegen behandelte man nach der Salamitaktik, indem man sich einen nach dem anderen vornahm und sie auf die Flurbereinigung vertröstete, die – hatten sie einmal unterschrieben – lange auf sich warten ließ.

Als Samper mir das Wort erteilte, nahm ich ein aktuelles Vorkommnis aufs Korn: »Wenn aber Landrat Henninger meint, von Lindau aus schriftlich die Mitglieder des Gemeinderats von Gestratz einschüchtern zu können – die gewählten Vertreter einer Gemeinde, die die Autobahn von zwei Seiten auf sich zuwachsen sieht, ohne bislang hinreichend gefragt zu sein und mitbestimmen zu können –, wenn er das obendrein tut, indem er fälschlich behauptet, der Gemeinde könnten gegebenenfalls hohe Kosten durch Regreßansprüche von Firmen entstehen, denen durch späteren Baubeginn Verluste entstünden, dann kommt das dem Tatbestand der

Nötigung nahe. Zum einen bedeutet das, wie der Jurist Henninger wohl weiß, unzutreffende Rechtsbelehrung, und zwar von Amts wegen in Ausnutzung seiner Stellung, zum anderen erinnert mich diese Drohgeste im Dienst einseitiger Interessen an die Gebärde eines mittelalterlichen Fronvogts.«

Ich habe das damals mit dem Tonbandgerät mitgeschnitten, um für einen vielleicht daraus folgenden Disput gewappnet zu sein, aber nichts dergleichen geschah. Der Angriff hätte dem Landrat nur dann zu schaffen gemacht, wenn die örtliche Presse ihn herausgestellt hätte – davor war er ziemlich sicher. Er seinerseits stellte ganz nach Belieben veröffentlichte Meinung her. An anderen Orten gerieten wir freilich aneinander, zum Beispiel auf Sitzungen der Planungsgemeinschaft, die im Kemptener Rathaus nicht mehr in falscher Eintracht verliefen – dort war mit zahlreichen Politikern der Region auch Henninger vertreten. Im übrigen hatte es zwischen uns bessere Tage gegeben, lange war es her.

Im Saal dort in Isny sah ich auch Peter Adler, der als Schriftsteller in Grünenbach lebte. Später auf der Straße drückte er mir die Ansprache in die Hand, die er zum Dank für den Fernsehpreis der DAG verfaßt hatte. Darin berichtete er aus dem vom Straßenbau schwer betroffenen Tal seiner Wahlheimat:

» ›Als ich zum ersten Mal von der Demokratie gehört hab‹, sagte mir ein älterer Bauer, ›hab ich mir gedacht, das muß was ganz Schönes sein. Wir sind aber ganz anders erzogen, und daraus resultiert auch Angst vor Repressalien, wenn man sich zu sehr engagiert.‹ « Vielleicht hat der Bauer sich etwas anders ausgedrückt, doch wir Hochdeutschen, die wir hierher gehörten, unternahmen einiges, um auf die Lage der Menschen im Weitnauer Tal aufmerksam zu machen.

Am entschiedensten besorgte das auch für andere Brennpunkte im Allgäu die Bürgerinitiative gemeinsam mit den Naturschützern. Sie erwarben Sperrgrundstücke auf der vorgesehenen Trasse. Eines Tages überreichten sie mir in Immenstadt unter der Mariensäule an die fünfzehntausend Unterschriften und ließen das Doppelte in die Hauptstadt nachfolgen. Für die Übergabe hatten sie die Pappkuh Wilma fotogen aufgebaut. Ich lieferte die Protestschreiben weiter an den Bundesverkehrsminister, in dessen Haus ein Vielfaches lagerte, von überallher aus der Bundesrepublik.

Die Kuh Wilma, das Allgäuer Symbol auf Rädern, rollte später auch durch Bonn, als eine Abordnung von Autobahngegnern dort durch die Innenstadt zog, um uns Politikern den Marsch zu blasen. Die Naturschützer ließen sich überhaupt etwas einfallen. In Buchenberg hatte ein selbstverfertigtes Stück Premiere, das den Raubbau am Allgäu in einer Groteske verdeutlichte: »Zipfelmüllers Alptraum«. In Lindenberg setzten sich Jungfilmer zusammen und brachten mit Laiendarstellern einen abendfüllenden Streifen über den Bauernkrieg zuwege, der »Lond it luck« (Laß nicht locker) hieß und am Ende in einen Bilderprotest mit Luftaufnahmen gegen die Autobahn umsprang. Mir trugen sie darin die kleine Rolle des Kemptener Oberbürgermeisters an – an einem Sommertag drehten wir die Szenen in einer Burgruine aus Fürstabts Zeiten und hatten Mühe mit dem Ton, weil mal Autos, mal Flugzeuge die Neuzeit dazulärmten.

Versammlungen, Proteste, Versammlungen. Inzwischen beriet der Bundestag das Gesetz über die Fortschreibung des Bedarfs an Autobahnen und Fernstraßen. Über Fraktionskollegen im Verkehrsausschuß brachte ich den Antrag gegen die A 98 ein. Es gab die üblichen Kämpfe und Tricks. Im Allgäu schlug jede Bonner Woge Fernwellen in der Zeitung, wo ein engagierter Redakteur das Seine tat. Dann am 13. Juni 1980 beschloß die Mehrheit der Koalition im Plenum das Ende der Autobahn von Kempten nach Lindau. Nur der Bedarf einer Bundesstraße wurde festgesetzt, wobei der Gesetzgeber ausdrücklich die Einstellung der Bauarbeiten und

Zeit für Neuplanung auf veränderter Trasse einbezog – auch unter Ausnutzung der bisherigen B 12.
Im Allgäu aber wurde noch lange mit einem Maß an Besessenheit weitergebaut, wo man begonnen hatte – wenn auch nicht vierspurig. Die Exekutive interpretierte die Legislative eigenwillig. Es gab neuen Streit um die Auslegung. Die Bauern kamen nicht zur Ruhe. Aufgerissene Fluren blieben im Ungewissen liegen.
Klar war, daß es keine Autobahn geben würde. Alles übrige mußte durch neue Verfahren geklärt werden. Die Naturschützer gingen vor Gericht, sie wurden noch gebraucht. Bäume pflanzen, blieb ihre Devise.

Erinnyen

Die Erinnyen waren uns aufs Dach gestiegen, sie tobten ums Haus. Stunden um Stunden warfen sie Ziegel in Eisencontainer, die im Garten standen – Splitter zerplatzten überallhin. Sie nagelten Dachpappe und Leisten fürs Neudecken in alle Himmelsrichtungen fest. Früh morgens grollten sie am kräftigsten.
Die Erinnyen hatten das Geschlecht gewechselt und waren bayerischen Ursprungs. Sie waren Väter und Söhne und gehörten zu fünft einer Familie an: Gebrüder Winkler aus Lauter in Oberbayern. Vor Jahr und Tag hatten sie einem Goldschmiedfreund das Dach gerichtet. So erfuhren wir ihre Adresse. Jetzt stiegen sie uns zu Kopf. Niemand war im Haus, der nicht das Archaische des Vorgangs begriff. Das Dach wurde gegen die Wolken geöffnet. Wir zogen die Schädel ein und harrten der Geschehnisse, die über uns hereinbrachen.
Die Ziegel fielen hinterm Fensterglas an unseren Augen vor-

über, mal im Sonnenlicht, mal im Schatten. Sie fielen immerzu und zerbarsten beim Aufprall. Es verursachte einen hohen prasselnden Ton, der nicht nachließ. Mensch und Tier verkrochen sich in ihre Löcher. Draußen der ohrenbetäubende Lärm.
Als die Winklers vorfuhren, entdeckte ich an ihrem Lastwagen einen SPD-Aufkleber vom letzten Wahlkampf; ich war überrascht.
»Respekt«, natürlich sprach ich sie darauf an.
»Wir sind Mitglieder«, erklärten die beiden Firmeninhaber und ließen erkennen, daß sie im Bild waren, was es mit mir auf sich hatte.
»Das muß schwierig sein bei euch da draußen, ich kenn' das vom Allgäu.«
»Das können Sie glauben«, versicherte der jüngere Bruder, der immer die Verhandlung führte. »Wir erklären den Bauern oft, was da droben in Bonn alles für sie gemacht wird. Aber das will ihnen nicht in den Kopf.«
Tatsächlich hatten nur fünf Prozent der Landwirte im Vorgebirge nicht die CSU gewählt – trotz der neuen Gesetze, trotz Altersversicherung, Krankenversicherung und Bergbauernprogramm. Ertl täuschte sich, seine Hoffnung war keine bayerische Hoffnung.
Die Erinnyen aber grollten weiter, vier Wochen lang. Ich pendelte mittlerweile zwischen dem Allgäu und Bonn und schaute in München immer einmal wieder nach dem, was nicht nur mit rechten Dingen zuging. Das Dach läßt man nur einmal im Leben decken, dachte ich. 1970 wurde die Arbeit noch mit fünfzehntausend Mark angeboten. Jetzt kostete sie das Zweieinhalbfache, auch mit Erinnyen vom Land.
Dann kam das Richtfest. Die hellroten Biberschwanzziegel leuchteten in der Siedlung. Die Erinnyen meinten, nun gehöre das Haus unter Denkmalschutz. Als mythologische Gestalten waren sie uns immer einleuchtender geworden. Wie

weit ihre übernatürlichen Kräfte reichten, das erfuhren wir vollends beim Feiern.

Für elf Uhr am Vormittag hatten wir die Dachdeckersippe zur Brotzeit eingeladen. Da es regnete, fand das Fest in der Küche statt. Zwei waren auf einmal zusätzlich da, die wir vorher nie gesehen hatten, sie waren auf einer anderen Baustelle, gehörten aber dazu. Vorher hatten Marlen, Andreas und ich die Bierkästen und den Radi, die Semmeln, den Obstler, die Eier und Brezen, vor allem den warmen Leberkäs vom Schlachter um die Ecke herangeschleppt – der hieß tatsächlich Gantenbein und wußte wohl nichts von seiner Verwandtschaft in Max Frischs Roman.

Wir rückten um den Tisch zusammen. Es versprach ein eindrucksvoller Tag zu werden. Ich bedankte mich, und die Erinnyen sagten, das sei eine schöne Arbeit gewesen. Sie hoben die Krüge und luden mich nach Lauter zur Versammlung ein. Allerdings solle ich mir nicht zuviel Publikum erwarten.

»Es gibt da nur achtundzwanzig SPD-Wähler«, sagte der jüngere Bruder, die anderen nickten.

Die Bierflaschen und die Schnapsgläser bildeten mit den Tomaten und dem Fleisch neben viel Rauchzeug auf dem Tisch eine Silhouette, die aussah wie das Modell eines Architekten für eine Satellitenstadt mit Hochhäusern, Flachbauten und Grünanlagen. Drumherum die feiernden Köpfe, unser Sohn als Anderl eingemeindet.

Mitten in die Runde platzte die Nachricht, daß Carl Friedrich von Weizsäcker der Koalition soeben eine Abfuhr erteilt hatte – er kandidierte nicht gegen Carstens für das Amt des Bundespräsidenten.

»Ach du Scheiße«, sagte einer.

Der Rest ist bald erzählt: Eine Stunde später brachte meine Frau mich zum Bahnhof. Als ich mich verabschiedete, war das Reden und Trinken im schönsten Gang. Mit dem Inter-

city fuhr ich nach Ulm, stieg um nach Geislingen an der Steige und nahm mir ein Taxi.
Unterwegs hörte ich Weizsäckers Begründung im Radio: »Gleichwohl darf ich keinen Anlaß zu dem Eindruck geben, ich kandidierte, um der Koalition aus einer Verlegenheit zu helfen –«
Das war eine miserable Regie auf unserer Seite.
»Wenn Sie Weizsäcker, ich meine Carl Friedrich, vor drei Monaten hätten bewegen können – das hätte viele von uns vor neue Überlegungen gestellt.« Mit dieser Reaktion begrüßte mich die CDU-Bundestagsabgeordnete Dorothee Wilms aus Köln, die Sprecherin ihrer Fraktion für berufliche Bildung. Nebeneinander saßen wir in einem Gesprächskarree im Haus Lämmerbuckel der Daimler-Benz AG. Es fand ein Seminar für Führungskräfte der Wirtschaft statt. Vertreten waren unter anderem Dynamit Nobel, VW, BMW und Opel, Ford, Porsche, Bayer und Hoechst, Brown-Boveri, Zeiss, Siemens und die Dresdener Bank, Schering und Mannesmann. Gastgeber war das Institut der deutschen Wirtschaft.
Wir diskutierten Ausbildungsfragen. Natürlich pochten die Sprecher dieser Großfirmen auf das duale System und die Orientierung aller Berufsbildung am Bedarf der Wirtschaft. Fachwissen war in bestechender Umgebung versammelt. Vier Stunden Berufsausübung als MdB, dann reiste ich zurück.
Kurz vor Mitternacht stand ich wieder vor unserem Münchner Haus. Alle Fenster und Türen waren weit geöffnet. In ihrem Zimmer im Dunkel fand ich meine erschöpfte Frau. Überall lastete Bierbrodem und kalter Rauch. Als die Speisekammer und die Bierkästen nichts mehr hergaben, berichtete sie, hatten die Erinnyen abends um neun Uhr ihren Lkw bestiegen und unseren Sohn, meinen Stellvertreter, mitgenommen. Sie landeten mit Anderl im Schwabinger Wein-

bauern bei Haxn und Knödel, nachdem sie bei uns an die hundert Flaschen Bier und eine Menge harte Sachen verzehrt hatten.
Als Marlen am Nachmittag einmal versucht hatte, in die Küche vorzudringen, um den gröbsten Abwasch zu bewältigen, war der ältere Winklerbruder aufgestanden und hatte sie sanft hinausgedrängt.
»Geh, Mutter«, hat er gesagt, »laß das ruhn.«
Meine Frau war bewegt. Wie wir da saßen als Hinterbliebene des Richtfests und uns bei den Händen hielten, lauschten wir nach den Erinnyen. Es war ganz still. »Als sie gegangen sind«, sagte Marlen, »haben sie gemeint, das sei ein unbandiger Tag gewesen.« Plötzlich fanden das auch wir.

Sozialarbeiter der Demokratie

Zwischen den Parteigängern im Wahlkreis und ihrem Abgeordneten entwickelt sich ein Zusammenspiel auf Gegenseitigkeit. Mit allen Ansprüchen aus Besitzergreifen, Unterstützung und Kontrolle steht die Beziehung, so lange sie reicht, unter Wechselstrom.
In unserem Flächenwahlkreis habe ich die menschliche Auswirkung der politischen Zusammengehörigkeit unmittelbar gespürt. Unter dem Druck der CSU-Mehrheit rückten wir aneinander, das erfuhr ich von Ort zu Ort. Je genauer ich das Allgäu kennenlernte, um so weiter dehnte sich der Zusammenhalt über die Partei hinaus auf einen Teil der Bevölkerung aus. Rund ein Drittel wählte SPD: Ich war der Sprecher einer starken Minderheit.
Tatsächlich fühlte ich mich getragen durch Mitstreiter, die überall auftauchten und ihren Kandidaten unterstützten. Bald kannte ich ihre Treffpunkte und oft auch die Wohnun-

gen. Nicht nur im Wahlkampf wurde ich von der Mannschaft wie ein Marathonläufer mit anfeuernden Zurufen und auch Proviant gestärkt. Immer mehr Anhänger trauten sich auf die Straße. Es waren viele, die etwas auf sich nahmen, das ihnen in der Gegend schwerlich zum Vorteil, ja manchmal zum Schaden gereichte. Sie taten es aus Überzeugung und Tradition, aus jener zähen, oft enttäuschten, aber nicht ausrottbaren Anhänglichkeit an die Sache der Sozialdemokratie, um die uns andere Parteien oft beneidet haben. Sie waren Nachfolger der politischen Vorarbeiter aus mindestens drei Generationen.

Als ich 1972 zum erstenmal für das Oberallgäu aufgestellt wurde, war es ein Wahlgang, der Vertrauen auf Vorschuß nahm. Die Sozialdemokraten in der Region wollten einen neuen Abgeordneten. Mehr nach dem Hörensagen als persönlich begründet richteten sie ihre Erwartung auf mich. Ich habe es damals empfunden, daß die Partei aus mir etwas machte, das ich noch nicht war.

Der Kandidat, für den die Delegierten sich entschieden haben, wird automatisch von Ortsverein zu Ortsverein eingeladen, weitergegeben und der Bevölkerung präsentiert. Natürlich haben wir zu Anfang gefremdelt und uns mit Bemühen darüber hinweggeholfen. Es entging mir nicht, wie gespannt die Allgäuer Sozialdemokraten bei den ersten Versammlungen beobachteten, wie ich mich benahm, was ich redete und wie ich diskutierte, vor allem mit den wenigen in der Runde, die keine Mitglieder waren. Im Straßenwahlkampf in Kempten oder Lindau, umgeben von vielen, die den Kandidatenprospekt verteilten, fühlte ich mich manchmal wie das Sprechorgan eines Hundertfüßlers.

An manchen Orten kamen wir aus den Hinterzimmern nicht heraus, an anderen gelang es uns, Säle zu füllen. Wenn wir über Land fuhren, schallte meine Stimme hochdeutsch aus dem Lautsprecher in die Dörfer. Fenster wurden geöffnet

und andere geschlossen. Ich lernte die Region im Ausnahmezustand kennen. Die CSU war weniger selbstsicher. An mancher schwarzen Scheune leuchtete damals das Plakat: *Bürger für Brandt.* Vor den Fabriktoren bei Schichtwechsel hielt ich Straßenreden und war aufgehoben in der Menge.
Der Alltag danach bestand aus Kleinarbeit, aus dem Erlernen des für mich neuen Berufs. Reihum bei den Ortsvereinen galt es Versprechungen einzulösen. Ich begann mit Gemeindebesuchen und sah die Rathäuser von innen. Um in die Arbeitswelt einzutauchen, verdingte ich mich als Kofferverkäufer im Kaufhaus, als Hilfsarbeiter in der Kartonagenfabrik, auf einer Alpwirtschaft oder in einer Werkstätte für Behinderte. Das waren jeweils nur kurze Wochen, aber ich lernte viel dadurch, vor allem lernte ich Land und Leute kennen. Und überall gab es Sozialdemokraten, die mich begleiteten. Gewerkschafter ebneten Wege in die Betriebe. Jungsozialisten ließen sich ihren Idealismus nicht nehmen. Frauen von Bundeswehroffizieren gründeten eine sozialdemokratische Arbeitsgemeinschaft. Arbeitnehmer brachten mir ihren Werktag bei. So wurde meine Allgäuer Landkarte mit Bezugspunkten und Einkehrorten immer dichter besetzt. Die Menschen zwischen dem Bodensee und dem Kleinen Walsertal sind zäh im Zutrauen. Haben sie einmal Vertrauen gefaßt, bleiben sie ebenfalls hartnäckig. Zuletzt habe ich im Wahlkreis, als ich ein Jahr im voraus bekanntgab, daß ich nicht zum drittenmal kandidieren wollte, eine Anhänglichkeit erfahren, die mir noch heute den Abschied schwermacht.

Natürlich gab es auch Ablehnung aus den eigenen Reihen. Es gab Kontroversen, aber wir haben sie ausgetragen. Jedes politische Zusammenleben besteht aus Abhängigkeiten. Das Mandat hat seine Forderung und seinen Preis. Aber es gibt auch Freundschaft. Es gibt die Kette aus lauter einzelnen Gliedern, ein lebendes Band.

Ich habe vielen zu danken. Wie in jedem Wahlkreis waren es auch im Allgäu wechselnde Gruppen, die sich engagierten und etwas ausrichteten. Wohin ich kam, immer gab es einzelne, die alle Arbeit übernahmen und nicht locker ließen. Nicht selten hing ein Ortsverein oder eine Arbeitsgemeinschaft von einer einzigen Person ab, die jahrelang die Arbeit bestritt. Fiel sie aus, war es, als gäbe es die Gruppe nicht mehr. Parteien und Bürgerinitiativen sind anfällig für die Folgen personaler Veränderungen.

Am verläßlichsten waren die Alten und da meist die Männer. Wenn sie versprochen hatten, am Samstag vormittag auf dem Wochenmarkt Material zu verteilen, waren sie bei jedem Wetter da. Sie hatten nicht nur die längste Lebensgeschichte zu erzählen, sie besaßen auch das Gedächtnis an eine Herkunft, die heute für die meisten unvorstellbar ist. Ihre Eltern haben noch den Vierzehnstundentag erlebt.

Wenn etwa Emil Holzapfel aus Pullach, der auf die Achtzig ging, schilderte, wie er im Arbeiterbildungskartell gelernt hatte, sich seiner Haut zu wehren, war in der kleinen Gestalt mit dem eckigen Schädel und den lebenslustigen Augen die Geschichte der Arbeiterbewegung verkörpert. Er hatte sogar Erinnerungen geschrieben, mit denen er eines Tages bei uns erschien und einen Rat erbat. Darin waren Dokumente festgehalten wie zum Beispiel die Taufurkunde seiner Großmutter Katharina Weber mit dem Vermerk: »Weber wurde am 6. Mai 1850 geboren. Mutter Margarethe Weber, der Name des Kindsvaters unterblieb, weil die Kindsmutter beim Pfarrer des Pfarramts Juliusspital als Köchin beschäftigt war.« Das war katholisch und geschehen in Würzburg. Ebenda wurde später auch Katharina Pfarrköchin. »Weil sie unter ihr bekannten Hausangestellten rote Flugschriften verteilte und für die Arbeiterbewegung agitierte«, hieß es in dem Bericht, »wurde sie vom Pfarrer, bei dem sie arbeitete, bei der Gendarmerie angezeigt, die sie verhaftete und für sechs Wochen ins Gefängnis sperrte.« Ihr greiser Enkel sprühte immer noch von diesem kämpferischen Sinn.

Bei einer Altenehrung erzählte mir ein anderer, der Sepp hieß und auch bald so alt wie das Jahrhundert war: »Wie es in meiner Jugend gewesen ist, das glaubt heute kaum noch einer. Fünf Kinder waren wir zu Hause, ich war der vierte, und der Vater war Hilfsarbeiter. Oft waren wir froh, wenn wir als einzige Mahlzeit am Tag abends einen Wecken mit Milch bekamen. Daß es Unterhosen gibt, habe ich erst mit zwanzig beim Militär erfahren und da auch zum erstenmal ein Nachthemd gehabt. Wir schliefen daheim immer nur in den Kleidern und drei Kinder in einem Bett. Wenn ich mir heute meine Rente ansehe, ich kann es gar nicht glauben, daß es uns so gut geht. Sozialdemokrat bin ich durch den Vater geworden, der war immer vorne weg. Als ich achtzehn war, hat er mir das Parteibuch besorgt.«

Sepp kannte nichts, das ihm mehr zusagte als Helmut Schmidts Politik. »Aber ihr Linken«, grollte er, »ihr wollt immer noch was verändern, ihr seid nie zufrieden. Ihr versteht nicht einmal, wenn solche wie ich Angst haben, daß es wieder einmal anders wird.«

»Das kann doch nicht wahr sein, Sepp«, sagte ich, »daß du meinst, da gäbe es irgend jemanden bei uns, der dir etwas wegnehmen wollte? Weißt du, worum wir uns sorgen? Daß diejenigen, die den Hals nicht voll genug kriegen können, wieder einmal überziehen und am Ende eine Menge kaputtmachen. Die brauchen nicht noch mehr.« Er brummte.

Was wäre die Sozialdemokratie ohne die Altsozialisten! Wenn diese Generation abtritt, wird es endgültig eine andere Partei. Dann brauchen wir eine neue Solidarität, die sich nicht mehr auf gemeinsame wirtschaftliche Not gründet, sondern unter anderem auf die Beziehungslosigkeit und psychische Isolation von lauter einzelnen in einer niemals ausreichend zu humanisierenden Arbeitswelt.

Wenn die Alten erzählen, hören ihnen die Jungen gebannt zu. Sie, die im Falkenlager in Sonthofen oder vor der KZ-Gedenkstätte bei Kaufbeuren das Lied von den Moorsoldaten so betroffen singen, als übernähmen sie von den Vorgängern vor allem die Erinnerung an die schwerste Zeit. Zwischen den Altsozialisten und den Jusos, zwischen Großvätern und Enkeln, umgeht die Gemeinsamkeit nicht selten die mittleren Jahrgänge. Viele Väter erscheinen angepaßt, als hätten sie sich glatter in der lieblosen Republik eingerichtet. Nur verallgemeinern läßt sich auch diese Beobachtung natürlich nicht.

Als Allgäuer Abgeordneter gehörte ich die längste Zeit zum Immenstädter Ortsverein. Wenn ich dort auftauchte, begegnete ich der für die Region typischen Situation: Die Mitglieder der Stadtratsfraktion und zum Teil auch des Vorstands hatten sich in der Kommunalpolitik bis zu einem gewissen Grad mit der CSU und parteifreien Wählergruppen arrangiert. Das bestimmte ihre geringe Neigung zur öffentlichen Konfrontation. Überall aber gab es auch eine Basis, die Unerschrockenheit verlangte. Die Struktur der Partei im Ganzen wiederholte sich fast immer in den Einzelgliederungen vor Ort. Natürlich gab es Ortsvereine, in denen meine öffentlichen Stellungnahmen von manchen mit zunehmender Skepsis beurteilt wurden. Dafür unterstützten mich andere um so entschiedener. Es gab diese Inseln. Vor allem gab es die Delegierten des Unterbezirks – deren Versammlung, die etwa alle drei Monate an wechselnden Orten stattfand, bildete das Entscheidungsgremium und wichtigste Arbeitsorgan der Sozialdemokraten im Allgäu.

Wenn ich zu einem Ortsverein aufbrach, prägte ich mir oft vorher anhand des Bilderprospekts von der letzten Kommunalwahl – ich sammelte sie unter anderem zu diesem Zweck – noch einmal die Gesichter und Namen der Kandidaten zum Stadtrat oder Gemeinderat ein. Etwa zwei Drittel von ihnen hatten in der Regel den Wahlgang in aussichtsloser Position auf sich genommen, denn es wurden so viele aufgestellt, wie es ingesamt Plätze gab.

Das ist das mindeste, daß ein Mandatsträger diejenigen, die auf dem Bodensatz des politischen Lebens nicht zuletzt für ihn die Arbeit machen, beim Namen ansprechen kann. Von Ort zu Ort lernte ich sie immer besser kennen. Lauter einzelne, vereint durch Politik, die die Eigenschaften des Vereinslebens nicht verleugnen kann. Ich wußte manches von ihren Hintergründen. Es war die sogenannte Normalität.

In der Politik, die so brachial daherkommt, gibt es auch eine Betroffenheit, die immer nachdenklicher macht. Was eine Partei nicht zuletzt aufrechterhält, ist die Hilfsbereitschaft von einem zum anderen. Ich habe nicht gewußt, wieviel es dabei über scheinbar einfache Menschen zu lernen gibt. Oft wurde ich beschämt durch die Namenlosigkeit, die in sich ihren Sinn austrägt.

Häufig habe ich mich auch gefragt: Warum macht ihr das? Es kommt für euch nichts dabei heraus, das herzeigbar wäre, aber ihr tut es Jahr um Jahr. Ohne euch gäbe es die Partei nicht. Überhaupt keine Parteien. Es geht nicht nur ums Dabeisein, um Stellvertretung in der Politik. Es geht auch nicht nur um Interessen, so machtvoll sie sich organisieren. Die Demokratie braucht ihre Sozialarbeiter, sie braucht die Freiwilligen. Es sind die einzelnen, die sie zusammenhalten.

Neue Ziele – eine andere Sprache

In der Mathematik ist minus mal minus gleich plus. In allem Geschriebenen ergibt die Verneinung des Negativen noch nicht die Alternative. Wer Kritik am Bestehenden übt, und das ausdauernd, sollte auch vorbringen, was nach seiner

Überzeugung verändert werden muß. Ob es auch geändert werden kann, dafür sollte er einen Weg suchen.
Es sagt viel über den Geist der Zeit aus, daß Philosophen und Psychoanalytiker, die um des Überlebens willen eine radikale Veränderung des Bewußtseins der Menschen in den Industrieländern fordern, bei Millionen Lesern Resonanz finden. Für die politische Praxis sind ihre Denkanstöße in der Regel ziemlich unbrauchbar, weil die meisten von ihnen, wie zum Beispiel Erich Fromm, zu wenig von Wirtschaftsabläufen verstanden haben. Das gibt ihrer moralischen Forderung, so notwendig sie ist, ein Maß an Naivität.
Daß die Wirtschaft uns umbringt, ist eine reale Gefahr; ebenso besteht die Tatsache, daß wir nicht mehr ohne sie leben können. Moral und Ökonomie, die beiden Machtblökke, werden nie deckungsgleich. Nie ist mir das peinigender deutlich geworden, als wenn Betriebsräte zu uns Abgeordneten kamen und mehr Bau von Panzern und U-Booten forderten, als werde nicht der Arbeitsplatz auf diese Weise langfristig zum Schauplatz für möglichen Selbstmord.
Als Schriftsteller setze ich, auch in der Politik, zuerst bei der Sprache an, die das Bewußtsein prägt. Es gilt, denke ich, die allgemeine Begriffsverwirrung an der Wurzel zu packen und wenigstens einigen Namen und Worten ihren ursprünglichen Sinn zurückzugeben. Dann freilich wird sich herausstellen, daß wir alles auf einmal benötigen: die Christianisierung der Kirche, die Humanisierung der Menschenrechte und die Demokratisierung der Demokratie.
Wir Zeitgenossen der achtziger Jahre sind zwar geängstigt wie Menschen eh und je, aber umkehrbereit sind die meisten nicht. Auch nur eine Schuld auf sich zu nehmen – das ist für viele eine äußerst altmodische Vorstellung. Sie scheint nicht in die Gegenwart zu passen, in der man für menschliche Fehler, Versäumnisse und Vergehen, ja selbst für Verbrechen lauter begründete Erklärungen kennt. Psychologie

macht alles deutbar. Schuld ist die Gesellschaft: ein Organismus, der in unserer Vorstellung schwerlich Reue empfinden kann.
Aber da ist die Angst. Unsere Ängste haben zweifellos zugenommen, und zwar in einer denkwürdigen Quadratur über der wachsenden Distanz, die zwischen uns Älteren und der letzten allgemeinen Katastrophe, dem selbsterlebten Krieg, entsteht. Mehr als die halbe Bevölkerung der Bundesrepublik kann sich daran nicht erinnern, weil das vor ihrer Zeit lag.
Die Angst jedoch, Zukunftsangst, Weltangst, steigert sich geradezu in dem Maß, in dem uns von den verantwortlichsten Politikern Sicherheit versprochen wird. Frieden und Sicherheit heißen die Beschwörungsworte. Aber jeder Nachdenkliche weiß, wie gefährdet unsere kleinen Sicherheiten und angeblich großen Befestigungen sind. Wir befürchten Schlimmes und möchten Unheil abwenden, von unseren Angehörigen, unserem Land, unseren Nachbarn und uns. Das ist nur zu verständlich. Es ist letzten Endes auch die Aufgabe aller Politik. Doch wir leben in einer diffusen Unruhe, deren Unterströmung schwer zu orten ist. Woher kommt all die Sorge und Ängstlichkeit in unserem materiell so glänzend dastehenden Land?
Niemals vorher haben so viele Menschen über einen so langen Zeitraum vom wirtschaftlichen Wachstum so nachhaltig profitiert wie die Bevölkerung der Industrieländer in den letzten dreißig Jahren, voran in Amerika, der Bundesrepublik, Japan und Frankreich. Aber daraus zu schließen, das Wachstum werde sich annähernd so fortsetzen lassen, ist gefährlich realitätsfern. Mehr als achthundert Millionen Menschen, die unsere Zeitgenossen sind, leben in anderen Erdteilen als Analphabeten in Elend und Not. Der Anteil der Nichtleser wächst rasch, am meisten in den Entwicklungsländern mit den höchsten Geburtenraten.

Die sogenannte gebildete Welt, zu der wir Europäer gehören, steht gegenwärtig der Flut des Nichtwissens fast ohnmächtig gegenüber. Im Unbegreifen, in einem Dasein ohne Informationen und damit ohne die Voraussetzung, die eigene Lage wie politische Machtkämpfe zu durchschauen, versinkt für Hunderte von Millionen Menschen auch die geringste Aussicht, sich ein Stück freiheitlicher Lebensform und die elementarsten Grundrechte zu erobern. Eines der wichtigsten Dokumente über das Gefälle ist der Bericht, den die von Willy Brandt geleitete Nord-Süd-Kommission veröffentlicht hat.

Wir, die Reichen, gehören zu dem Fünftel der Menschheit, das über drei Viertel alles Erwirtschafteten verfügt. Konfliktstoff für Generationen. Bei uns ist es der Besitz, der uns fürchten macht. Wir bauen längst an einem neuen Turmbau zu Babel und tanzen um das Goldene Kalb.

Die US-Amerikaner, unsere Vormacht, von der wir abhängen wie anders die DDR von der Sowjetunion, stellen fünf Prozent der Weltbevölkerung, aber sie beanspruchen dreißig Prozent der Mineralölproduktion. Das kann auf die Dauer nicht gutgehen, wie jedermann weiß, aber jedermann ändert sich nicht. In der Bundesrepublik stieg noch 1979 trotz allen Informationen über begrenzte Vorräte der Energieverbrauch um 5,9 Prozent auf 412 Millionen Tonnen Steinkohleeinheiten. Dabei wurden 3,7 Prozent mehr Öl verbraucht, rund die Hälfte aller Energie.

Der Kapitalismus hat noch nicht bewiesen, ob er die Probleme der Konjunktur, der Währungsstabilität und der Arbeitsbeschaffung im Weltmaßstab auf lange Sicht ohne Krieg behandeln, geschweige denn lösen kann. Krieg aber ist zum erstenmal in der Geschichte keine Möglichkeit mehr, die Politik hochgerüsteter Industrieländer mit anderen Mitteln fortzusetzen.

Vor diesem Hintergrund ist es erstaunlich, wie manche Politiker und Verantwortliche der Wirtschaft sich noch darüber wundern können, daß viele Menschen in der Bundesrepublik, vor allem in der jungen Generation, nicht fröhlicher konsumieren und mehr Kinder ins Leben setzen. Sind die Gründe für Todessehnsucht, Hoffnungslosigkeit und Beziehungsangst nicht offenkundig? Die Katastrophe wäre kein Betriebsunfall, sie wäre selbstverbrochen.

So wächst in der lieblosen Republik das Irrationale dem Vernünftigen über den Kopf. Der GAU als Abkürzung für den *Größt Anzunehmenden Unfall* geistert durch unsere Debatten. Die einen behaupten, es werde ihn bestenfalls einmal in einem Jahrtausend geben. Die anderen finden sich damit ab, daß man ihn schlimmstenfalls um des Wachstums willen hinnehmen müsse wie Naturkatastrophen.

Es ist nicht mehr rational, wie das Auto die Wirtschaft und damit die Gesellschaft beherrscht – nicht etwa umgekehrt. Sieben bis acht Millionen Menschen in der Bundesrepublik leben von der Arbeit für den sogenannten Individualverkehr, obwohl das Fahrzeug in den Ballungsgebieten doch offensichtlich zum Stehzeug wird. Der Autokult führt zum Krieg auf der Straße. Die Stadt Kempten im Allgäu hat rund sechzigtausend Einwohner. Ebensoviele Menschen werden hierzulande in vier Jahren durch das Auto umgebracht. Autolobbyisten verkünden: »Freie Fahrt für freie Menschen«. Sie vergessen, für viele hinzuzufügen: in den freien Tod. Doch jede Diskussion über eine Begrenzung der Geschwindigkeit löst bei uns eine Massenhysterie aus. Das Auto als Idol ist noch der Inbegriff der Marktwirtschaft.

Die Abgasbelastung im Straßenverkehr durch Kohlenmonoxyd und andere Oxyde, Kohlenwasserstoff und Blei ist längst als Ursache für Krebs und Gefäßkrankheiten bekannt. In der Bundesrepublik fallen pro Jahr zehn Millionen Tonnen gasförmiger Gifte an. Aber wir tun so, als könnten Schadstoffe, die den Kölner Dom oder die Akropolis verheeren, unserem Organismus nichts anhaben. Technisches Ödland entsteht an den Rollbahnen. Die Schädigung der Anwohner durch Lärm, Reifenabrieb und Erschütterungen sind nachgewiesen. Hunderttausende von Unfallverletzten müssen von den Steuerzahlern mit Milliarden Folgelasten kuriert oder als Behinderte für immer unterstützt werden. Auf der Schiene können Menschen wie Güter bei Elektroloks abgasfrei transportiert werden, Unfälle gibt es nur wenige. Aber der Leberplan wurde durch Interessenmechanismen zum Scheitern verurteilt. Wer sich vornimmt, den Fuhrpark von fünfundzwanzig Millionen Benzinverschlingern allmählich umzurüsten, mehr öffentliche Verkehrsmittel zu schaffen und in umwelterhaltenden Industrien für alternative Arbeitsplätze zu sorgen, wird von den Fanatikern des bestehenden Zustands als Systemveränderer angeprangert.

Genau diese langsam zu vollziehende, rational vorbereitete und durch Aufklärung der Mehrheit einleuchtende Systemveränderung ist jedoch erforderlich, wenn wir die politische Organisation unseres Zusammenlebens nicht über das Absurde hinaus ins Lebensgefährliche treiben wollen. Wer wagt es, einmal auszusprechen, daß es den meisten von uns immer noch gut erginge und nicht etwa schlecht, wenn wir plötzlich wieder wie zu Anfang der sechziger Jahre leben müßten? Allein eine solche Vorstellung erscheint vielen als Schreckgespenst, solange der materielle Besitzstand den nahezu einzig öffentlich geglaubten Maßstab setzt.

In der Bundesrepublik kommt es aber nicht mehr darauf an, daß die höheren Verdienstgruppen, Ministerialräte, Professoren, Zahnärzte, Bundestagsabgeordnete, Gewerkschaftsvorsitzende, Manager ständig real mehr verdienen. Vielmehr muß die aberwitzige Scherenbewegung angehalten werden, die darin besteht, daß der Bundeswehrgeneral monatlich sechshundert Mark mehr erhält, sobald der türkische Müllfahrer in der Kommune sich eine bescheidene Aufbesserung erstreikt. Fortschritt brauchen Problemgruppen wie Frauen, die Teilzeitarbeit suchen, ältere Angestellte im Berufswechsel, Arbeitslose in strukturschwachen Gebieten, Bezieher niedrigster Renten und Jugendliche draußen vor der Tür. Gebraucht wird im Weltmaßstab die Verlagerung von Wachstum in die ärmsten Länder – unter allen historischen Schwierigkeiten der unvergleichbaren Voraussetzungen des Denkens und Handelns.

Daß unser Wirtschaftssystem öffentliche Planung ablehnt und ausgerechnet vom Privatbesitz mehr Verantwortung gegenüber dem Gemeinwohl erwartet, erschwert die notwendige Veränderung der Strukturen. Für Abwärtsphasen ist dieses System ohnehin nicht geschaffen, da antwortet es mit Kettenreaktionen aus Rezession und Arbeitslosigkeit. In der Krise setzt der Kapitalismus die Priorität immer noch bei der erreichbaren Gewinnsteigerung und nicht, wie seine Ideologie behauptet, bei den arbeitenden Menschen.

Der Korrumpierbarkeit öffentlicher Apparate entsprechen manche Spekulationen in der Privatwirtschaft durchaus. Wenn überhaupt die allmähliche, rational gesteuerte Umwandlung unserer Wirtschaftsstruktur gelingen soll – ohne Zwang durch katastrophale Entwicklungen, vielmehr in deren Voraussicht und Abwehr –, kann das wohl nur durch öffentliche Verantwortung und privatwirtschaftliche Initiative gemeinsam unter demokratischer Kontrolle geschehen, und zwar in einem ausdauernden Prozeß, als Auftrag an eine ganze Generation.

Die Menschen sind belastbarer, als die Regierung meint. Sie sind es im Ernstfall, wenn es um das Überleben geht. Vorausgesetzt, die Politik befreit sich von ihren Erfolgsneurosen und redet mit der Bevölkerung über die wirklichen Probleme, die auf uns zukommen und zum Teil schon greifbar sind. Daran fehlt es fast vollständig. In den gängigen Mechanismen des Umgangs zwischen Wählern und Gewählten, mehr noch zwischen Regierenden und Regierten, kommt derlei kaum vor. So erklärt es sich, daß in der Tat immer noch sehr viele Bürger der Bundesrepublik auf einer Bewußtseinsinsel leben und auf wirtschaftliche Einschränkungen psychologisch in keiner Weise vorbereitet sind. Wie reagieren sie im immer möglichen Fall einer weltwirtschaftlichen Depression, die alle ergreift? Zu befürchten sind Schock und Hysterie, Haßausbrüche gegen Ausländer und Verteilungskämpfe, die demokratische Regeln brutal mißachten.

Jede Wetterstandsmeldung, die an den Nerv materieller Errungenschaften geht, erscheint den Wachstumsideologen wie ein Erdbeben. Angesichts voraussehbarer Schwierigkeiten kommt es aber darauf an, die Schockgrenze des öffentlichen Bewußtseins höher zu legen, nämlich sich einzuüben in eine gelassenere Relation zwischen dem, was unaufhaltsam geschieht, und der Art, wie wir darauf reagieren.

Wenn wir uns nur unserer Ängste vergewisserten und keinen Schluß daraus zögen, um unser Verhalten zu ändern, wäre das lediglich larmoyant. Wie sich der einzelne, gedanklich und praktisch, auf kritische Situationen bis zu einem gewissen Grad vorbereiten kann, ließe sich wohl auch ein Teil des öffentlichen Bewußtseins ohne Aufgescheuchtheit und Überreaktion auf krisenhafte Ereignisse einstellen. Voraussetzung dafür ist allerdings etwas bisher so Ungebräuchliches wie eine allgemeine Bereitschaft zu sozialer Vernunft.

Solange die Mitte demokratisch stabil bleibt, braucht niemand extreme Minderheiten fürchten. Nur eine instabile Mitte, das deutsche Leiden, macht Extreme wirkungsvoll.

Politik muß vorbeugen, nicht nur am gegenwärtigen Zustand herumreparieren. Öffentliche Rationalität muß erprobt werden, wenn sie Krisenzeiten überstehen soll. Das allerdings erfordert einen anderen Umgang mit der Sprache in der Politik. Aus diesem Grund schlage ich vor, die gängigsten Wörter auf ihre Bedeutung zu prüfen. Es gibt Politiker, die sagen immer Freiheit, wenn sie Marktwirtschaft meinen. Stellvertretend für eine größere Revision stelle ich sieben Wortpaare einander gegenüber mit dem Vorhaben, die immer entleertere Bedeutung des einen Worts durch den Sinn des anderen zu ersetzen, den es in Wirklichkeit meint. Es ist möglich, die Wörter auszuwechseln, und sei es auch nur, um auf den Mißbrauch aufmerksam zu machen. So schlage ich vor,

Freiheit	durch	Marktwirtschaft
Gleichgewicht	durch	Wettrüsten
Ausgewogenheit	durch	Parteiinteresse
Ordnung	durch	Obrigkeit
Mut	durch	Gehorsam
Wachstum	durch	Risiko
Entsorgung	durch	Endzeit

zu ersetzen, und zwar so lange, bis es allen auffällt, was mit der Sprache geschieht. Wer es als Spiel nimmt, mag damit ein Stück weit kommen. Aber daß man auch ernsthaft mit diesen Wörtern, tauscht man sie aus, Bewußtsein verändern kann, das könnte sein.

8-1-5-3-1